Nongcun Renli Ziben Peizhi Yu
Gongtong Fuyu De Caizheng Zhengce Xuanze

苑梅 著

U0674663

农村人力资本配置与共同富裕的财政政策选择

东北财经大学出版社 大连
Dongbei University of Finance & Economics Press

图书在版编目（CIP）数据

农村人力资本配置与共同富裕的财政政策选择 / 苑梅著. 一大连：东北财经大学
出版社，2023.9
ISBN 978-7-5654-4825-6

Ⅰ.农…　Ⅱ.苑…　Ⅲ.①农村-人力资本-研究-中国 ②共同富裕-研究-中国
Ⅳ.①F323.6

中国国家版本馆CIP数据核字〔2023〕第189781号

东北财经大学出版社出版发行

　　大连市黑石礁尖山街217号　邮政编码　116025

　　网　　址：http：//www.dufep.cn

　　读者信箱：dufep @ dufe.edu.cn

大连永盛印业有限公司印刷

幅面尺寸：170mm×240mm　　字数：230千字　印张：16
2023年9月第1版　　　　　　　2023年9月第1次印刷
责任编辑：王天华　　　　　　　责任校对：刘贤恩
封面设计：原　皓　　　　　　　版式设计：原　皓
定价：78.00元

教学支持　售后服务　　联系电话：（0411）84710309
版权所有　侵权必究　　举报电话：（0411）84710523
如有印装质量问题，请联系营销部：（0411）84710711

前言

　　何为共同富裕？习近平总书记在中央财经委员会第十次会议上强调，"共同富裕是全体人民的富裕，是人民群众物质生活和精神生活都富裕，不是少数人的富裕"，同时强调，"要坚持以人民为中心的发展思想，在高质量发展中促进共同富裕"。这表明进入新发展阶段后，需要构建新的发展观，必须依靠人力资本，通过人的能力、知识和创新，破解发展过程中面临的各种难题。同时，2021年中央一号文件指出，要推进现代农业经营体系建设，培育高素质农民，组织参加技能评价、学历教育，设立专门面向农民的技能大赛。为此，本书从农村人力资本配置中存在的不利于农业现代化与农村现代化发展的现象着手，聚焦"共同富裕"，重点关注农村人力资本配置优化带来的城乡收入差距缩小、乡村振兴以及实现共同富裕等问题。

　　本书重点研究农村人力资本配置的现状、问题以及对共同富裕的影响，主要包括以下7个部分：

　　第1部分，导论。主要包括选题背景和研究意义、国内外研究现状、研究内容与研究框架等内容。

　　第2部分，人力资本配置的理论基础。包括人力资本的相关界定、人力资本配置的相关界定、农村人力资本配置的相关界定、农村人力资本配置的理论基础等内容。

　　第3部分，共同富裕的理论基础。包括马克思恩格斯关于共同富裕的理论学说、列宁的社会主义共同富裕观、我国关于共同富裕的理论阐释、共同富裕对农村人力资本配置的作用机制等内容。

　　第4部分，我国共同富裕与农村人力资本配置的现状及趋势分析。本部分为全书的重点内容之一，重点阐述了共同富裕的现状及趋势，主要包括农村居民收入、城乡居民收入比、城乡居民消费支出比；重点阐述了农村人力资本配置的现状及趋势，主要包括农村从业人员数量分析、农村居民受教育水平分析、农村劳动力的区域差异；重点阐述农村人力资本的发展环境，主要包括农业生产条件、国家财政用于农林水各项支出、农村教育与卫生等。

　　第5部分，典型地区：长江三角洲地区共同富裕与农村人力资本配置的现状及趋势分析。本部分为全书的重点内容之一，主要是将我国经济发达的经济带的共同富裕与农村人力资本配置进行分析后，阐述我国农村人力资本配置还有很长的路要走。重点阐述共同富裕的现状及趋势，主要包括农村居民人均可支配收入与城镇居民人均可支配收入的比较、农村居民人均消费支出与城镇居民人均消费支出比较；重点阐述农村人力资本配置的现状及趋势，主要包括农村从业人员数量分析、农村居民受教育水平分析；重点阐述农村人力资本的发展环境，主要包括农业生产条件、国家财政用于农林水各项支出、农村教育与卫生等。经过对上海市、浙江省、江苏省与安徽省的共同富裕与农村人力资本现状进行分析，发现农村人力资本配置缺失是影响共同富裕实现的共性问题。

　　第6部分，农村人力资本配置现状导致的全体人民共同富裕困境。这是本书的重点内容之一，重点阐述农村老龄化与高素质人力资本转向非农就业加剧了农业弱质性，主要包括农村劳动力供给与人口老龄化加速、农村高素质人力资本转向非农就业、农业弱质性导致农民收入水平低，农民收入水平低影响全体人民共同富裕；重点阐述农村人力资本培育积累存量不足加剧了农村公共服务体系不完善性，主要包括农村人力资本积累存量不足、分布不均，农村人力资本积累速度缓慢、投资不足，农村公共服务体系不完善等，这些影响农村群体消费能力提高；重点阐述城乡人力资本积累差异导致社会心理嬗变，主要包括农村居民产生"仇富"心理、城乡关系不和谐，社会心理嬗变影响共创和共享相统一。

第7部分，研究结论及推进共同富裕的财政政策选择。这是本书的重点内容之一，在前文论述中得出研究结论，进而提出推进共同富裕的财政政策建议。重点阐述通过收入再分配加强农村人力资本积累，实现社会财富分配兼顾公平与效率；通过公共服务均等化提高农村人力资本机会公平，实现群体性消费能力的可及性；通过完善社会保障制度提高农村人力资本生活安全感，实现共创和共享相统一；通过完善农村人力资本发展的其他政策，助力共同富裕的尽早实现。

自1953年12月毛泽东首次提倡"共同富裕"到习近平指出"共同富裕是社会主义的本质要求，是中国式现代化的重要特征"，中国共产党对"共同富裕"的认识历经了一个逐步完善的演进过程，"共同富裕"是与"全面小康社会"接续且提档升级的。本书通过对农村人力资本促进共同富裕实现的研究，尝试在优化农村人力资本配置、提高农村人力资本水平基础上，激发农村人力资本为社会主义生产力和生产关系的统一作出贡献。从收入水平提升到消费能力提高，从"物"的发展到"人"的发展，从"做好蛋糕"到"分好蛋糕"再到"做好蛋糕"，这一个个具有进阶特征的"共创"和"共享"相统一，正是全体人民"普遍达到生活富裕富足、精神自信自强、环境宜居宜业、社会和谐和睦、公共服务普及普惠"的一种社会状态——共同富裕。

本书得到江苏省"青蓝工程"优秀教学团队、江苏省"青蓝工程"中青年学术带头人、江苏省第六期"333工程"科研资助项目、无锡商业职业技术学院"头羊计划"等项目的资助和支持，在此一并表示感谢。

苑 梅

2023年9月

目录

1　导论 / 1

    1.1　选题背景和研究意义 / 1

    1.2　国内外研究现状 / 10

    1.3　研究内容与研究框架 / 24

2　人力资本配置的理论基础 / 27

    2.1　人力资本的相关界定 / 27

    2.2　人力资本配置的相关界定 / 30

    2.3　农村人力资本配置的相关界定 / 33

    2.4　农村人力资本配置的理论基础 / 34

3　共同富裕的理论基础 / 43

    3.1　马克思恩格斯关于共同富裕的理论学说 / 43

    3.2　列宁的社会主义共同富裕观 / 45

    3.3　我国关于共同富裕的理论阐述 / 46

    3.4　共同富裕对农村人力资本配置的作用机制 / 51

4 我国共同富裕与农村人力资本配置的现状及趋势分析 / 53

4.1 共同富裕的现状及趋势 / 53

4.2 农村人力资本配置的现状及趋势 / 77

4.3 农村人力资本的发展环境 / 98

5 典型地区：长江三角洲地区共同富裕与农村人力资本配置的现状及趋势分析 / 118

5.1 长江三角洲地区共同富裕的现状及趋势 / 119

5.2 长江三角洲地区农村人力资本配置的现状及趋势 / 134

5.3 长江三角洲地区农村人力资本的发展环境 / 143

6 农村人力资本配置现状导致的全体人民共同富裕困境 / 160

6.1 农村老龄化与高素质人力资本转向非农就业加剧了农业弱质性 / 160

6.2 农村人力资本培育积累存量不足加剧了农村公共服务体系不完善性 / 176

6.3 城乡人力资本积累差异导致社会心理嬗变 / 190

7 研究结论及推进共同富裕的财政政策选择 / 195

7.1 研究结论 / 195

7.2 以农村人力资本提升推进共同富裕实现的财政政策选择 / 197

参考文献 / 234

索引 / 243

后记 / 245

1　导论^①

1.1　选题背景和研究意义

1.1.1　选题背景

经济学家配第在《赋税论》一书中，提出"土地为财富之母，而劳动则为财富之父和能动的要素"。由这句话可见，虽然没有明确将土地和劳动作为生产要素的主要要素，但实际上已经蕴含价值只能由劳动来创造的深刻含义。后来，经济学家亚当·斯密的《国富论》、马歇尔的《经济学原理》等著作也对生产要素的含义进行了丰富。现在，让我们把目光推回到第二次世界大战以后的经济增长理论模型。随着第二次世界大战的结束，世界各国纷纷期待经济好转并能够迅速发展，很多经济学家开始着眼于促进经济增长的动力研究。其中，索洛和斯旺基于要素规模报酬递减规律构建了索洛-斯旺模型。该模型根据世界经验数据分

---

① 本书为了便于表述问题，"农村"同"乡村"。

析后而得，认为资本报酬规模递减。由于发展中国家人口增长速度高、资本存量低、劳动资本水平较低，因此资本报酬率和经济增长水平也较高。如果照此发展，发展中国家与发达国家的差距将逐渐缩小。但是，随着世界经济发展，英美等老牌发达国家的经济快速增长，而拉美、亚太等地区发展中国家的经济持续低迷。于是，索罗提出了索罗残差（Solow's residue），但是索洛残差属于外生的改进模型，索洛把不能由资本和劳动增长解释的经济增长"剩余"归为技术进步，但是，这并不能很好地解释经济增长现象。

在索洛残差的研究中，舒尔茨在 1960 年美国经济学会的年会上做了题为《人力资本投资》的演说，阐述了许多无法用传统经济理论解释的经济增长问题，明确提出人力资本是当今时代促进国民经济增长的主要原因，认为"人口质量和知识投资在很大程度上决定了人类未来的前景"。在这次演说中，舒尔茨的现代人力资本理论诞生了，他很好地揭示了二战后发达国家经济快速增长的现实，也为资本为什么不能自发地配置到经济欠发达地区提供了很好的理论解释。

自从 20 世纪 50—60 年代舒尔茨创立现代人力资本理论以来，人们越来越发现劳动作为重要的生产要素在生产中发挥着不可替代的重要作用。舒尔茨认为，人力资本是体现在劳动者身上的一种资本类型，它以劳动者的数量和质量，即劳动者的知识程度、技术水平、工作能力以及健康状况来表示，是这些方面价值的总和。人力资本是通过投资而形成的，像土地、资本等实体性要素一样，在社会生产中具有重要的作用。同时，舒尔茨将正规教育、卫生保健、在职培训、流动迁移等视作形成人力资本的四种方式。

在舒尔茨的人力资本理论产生之后，Lucas 和 Romer 构建了人力资本内生经济增长模型，在该模型导引下，西方学者和我国学者纷纷开展了人力资本积累对经济增长贡献的研究。但是，也有部分学者认为人力资本存量增长率与产出率不存在显著相关。当然，对人力资本的研究也越来越广泛，越来越多的人知道人力资本的使用方法和实践效果。

随着人力资本管理逐步渗透到整个机构绩效的研究和发展，人们普遍意识到人力资本投资对于企业竞争力的提升至关重要。一些学者把目光放在验证人力资本存量水平对产业结构升级的影响研究，放在人力资本、要素配置与就业增长研究，放在人力资本差异对城乡经济差距的影响研究，放在人力资本、公共服务与高质量发展研究等方面。随着"实施乡村振兴战略"在党的十九大报告中被提出后，各地普遍关注农村人力资本的分配问题。比如，人力资本在农村振兴中的重要性研究，产业发展主体在农村振兴中所需的技术技能和乡村治理主体在领导素质方面所需的研究，政府在优化人力资本配置中的作用研究等，这些研究表明，农村人力资本在农村振兴中的重要作用是由人力资本配置产生的。当然，也有一些学者进行了下面的这些研究，如农村人力资本错配的产生原因、人力资本错配产生的负面效应、优化乡村人力资本配置的制度供给等。我国是一个人口大国，农业生产率和农村经济发展还有待于进一步提高，因此，农村人力资本配置在农业生产率提高、农村经济发展和农民生活富裕方面，尤其是在农村居民收入和消费方面越来越发挥着举足轻重的作用。

农村居民收入水平低和消费能力不高是我国实现共同富裕的现实困境。习近平总书记在中央财经委员会第十次会议上强调，"共同富裕是全体人民的富裕，是人民群众物质生活和精神生活都富裕，不是少数人的富裕"，同时强调，"要坚持以人民为中心的发展思想，在高质量发展中促进共同富裕"。这表明进入新发展阶段后在构建新的发展观过程中，必须依靠人力资本，通过人的能力、知识和创新，破解发展过程中面临的各种难题。同时，2022年中央一号文件提出，要"启动'神农英才'计划，加快培养科技领军人才、青年科技人才和高水平创新团队"，"实施高素质农民培育计划、乡村振兴带头人培育'头雁'项目、乡村振兴青春建功行动、乡村振兴巾帼行动"，"鼓励地方出台城市人才下乡服务乡村振兴的激励政策"。

国家统计局发布的《2021年农民工监测调查报告》显示，2021年全国农民工总量为29 251万人，比2020年增加691万人，增长2.4%。在全部农民工中，未上过学的占0.8%，小学文化程度占13.7%，初中文化程度占56.0%，高中文化程度占17.0%，大专及以上文化程度占12.6%。大专及以上文化程度农民工所占比重比上年提高0.4个百分点。

在外出农民工中，大专及以上文化程度的占 17.1%，比上年提高 0.6 个百分点；在本地农民工中，大专及以上文化程度的占 8.5%，比上年提高 0.4 个百分点。另据《中国统计年鉴 2021》[①]显示，2020 年，我国从事第一产业的人口数为 17 715 万人，占总就业人口的 23.6%。依据舒尔茨成本-收益理论，受比较利益驱动，微观经济主体会作出人口流动决策以便获取更多利益。当农村剩余劳动力通过理性支配转向除农业之外的边际报酬更高的行业时，人口"乡—城"流动态势逐渐递增，尤其是具有一定技术技能的乡村人才外流更为严峻。"乡—城"流动造成社会结构变迁进而冲击原有迁出地农村人力资本配置，其结果不利于农业现代化发展。由此可见，作为农业现代化与农村现代化的重要保障的农业从业人口，从事第一产业的数量在三次产业中占比不高，并且学历普遍偏低。基于上述第一产业从业人员数量和质量情况，2021 年全国居民人均消费支出 24 100 元，比 2020 年增长 13.6%，扣除价格因素，实际增长 12.6%。其中，人均服务性消费支出 10 645 元，比 2020 年增长 17.8%，占居民人均消费支出的比重为 44.2%。按常住地分，城镇居民人均消费支出 30 307 元，比 2020 年增长 12.2%，扣除价格因素，实际增长 11.1%；农村居民人均消费支出 15 916 元，比 2020 年增长 16.1%，扣除价格因素，实际增长 15.3%。全国居民恩格尔系数为 29.8%，其中城镇为 28.6%，农村为 32.7%。

可见，我国城乡居民的收入和消费还存在很大的差距，这表明我国距离实现共同富裕仍有差距。此外，《中华人民共和国 2021 年国民经济和社会发展统计公报》显示，全年社会消费品零售总额为 440 823 亿元，比 2020 年增长 12.5%。按经营地统计，城镇消费品零售额为 381 558 亿元，比 2020 年增长 12.5%；乡村消费品零售额为 59 265 亿元，比 2020 年增长 12.1%。根据国家统计局网站公布的 2021 年年度相关数据，我国按东、中、西部及东北地区分组的城乡居民收入和消费支出也存在一定差距，具体见表 1-1[②]。

---

① 由于撰写本书时《中国统计年鉴 2022》尚未出版，此处仅使用《中国统计年鉴 2021》中的数据。
② 由于受数据收集的影响，本书大部分数据和资料的统计时间截至 2020 年 12 月 31 日，其他部分数据的统计时间截至 2021 年 12 月 31 日。

表1-1　按东、中、西部及东北地区分组的人均可支配收入和消费支出情况

| 地区 | 项目 | 2020年 | | 2019年 | | 2018年 | | 2017年 | | 2016年 | |
		城镇	农村	城镇	农村	城镇	农村	城镇	农村	城镇	农村
东部地区	收入	52 027.1	21 286.0	50 145.4	19 988.6	46 432.6	18 285.7	42 989.8	16 822.1	39 651.0	15 498.3
	支出	32 255.6	27 898.7	33 917.8	29 149.9	31 462.2	26 965.5	29 280.7	24 979.6	54 680.3	23 472.5
中部地区	收入	37 658.2	16 213.2	36 607.5	15 290.5	33 803.2	12 805.8	31 293.8	16 822.1	28 879.3	11 794.3
	支出	22 579.3	18 158.6	23 828.7	18 504.7	22 020.3	16 860.2	20 374.9	15 283.8	18 973.7	14 167.4
西部地区	收入	37 548.1	14 110.8	36 040.6	13 035.3	33 388.6	10 828.6	30 986.9	12 805.8	28 609.7	9 918.4
	支出	23 633.6	17 366.5	24 178.6	15 728.8	22 618.0	15 943.8	21 105.7	14 696.3	20 026.9	13 717.8
东北地区	收入	35 700.1	16 581.5	35 130.3	15 356.7	32 993.7	13 115.8	30 959.5	10 828.6	29 045.1	12 274.6
	支出	22 289.9	18 348.7	24 431.4	19 463.3	23 292.3	18 530.9	21 566.8	17 224.2	20 769.2	16 357.1

数据来源：根据《中国统计年鉴2021》整理计算而得。

说明：东部地区：包括北京、天津、河北、上海、江苏、浙江、福建、山东、广东、海南10个省（直辖市）。

中部地区：包括山西、安徽、江西、河南、湖北、湖南6个省。

西部地区：包括内蒙古、广西、重庆、四川、贵州、云南、西藏、陕西、甘肃、青海、宁夏、新疆12个省（自治区、直辖市）。

东北地区：包括辽宁、吉林、黑龙江3个省。

由表 1-1 可以看出，以 2020 年为例，我国东部地区、中部地区、西部地区和东北地区的城乡居民收入存在差距，仅就农村居民收入相比较来看，东部地区、东北地区、中部地区和西部地区也存在居民收入差距。因此，我们可以得出这样的结论：我国不同地区的城乡居民收入差距普遍存在，且不同地区的农村居民收入差距也普遍存在。

什么是共同富裕？根据中国共产党第十九届中央委员会第五次会议要求，2025 年我国要进入高收入国家行列，人均 GDP 超过 12 000 美元；2035 年进入中等发达国家行列，人均 GDP 达到 23 000 美元。在人均 GDP 翻一番的基础上，有效缩小收入差距，将目前的基尼系数 0.465 降到 2025 年接近 0.4、2035 年接近 0.35，也就是说，实质性地缩小收入差距需要将我国的基尼系数显著向低于 0.4 的水平靠近。因此，要考察城乡居民收入差距及其对共同富裕的影响，就不能不考察农村高素质人力资本缺少引起的农业弱质性进一步强化，从而带来农村居民收入总体水平不高这一核心问题。

根据刘尚希、蔡昉关于共同富裕的阐释，物质生活的共同富裕可以从收入和财富两个方面衡量。从现实生活看，消费差距是一个能够体现共同富裕水平和贫富差距的维度。消费是人的能力提升和人力资本积累的过程，也是为经济提供目的和创造条件的过程。消费包括私人消费和公共消费，两者形成合力以满足包括基本营养、基本教育、基本医疗、基本住房等需要在内的基本消费，以此保障每个人都有平等机会获得基本能力，实现起点和机会的公平。在推进共同富裕过程中，坚持以人民为中心，以人本逻辑为主导，注重人本逻辑（人的发展—物质发展—人的发展）替代原来的物本逻辑发展（物质发展—人的发展—物质发展），体现为"人人参与、人人尽力、人人享有"[21]。党的十九大对共同富裕的阐释，进一步拓宽和突显共同富裕同我国现阶段社会主要矛盾的内在联动性。解决现阶段"人民日益增长的美好生活需要和不平衡不充分的发展之间的矛盾"，是与共同富裕基本路径"共建共享共富"高度契合的。

笔者对著名学者刘尚希的共同富裕的阐释颇为赞赏。刘尚希（2021）在充分理解习近平总书记提出的共同富裕发展理念时，认为共同富裕是基于所有人的全面发展，"从关注物的分配到关注人的发展，从关注个体差距到关注群体差距，从强调分配结果到重视消费过程"，认为"必须依靠人力资本，通过人的能力、知识和创新"破解发展过程中的难题，其中，"农民人力资本积累不足、劳动技能普遍偏低等原因导致农村大力发展产业时往往没有城市的经济效率高"，"消费是人的能力提升和人力资本积累的过程，也是为经济提供目的和创造条件的过程"。从我国城乡居民的收入和消费支出看，能够侧面反映农村的人力资本配置低于城市的人力资本配置。这也说明全国各地人力资本配置不均，人力资本对共同富裕的推动作用没有有效发挥。

综上所述，本书结合共同富裕在新时期的内涵及农村人力资本配置在农村经济发展中的重要作用，从人力资本配置视角研究如何推动农村经济发展，破解全体人民共同富裕的困境，进而达到促进共同富裕早日实现的目标。

1.1.2 研究意义

1.1.2.1 研究的理论意义

第一，研究人力资本理论促进共同富裕是对马克思主义中国化的又一次理论深化，有利于更为深刻地理解中国特色社会主义制度优越性及与其他制度的区别。本书运用经济学中资源配置理论的人力资本配置理论研究共同富裕，是在中国特色社会主义理论体系指导下逐步探索形成的发展路径，是伴随着马克思主义中国化的不断实践而形成的，融合了新中国成立以来特别是改革开放以来我国党和政府对农村、农业、农民的关心和关注，是中国共产党在经济建设、社会治理等一系列实践方面的理论总结。将理论付诸实践、解决实践问题是展现理论生命力的重要途径，也是不断完善、创新并发展理论的必由之路。中国特色社会主义制度是马克思主义中国化的实践成果、理论成果、制度成果，根据中国现实提出优化农村人力资本配置进而促进共同富裕的实现，是具有鲜明特色和实质意义的理论探索。

第二，研究人力资本配置与共同富裕的关系，有利于促进农村人力资本配置与共同富裕之间的科学发展。农村人力资本集聚、流动以及有效配置成为促进农村经济发展、农业经济转型以及农民增收的根本动力，人力资本积累与配置成为我国共同富裕早日实现的必然选择。但是由于农村公共服务提供不足、教育医疗环境不佳等种种原因，导致农村人力资本"乡一城"流动以及产业结构配置的不合理性，造成了我国农村经济发展的滞后性，有限的高质量农村人力资本不能配置在农村经济发展最需要的岗位，削弱了我国人力资本对于农村经济发展的推动能力。如何通过合理的人力资本配置促使有限的高质量农村人力资本发挥出最大的效能，进一步削减农业的弱质性，是一项意义深远的重大研究课题。

第三，研究基于农村人力资本配置促进共同富裕的路径，有利于正确地理解实现共同富裕的方法和途径。"共同富裕"思想的产生、发展和完善均是在社会主义制度下完成的，在实现与我国具体国情紧密结合的前提下，逐步形成了一套完整的工作方法和实践路径。本书通过分析人力资本配置的特征并进行实践应用，提高全社会对人力资本进行配置的积极性。有效的人力资本配置和合理的流动提高了农村人力资本的个人收益，更为共同富裕的实现提供了宽广的路径，这将在根本上激励全社会对于农村人力资本配置的重要关切，有助于激发政府、企业、个人等对农村人力资本的投资热情，促进农村人力资本配置优化，进而为实现共同富裕的路径加强理论补充。优化农村人力资本配置促进共同富裕实现，不仅是对"共同富裕"思想的深入学习，也是再次回顾中国共产党在实现最终富裕上所选择的方法和途径，加深对共同富裕深层次的理解。

1.1.2.2 研究的实践意义

第一，有利于激发全体人民对共同富裕生活的向往。共同富裕作为社会主义的发展目标，在社会主义初级阶段的内涵主要是普遍增加人民群众的财富占有和收入，解决绝对贫困问题。进入社会主义小康阶段，我国解决了绝对贫困问题，其内涵转变为在普遍提高人民群众的财富占有基础上，逐步缩小人民群众之间的贫富差距，解决相对贫困问题。进入 21 世纪，我国共同富裕的内涵更加丰富，进一步丰富为"人人参与、人人尽力、人人享有"，也就是在原来效率优先兼顾公平的基础上，内涵进一步深化，提出"以人为本"、践行"共享"发展理念，即满足全体人民对美好生活的需要，共享新时代的社会经济发展成就。这样，既有利于调动劳动者和要素所有者的积极性、创造性，创造更多的社会财富用于为共同富裕奠定物质基础，又有利于运用财政政策手段解决分配领域和消费领域存在的不利于共同富裕的障碍性问题，满足广大人民群众对于美好生活的向往。

第二，有利于提高农村人力资本配置对实现共同富裕的推动力量。共同富裕的现实困境是城乡居民收入差距和消费能力差距，究其原因是农村经济发展及转型升级方面的问题。人力资本作为重要的生产要素之一，其存量水平是否达到帕累托最优，也就决定了人力资本配置效率是否实现最大化。对人力资本尤其是农村人力资本配置的最终目的不仅仅是提高人力资本存量水平，更是提高人力资本对于农村居民收入增加和消费能力拉动水平，从而促进经济增长。我国东部地区、中部地区、西部地区以及东北地区的农村经济发展水平不同，人们期待着农村经济的发展。但是，各地区存在着农村人力资本配置不合理现象，也存在着地区之间的农村人力资本配置不同现象，由此带来的人力资本差异导致人力资本效率不同或者低下，缺乏人力资本配置对共同富裕的作用机制。因此，从提高农村人力资本配置水平的视角探究共同富裕的实现路径，有利于提高人力资本配置对实现共同富裕的推动力量。

第三，有利于全面把握影响农村人力资本配置适度性对促进共同富裕的路径选择。目前，我国农村人力资本配置的结构性矛盾十分突出，尤其是在高级农村人力资本配置方面，劳动者的就业岗位和就业意愿受到劳动待遇、劳动环境等影响。如果高级农村人力资本缺失较为严重，则会引起产业间、区域间的人力资本配置失衡。如果能够合理配置农村人力资本，引导高级人力资本从事农业生产、经营等活动，则可以促进产业结构优化和区域结构调整，提升经济发展对农村人力资本的吸纳能力，提高农村人力资本的需求结构和供给结构的匹配程度，有利于全面提高农村人力资本的收入和消费能力，进而满足"共同富裕的充分必要条件是保障所有人获得基本能力"，提高农村人力资本生产、再生产的消费可及性和可获得性。

1.2 国内外研究现状

1.2.1 国外研究现状

1.2.1.1 人力资本理论

古典经济学较早地阐述了人力资本理论。最早研究人的能力和价值的代表人物是英国古典政治学家配第（1672），他在代表作《政治算术》中首次使用"生产成本法"计算人的价值，认为人力同物质资本一样都是对生产起作用，在某种程度上，人力的作用大于物质资本。但是，配第并未把人力看作是资本。西方经济学创始人亚当·斯密在其1776年出版的著作《国富论》中提出，"学习是人的一种才能，须受教育、须进学校、须做学徒，所费可以通过学习者经过学习固定在其身上的才能去弥补"。他明确指出：资本包括"社会上一切人民学到的有用才能"。穆勒在《政治经济学原理》、李斯特在《政治经济学的国民体系》以及马歇尔在《经济学原理》中，均指出：对人的投资形成的资本要高于物质资本。可见，古典经济学对于人在经济中的重要作用已经有了充分的认识。但是，古典经济学并未形成系统的、完整的人力资本理论体系，究其原因是当时的生产力水平低下，认为劳动是同质的，在生产方面知识和技能的作用还没有显著地显示出来，当然也受到传统伦理观念的束缚，认为人是不可以买卖的，自然就很难使用"人力资本"这一概念。

随着科学技术的进步和社会生产力的发展，特别是20世纪50年代以来，很多学者开始对人力资本进行研究，进而形成了现代人力资本理论。美国经济学家明赛尔在1958年发表了《人力资本投资与个人收入分配》，首次运用人力资本方法研究收入的分配。现代人力资本理论的创始人是美国著名经济学家舒尔茨，他在《人力资本投资》的演说中将人力资本的内容归纳为卫生保健设施和服务、在职培训、正规的初等中等和高等教育、非企业组织的成人教育计划、个人和家庭为适应就业岗位而进行的迁移。他将资本分成两类，即人力资本和物质资本，那些体现在人的身上的技能和生产知识存量就是人力资本。关于人力资本的形成方式，舒尔茨认为教育是最主要的途径。人力资本理论的主要推动者是贝克尔，他开创了从微观视角对人力资本进行研究的先河。他在《生育率的经济分析》（1960）、《人力资本投资：一种理论分析》（1962）、《人力资本：特别是关于教育的理论与经验分析》（1964）、《时间分配理论》（1965）等论文中，运用效用最大化、市场均衡和稳定偏好的基本思想，系统阐述了人力资本和人力资本投资问题。

卢卡斯、罗默等经济学家自20世纪80年代以来，对人力资本理论的研究作了进一步的拓展，逐渐形成了西方国家的"新经济增长理论"。新经济增长理论将人力资本作为一个独立的变量引入经济增长模型，并将其内化。这与早期舒尔茨和贝克尔等人把人力资本作为劳动要素的外生因素截然不同，将人力资本理论带入一个新的研究阶段。罗默（1986）在论文《收益递增与经济增长》中，认为人力资本理论可以很好地解释二战后各国经济增长率的非收敛性。罗默把生产要素分为资本、非熟练劳动、人力资本（以受教育年限衡量）、新思想（以专利数量衡量）四个方面；他将人力资本分为两种形式，一种是基于劳动力的原始劳动，另一种是具有专业化知识的人力劳动。这种人力劳动具有收益递增特性和提高物质资本使用效率的特点，也是促进各国经济增长的重要因素。卢卡斯（1988）在论文《论经济发展的机制》中运用人力资本投资对各国经济增长现象进行解释。同时期，英国经济学家莫里斯·斯科特认为技术进步的主要原因是投资教育和科研产生的人力资本积累。

综上所述，20世纪80年代有关人力资本的研究成果不同于以往的研究成果，主要表现为新经济增长理论没有单纯地只研究发达国家经济增长，而是拓展到对发展中国家的研究，将人力资本视为最重要的内生变量。

1.2.1.2　人力资本配置理论

前文提到的古典经济学代表人物亚当·斯密在1776年出版的《国富论》中明确指出，"劳动生产力的最大提高，以及在运用劳动时所表现的熟练程度、更高技能和判断力，似乎都是分工的结果"，"在一个政治修明的社会里，造成普及到最下层人民的那种普遍富裕情况的，是各行各业的产量由于分工而增大"。从亚当·斯密的描述中可以看出，人力资本配置尤其是优化人力资本配置具有提高产出效益的作用。

现代人力资本理论的创始人舒尔茨也同样注意到人力资本配置结构对经济增长的重要影响。他认为，人力资本的自由配置和流动可以提升人力资本收益，个人和家庭的迁移是人力资本流动的重要方式。舒尔茨（1960）提到人力资本错配会降低人力资本的产出效率，这种错配指的是低效率配置，而错配的原因是缺乏有效率的市场价格，缺乏有效率的市场价格将会进一步加深人力资本的错配。

现代人力资本理论确立以来，人力资本配置的研究逐渐受到了诸多学者的关注。主要研究方向包括人力资本的性质、人力资本的形成、人力资本投资收益、人力资本与经济增长关系、人力资本与技术进步的关系、人力资本与劳动生产率的关系、人力资本与个人收入分配等。在人力资本配置与流动研究方面，西方学者主要关注的是人力资本流动、移民与经济发展、从业结构等，对人力资本配置的优化配置研究不多。但是，舒尔茨实际上已经将卫生保健设施和服务、在职培训、正规的初等中等和高等教育、非企业组织的成人教育计划等四项认为是可以增加人力资本存量水平的，个人和家庭为适应就业岗位而进行的迁移则是可以通过人力资本流动和重新配置而提高有效生产率。也就是说，人力资本流动能够增加人力资本收益。库茨涅兹认为工人收益增长是由于"从低收入产业转到每个职位都有利可图的高收入产业"的结果。贝克尔（1975）通过建立人力资本-物质资本比较收益模型对人力资本在生产中的比较优势进行深入研究。他指出，人力资本比较收益提升的基本条件为人力资本存量的边际产出大于物质资本和劳动力总量的边际产出。库兹涅茨（1971）运用投入产出分析方法分析了产业结构优化升级与经济增长之间的关系，认为工人收入增长中的大部分是由于其选择从低收入产业转到高收入产业。

法肯姆普斯和奎松宾（1997）、里帕克和斯耐尔（1999）、尼威尔·姜和赵睿（2003）、吉龙内和佩波赫（2007）等学者分别研究了人力资本积累对巴基斯坦农业发展的影响、知识型人力资本与技能型人力资本不同配比下的竞争与合作关系、欧洲主要国家的人力资本与经济增长之间的关系、人力资本的正外部性对高人力资本流动的影响、过度教育导致人力资本配置效率衰减或丧失等。

综上所述，由于西方人力资本配置的市场化程度已经达到较高的水平，所以，在人力资本配置方面的研究成果总量不多，但是，西方学者诸多人力资本配置的研究，对我国农村人力资本配置研究具有良好的借鉴意义。

1.2.1.3 农村人力资本配置与农村经济发展

国外关于农村人力资本配置的研究主要集中在以下三个方面：

第一，人力资本对乡村振兴重要性的内容研究。彼得（2009）较早认识到培育那些具有强烈愿望并拥有推动发展激情和决心的人成为"发起乡村社区复兴战略"任务的"倡导者"，可以遏制农村地区服务衰落；舒尔茨（2012）在研究农业投资回报率时发现，政府对农民技能、技术培训的回报率远高于直接对农业机械设备等的扶持，人力资本是自20世纪50年代开始的美国农业产量迅速增加和农业劳动生产率提高的主要原因；贝克尔（1964）认为，脱贫致富的首要问题是解决如何提升贫困人口的人力资本存量，脱贫与乡村振兴的内在一致性促使两者存在紧密的逻辑顺承关系，农村减贫过程也是乡村振兴过程。

第二，乡村振兴中产业发展主体所需技术技能和乡村治理主体所需领导素质的内容研究。"乡村支援员"需熟悉就任乡村（小田切德美，2013、2016）、农民需具备一定知识储备与能够掌握新技术（田口太郎，2018；劳雷和格兰妮，2015），乡村治理公务员应该具备包括沟通能力、示范能力、领导他人能力、服务顾客能力等在内的领导素质（莫克维斯特，2002）。近年来，日本在促进农业结构变革方面，正在基于人和地这两个维度进行改革。在人的方面，主要是考虑小农生产方式在生产成本、技术获取等方面具有的天然劣势，在市场准入、投资设立、日常运营等多方面采取措施，积极将小农户纳入新型经营主体，鼓励农业部门吸引年轻化和多样化的农民进入农业部门工作。

第三，政府在优化人力资本配置中的作用研究，主要包括提供财政资金与推动立法建设两个方面（索拉斯，1996；切希尔，1998）。2014年美国农业法案《食物、农场及就业法案》中提出给予2亿美元财政资金支持公共研究机构与私人研究机构合作进行农业科技的研发和推广；日本开展了"后继者支持政策"，给予"青年务农给付金"支持，主要针对45周岁以下、年收入250万日元以下且具有独立经营农业意愿的青年人，同时，还设立了"新农人培养专项资金"，其目的是提升青年职业农民的经营能力，鼓励青年职业农民采取边干边学的学徒方式到种养大户或农业企业研修。任娇、何忠伟和刘芳（2016）通过对美国农业人才培养的研究，指出美国结合其国情采取了农业高等教育国际化、创办短期高等教育学院、针对性地培养人才等方式进行农业人才培养，其中，对农户教育培养方面高度重视，美国政府每年为农学院和农业试验站技术人员提供大量资金支持，地方政府聘请水土保护人员免费为农民提供技术指导，让每个农民掌握基本的农业知识，从而实现对农业人才的培养。

国外近期研究侧重关注乡村治理中的乡村振兴人才应该发挥的作用与乡村新发展方式中的人才绿色发展理念方面，科尔曼（2006）提出解决生态环境问题应从人类政治事务着手，施奈伯格（2008）首次从责任角度提出农村生态环境的治理应当让造成生态环境恶化的引起者承担主要责任，世界绿色设计组织（2013、2015）倡导人文为本、城乡协同及建设绿色生态文明的"绿色设计"，等等。

1.2.2 国内研究现状

1.2.2.1 人力资本配置与农村人力资本配置研究

关于农村人力资本与农村经济增长关系的宏观分析主要借鉴卢卡斯的人力资本外溢模型，该模型主要阐述通过人力资本投资的"外溢效应"促使其他生产要素的边际生产率提高，同时也提到"吸纳效应"，促使城市地区吸取农村地区的农村人力资本的流出。我国农村人力资本与农村经济发展关系研究，主要包括农村人力资本问题的产生原因（周建华，2008）[33]、激励措施（李志军等，2010；官爱兰等，2017）[43] [49]等。关于人力资本配置与农村人力资本配置的研究，主要包括以下几个方面：

（1）人力资本配置与区域经济和产业结构的关系

刘伟等（2014）通过运用 UzawaLucas 模型研究人力资本跨部门流动效应，研究发现人力资本持续不断地从物质生产部门转移到教育部门一定可以加快人力资本的积累速度；然而，在政府应该大力发展教育促进经济增长方面，如果投入的"度"不合适，则人力资本快速积累不一定能够促进经济增长，也不一定能够提升社会的整体福利水平。唐辉亮（2014）通过借鉴技术进步偏向模型和质量阶梯升级模型，从数理上推导了产业由劳动密集型向技术密集型高端化升级受人力资本结构和技术资本配置结构的影响与制约，并利用中国 2001—2010 年的相关数据对我国及东、中、西部三大区域的人力资本结构和技术资本配置结构与产业结构高端化升级的影响进行了实证分析。王志浩等（2019）利用道格拉斯生产函数进行人力资本评价，研究指出，人员流失使得东北地区劳动力减少，并且带走了东北地区所付出的多年教育投入与技能培训的努力，人力资源流失导致东北地区经济增长乏力。徐晔等（2020）以中等人力资本为视角，测度了区域高等人力资本稀缺度，结合 Mincer 方程测度了人力资本就业错配度，指出"区域人力资本就业配置对区域全要素生产率确实存在显著影响，区域高等人力资本稀缺度的上升会减损企业全要素生产率"。李欣泽等（2022）通过纳入部门间不稳定因素构建两部门人力资本配置静态理论框架，并使用2014年中国经济普查数据，在测度地区层面人力资本错配程度的基础上，实证检验了人力资本错配对创新发展的影响。

关于人力资本配置与区域经济和产业结构的关系研究，颇为丰富。杨德礼（1995）、李新安（2000）、夏杰长（2000）、李玲（2002）等分别从产业结构调整对劳动力就业结构和转移的影响、劳动力转移相关政策、产业布局与人力资本配置、人力资本在三次产业间和不同地区间的流动和配置等方面，科学严谨地分析了人力资本配置对区域经济发展、产业结构调整的正向影响。

（2）农村人力资本配置与农村经济发展

关于人才配置在农村经济发展和乡村振兴的促进作用研究，宋玲妹等（1997）分析指出，当时我国农村人力资本整体劳动素质不高，高质量人力资本尚未形成，农村人力资本的质量明显不高，限制了农村通过乡镇企业的发展实现对农村剩余劳动力的有效吸纳，成为传统农业向现代农业过渡，并通过农业产业化拓宽农村劳动力资源在农村内部的配置的主要障碍。国光虎等（2019）指出，农村人力资本质量是制约农村经济发展的主要因素，农村人力资本投资能够促进生产力和农民收入的提高，乡村振兴目标的实现需要农村人力资本的推动。陈治国等（2017）基于卢卡斯人力资本外部性内生增长模型，实证分析了农业经济增长与农村人力资本结构关系，分析发现，农村知识型人力资本和农村企业家才能与农业产出长期保持着稳定的正向均衡关系。

国内其他学者还对农村人力资本配置进行了其他研究。例如，对人才配置在乡村振兴进程中的重要性（周建华，2008）、技术技能培训（田书芹等，2020；帅昭文，2019；周焓等，2019）、政府政策支持（马红坤等，2019；龙晓柏等，2018；任娇等，2016；何兵存，2007）等方面。此外，还重点对如下内容进行了研究：第一，乡村人力资本错配的产生原因（温铁军，2003；蔡昉，1996；谢东水等，2011；李志军等，2010），普遍认为信息不对称、行业垄断、制度刚性障碍的市场失灵表现，与农村基础设施建设落后带来的农村居民生活空间、资源共享及环境问题等，导致我国通过普及高等教育形成的人力资本并没有沉淀到或者根本没有流入乡村进行农业生产；第二，人力资本错配产生的负面效应（马颖等，2018；李静等，2017；袁志刚等，2011；李世刚等，2014），认为大部分行业都存在人力资本配置效率与整体最优状态下的人力资本配置不同程度的偏离，2013年农业平均收入与整体经济19个行业的平均收入的比值仅为0.98，人力资本错配产生的社会成本大约是潜在产出水平的10%至20%；第三，优化乡村人力资本配置的制度供给（温涛等，2018；官爱兰等，2017；李晓江，2017），认为政府应采取农村人力资本改造的战略性投入等措施激励现代要素对剩余劳动力的人力资本改造，或应开发迁移农业人力资本潜能进而促使其真正服务于农业，也强调了城镇化进程将持续推动城乡之间人口流动，吸引人口流入特别是人口回流是乡村振兴的关键。

（3）农村人力资本配置与农民收入

关于农村人力资本配置与农民收入的研究也非常丰富，主要体现在以下两个方面：

一是关于农民收入水平与农村人力资本关系的研究。白菊红等（2003）通过对河南省1 000户农村住户观察资料整理研究认为，家庭劳动力中接受过职业教育和技术培训的劳动力越多，家庭劳动纯收入水平越高；根据Mincer的收入函数模型对不同受教育年限的边际报酬和劳动力平均收入弹性进行分析，发现"农村劳动力受教育水平越高，进一步提高农村劳动力受教育水平使劳均收入的增加速度越快"。张茜（2007）通过对农村人力资本和农民收入构建VAR模型与脉冲响应函数，进行方差分解，研究了两者长期的相互影响过程和作用效果，结果表明，农村人力资本积累在短期内依赖于农民收入的提高，但从长期来看，农村人力资本积累更依赖于教育本身，只有提高农民素质，才能促进农村人力资本的积累。贾伟强等（2011）利用系统动力学反馈动态复杂性分析理论与技术，建立了有效刻画农村人力资本积累复杂系统的结构模型，将农村人力资本积累问题作为一个复杂的社会经济系统进行研究，分析结果显示，农村人口迁移制约农村人力资本积累和个体农业劳动者素质的提升、政府投资不足制约农村人力资本积累等。刘新智等（2016）通过借鉴经济效率模型和产出增长率模型，基于2001—2009年全国30个省市的面板数据，对城镇化进程中人力资本积累对农民收入的影响进行实证分析，研究发现，从时间和空间来看，农村教育投入增加，人均教育水平提高对农民收入的影响从前一时期到后一时期出现显著到不显著的状态，说明农村教育投入的增加出现了受过良好教育的农民会更倾向于迁居城市从事非农就业，其结果导致农业生产缺少高素质的经营主体。因此，各地方政府应加强"四化"同步发展，加强农村的教育投入，增加农村地区农民人力资本积累，突破农民的增收瓶颈。

二是关于农村人力资本与农村消费的研究。李通屏等（2007）认为，居民消费包括人力资本型和非人力资本型，对人力资本品的购买是居民消费的重要内容，增加人力资本投资，扩大对人力资本品购买，实际上等于增加现期消费。如果将人力资本投资分为社会性人力资本投资和个人性人力资本投资，那么，社会性人力资本投资有利于扩大个人消费，个人性人力资本投资增加对消费需求的影响比较复杂。吴卿昊等（2015）通过引入2000—2011年的省级面板数据建立计量模型，基于人力资本视角探讨农村公共产品对于农村居民消费水平的影响，从教育资本和健康资本两个方面分析公共产品供给对于农村消费的影响，认为"公共教育支出是农村人力资本投资中对于教育资本投资的重要来源，它在提高农村劳动力的教育资本水平和增加农民收入的同时也改变了农民传统的消费习惯和观念，让农民更愿意去消费"。实际上，研究农村人力资本投资与农村消费之间的关系，是为了表明农村人力资本积累丰富，可以增加农民的收入，提高农村居民的消费水平，也反过来进一步激发农村人力资本积累的热情。

1.2.2.2 共同富裕科学内涵与实践路径研究

（1）共同富裕的思想起源及科学内涵研究

共同富裕是几千年来我国广大民众的根本诉求，其思想较早起源于我国古代。从现代经济学范式看，"富裕"强调的是效率，"共同"强调的是公平。因此，从本质上来看，共同富裕是公平与效率的统一。

我国古代思想家很早就提出了以"均贫富"为理念的共同富裕思

想。孔子在《论语·季氏》第十六篇中指出："丘也闻有国有家者，不患寡而患不均，不患贫而患不安。"《韩非子》中表述为"论其赋税以均贫富"。"均贫富"不能简单地等同于绝对平均主义，孔子反对极端的贫富悬殊差距，主张贫富差距应该控制在一定范围内。韩非子讲的"论其赋税以均贫富"并非用赋税实现贫富相等，而是用税收调节贫富差距。《礼记》中有黄帝"以明民共财"，提倡共同享受和开发物产。《管子》中记录"以天下之财，利天下之人"，表明共同富裕是国家的政策主张。汉代董仲舒、王符主张"先饮食而后教诲，谓治人也""为国者，以富民为本，以正学为基"。董仲舒对于共同富裕的理解更为深刻，他认为物质和精神同步发展，才是共同富裕。由此可见，从《易经》的"衰多益寡，称物平施""损上益下，民说无疆。自上下下，其道大光"到《礼记》的"黄帝正名百物，以明民共财"，从管子的"以天下之财，利天下之人"、老子的"损有余而补不足"到孔子的"不患寡而患不均"，共同富裕的思想与时俱进、不断发展，有着不同的表述方式。

中国共产党吸收了马克思主义经典著作和中华民族传统文化形成了对共同富裕的思想认知。早在中国共产党成立之前，党内的马克思主义先驱们就已经对"广大劳苦百姓何以摆脱贫穷"展开了追问与反思。中国共产党成立之初，在党的第一次全国代表大会的第一个纲领中，直接指明要"由劳动阶级重建国家，直至消灭阶级差别"的奋进方向。"共同富裕"这一概念是在1953年12月16日通过的《关于发展农业生产合作社的决议》中，中国共产党首次正式提出的。该决议强调逐步实行农业的社会主义改造，逐步克服工农业之间不协调矛盾，使农民能够逐步、彻底地摆脱贫困，过上"共同富裕和普遍繁荣的生活"。1992年，邓小平南方谈话提出"社会主义的本质是解放生产力，发展生产力，消灭剥削，消除两极分化，最终达到共同富裕"。20世纪90年代，以江泽民同志为核心的党中央"坚持共同富裕的方向"，进一步提出解决收入分配差距的具体措施。进入21世纪后，以胡锦涛同志为主要领导的党中央提出以科学发展观为指导，以改善民生为重心促进社会建设，以区域振兴发展战略缩小区域差距，其目的是"让广大农民共享改革发展成果，最终实现共同富裕"。

自从邓小平南方谈话以来，每五年一届的中国共产党全国代表大会均提及共同富裕。党的十八大以来，党中央将"共同富裕"摆在了更加重要的位置上，习近平总书记提出的共享发展理念对于共同富裕的内涵有了进一步的阐释，即必须要用共享发展来推动共同富裕。

（2）新时代对共同富裕新形势和任务的认识研究

著名学者刘尚希（2021）在充分理解习近平总书记提出的共同富裕发展理念时，认为共同富裕是基于所有人的全面发展，"从关注物的分配到关注人的发展，从关注个体差距到关注群体差距，从强调分配结果到重视消费过程"，认为"必须依靠人力资本，通过人的能力、知识和创新"破解发展过程中的难题，其中，"农民人力资本积累不足、劳动技能普遍偏低等原因导致农村大力发展产业时往往没有城市的经济效率高"，"消费是人的能力提升和人力资本积累的过程，也是为经济提供目的和创造条件的过程"。

吴雪芬（2022）从政治属性、经济属性以及社会属性的角度阐述了共同富裕的内涵，即"科学合理的收入分配机制可以帮助更多社会低收入人群提高消费能力，为扩大消费拉动内需释放出巨大动能"。共同富裕是中国社会发展的必然选择，其实现依赖于社会生产力的持续提高与社会成员之间的贫富差距缩小。在全面完成脱贫攻坚任务的历史节点上，"不断缩小区域发展差距和城乡发展差距，让低收入人群和欠发达地区共享发展成果、让人民群众拥有更多的幸福感与获得感"。

（3）共同富裕的理论发展与实现路径研究

新时代共同富裕是在继承和发展马克思主义理论基础上，结合中国具体实践发展的阶段性特征而创新和发展的。共同富裕理论在我国的发展已经具备了科学的研究基础和研究积累，共同富裕的实现需要从解决社会主要矛盾入手，创新实现路径。

韩文龙等（2018）指出，自2003年以来，我国基尼系数（0.465）已经超过国际警戒线0.4的水平，要实现共同富裕，需要以解决社会不平衡不充分发展的矛盾为突破口，重点解决地区发展不平衡、城乡发展不平衡、收入差距扩大和绝对贫困等问题。

向国成等（2018）基于资源承载能力和环境生态保护与建设的绿色发展视角提出共同富裕的实现路径，通过专业化发展培育内生比较优势、通过多样化形成综合比较优势、通过迂回化发展挖掘投资分工潜力、通过组织化发展提高交易效率及建立公平正义的收入分配制度等五个途径最终实现共同富裕。

左伟（2019）从我国人民总体富裕程度不高、各地区各阶层收入差距大、整体社会保障水平比较低等方面阐述新时代共同富裕的实践基础与实现障碍，提出进一步解放和发展生产力、建立更公平的分配制度以及健全的社会保障体系、实施精准的扶贫措施等观点，为最终实现全体人民共同富裕作出贡献。

杜江等（2020）较为认同邵洪烈（1998）有关财政的共同富裕职能的阐述，共同富裕体现的是财富占有与收入分配情况，其实现取决于社会物质财富持续增加和持续缩小社会成员之间的贫富差距。因此，推进共同富裕，必须在发挥财政推进国家治理现代化的职能基础上，继续实施加力提效的积极财政政策，全力支持打好防范化解重大风险、精准脱贫和污染防治三大攻坚战，不断加强保障和改善民生。

魏后凯（2020）以全面小康向共同富裕转变为题进行研究。通过对我国1978—2018年城乡居民收入和消费水平差距的变化分析，发现目前我国城乡居民收入和消费水平差距仍然较大，农村地区实现的全面小康水平仍然较低。从全面小康到相对富裕再到共同富裕，最终建成具有中国特色的共同富裕社会，需要以高质量发展为导向，以高品质生活为目标，以高效能治理为手段，以全方位创新为动力。

刘培林等（2021）在阐明共同富裕政治内涵、经济内涵、社会内涵基础上，表明全体人民共创共享日益美好生活，实现共同富裕，需要以高质量发展为指导，以壮大中等收入群体、提高中等收入群体富裕程度为主要入手点。

孙春晨（2022）以初次分配、再分配、三次分配协调配套的基础性制度为切入点，提出实现共同富裕的三重伦理路径，即经济伦理路径、制度伦理路径、道义伦理路径。

（4）共同富裕的典型示范与具体举措研究

何立峰（2021）以浙江建设共同富裕示范区进行省域范例研究。他认为，浙江共同富裕示范区建设应坚持党的全面领导、坚持以人民为中心、坚持共建共享、坚持改革创新、坚持系统观念的工作原则，要在高质量发展中建设好共同富裕示范区，推动有利于共同富裕的体制机制创新不断取得新突破，持续缩小城乡区域发展差距和收入差距，为实现全体人民共同富裕提供浙江示范。

谢易和（2022）重点分析了广东省共同富裕面临的现实问题，珠三角地区与粤东、粤西及粤北地区发展差距明显且仍在扩大，城乡发展差距较大，在居民可支配收入结构中体现劳动价值的劳动收入和经营收入的比重持续下降，尤其是广东劳动者报酬占比与发达国家相比仍处于较低水平。劳动作为生产要素之一，在收入分配中扮演重要角色，劳动者报酬占比较低，其中一个原因为"劳动力供给长期饱满，与之相对应的是资本相对稀缺，导致资本、财富等要素虽处于辅助地位，却获得高额收入，出现'强资本弱劳动'的现象"。

综上所述，关于共同富裕的起源及科学内涵、逻辑归结、实践历程与改革路径的研究颇为丰富，学者们论述收入差距适度、分配兼顾公平与效率、消费实现可获得性和可及性，共同富裕的本质是全体人民共同富裕，共同富裕是共创和共享的统一。实现共同富裕离不开国家财政能力支撑：在政治层面，财政是以人民为中心推动国家治理和实现共同富裕的重要保障；在经济层面，现代财政制度建设为实现共同富裕提供重要支撑；在人力文明层面，中国财政彰显社会主义共同富裕道路的制度优越性。实现共同富裕需要准确把握共同富裕的内涵，改革完善个税及消费税，适时开征房地产税，研究探索开征遗产税、赠与税，构建鼓励慈善捐赠的税收体系等。实现共同富裕需要基于反贫困并促进人的全面发展，实现健康扶贫，逐步实行个人医疗费用封顶制度，加强基层医疗卫生服务供给，增强个人健康管理意识和管理能力，关注贫困人口的心理健康以及建设有益于健康的环境。

1.2.2.3 共同富裕实践路径与农村人力资本配置研究

共同富裕的实践路径与农村人力资本配置有什么关系？共同富裕的实践路径可以选择农村人力资本配置视角吗？下面，我们来看一下国内学者对于共同富裕与农村人力资本配置的关系是如何阐述的。

关于共同富裕与农村人力资本配置的关系，主要阐述的是如何通过优化农村人力资本配置进而实现共同富裕。目前，国内学者对于共同富裕的实现路径研究较多，大多集中于财政引导社会资本助力（姚凤民等，2022）、财政优化资源配置、探索优化收入分配机制等。而人力资本配置尤其是人力资本的产业配置主要是通过各产业间的优化组合和利用来完成，产业人力资本越是专业化，产业的产出效率也越高。农村人力资本的宏观配置和微观配置就是通过市场、行政安排等手段，在不同地域、产业、企业之间进行优化组合和利用的动态平衡过程（刘志刚，2008）。农村人力资本通过配置路径即人力资本与物质资本要素结构配置有效性影响就业增长，在人力资本不直接作用于经济增长的情况下，人力资本通过技术进步这一中介间接地对经济增长产生作用（缪仁余，2014）。也就是说，如果农村人力资本出现错配，就有可能影响农村经济增长。从物质分配角度看，影响个人收入；从分配结果看，影响个人消费。

综上所述，国内外学者对人力资本配置与经济发展、共同富裕的科学内涵与实践路径等方面的研究成果比较丰富，但是鲜有学者从农村人力资本配置角度研究如何实现共同富裕。对于目前的一些关于人力资本错配与乡村振兴的主流研究，从研究内容上看，大多围绕人才供求、技术技能培训、政府制度制定、法律法规颁布等，相对缺少对人力资本错配类型、错配形成机制以及错配对乡村振兴的影响的研究；从研究方法看，主要采取传统的经济学、管理学研究方法，研究中没有把不同发展类型乡村的多元化乡村振兴与管理理论方法进行结合研究，因此研究方法也有待进一步完善。虽然个别学者已有城乡关系实践类型与乡村振兴分类实践的研究思路并取得一定成果（杜姣，2020），但也只是刚刚起步，尚没有建立系统的乡村振兴分类实践对不同乡村振兴人才需求的新机制。本书将基于农村人力资本配置视角，从理念、制度与措施三大方面对促进农村经济发展进而缩小城乡居民收入差距、提高农村居民人均可支配收入和消费能力、激发共建共创共享共同富裕热情等进行研究，以期为尽早实现共同富裕尽绵薄之力。

1.3 研究内容与研究框架

1.3.1 研究内容

本书重点研究农村人力资本配置的现状、问题以及对共同富裕的影响，主要包括以下7个部分：

第1部分，导论。主要包括选题背景和研究意义、国内外研究现状、研究内容与研究框架等内容。

第2部分，人力资本配置的理论基础。包括人力资本的相关界定、人力资本配置的相关界定、农村人力资本配置的相关界定、农村人力资本配置的理论基础等内容。

第3部分，共同富裕的理论基础。包括马克思恩格斯关于共同富裕的理论学说、列宁的社会主义共同富裕观、我国关于共同富裕的理论阐释、共同富裕对农村人力资本配置的作用机制等内容。

第4部分，我国共同富裕与农村人力资本配置的现状及趋势分析，本部分为全书的重点内容之一。重点阐述了共同富裕的现状及趋势，主要包括农村居民收入、城乡居民收入比、城乡居民消费支出；重点阐述了农村人力资本配置的现状及趋势，主要包括农村从业人员数量分析、农村居民受教育水平分析、农村劳动力的区域差异；重点阐述农村人力资本的发展环境，主要包括农业生产条件、国家财政用于农林水各项支出、农村教育与卫生等。

第5部分，典型地区：长江三角洲地区共同富裕与农村人力资本配置的现状及趋势分析，本部分为全书的重点内容之一，其目的是将我国经济发达的经济带的共同富裕与农村人力资本配置进行分析后，表达我国农村人力资本配置还有很长的路要走。重点阐述共同富裕的现状及趋势，主要包括农村居民人均可支配收入与城镇居民人均可支配收入的比较、农村居民人均消费支出与城镇居民人均消费支出比较；重点阐述农村人力资本配置的现状及趋势，主要包括农村从业人员数量分析、农村居民受教育水平分析；重点阐述农村人力资本的发展环境，主要包括农业生产条件、国家财政用于农林水各项支出、农村教育与卫生等。经过对上海市、浙江省、江苏省与安徽省的共同富裕与农村人力资本现状进行分析，发现农村人力资本配置缺失导致共同富裕实现受到影响的共性问题。

第6部分，农村人力资本配置现状导致的全体人民共同富裕困境，这是本书的重点内容之一。重点阐述农村老龄化与高素质人力资本转向非农就业加剧了农业弱质性，主要包括农村劳动力供给与人口老龄化加速、农村高素质人力资本转向非农就业、农业弱质性导致农民收入水平低、农民收入水平低影响全体人民共同富裕；重点阐述农村人力资本培育积累存量不足加剧了农村公共服务体系不完善性，主要包括农村人力资本积累存量不足、分布不均，农村人力资本积累速度缓慢、投资不足，农村公共服务体系不完善等，这些影响农村群体消费能力提高；重点阐述城乡人力资本积累差异导致社会心理嬗变，主要包括农村居民产生"仇富"心理、城乡关系不和谐，社会心理嬗变影响共创和共享相统一。

第7部分，研究结论及推进共同富裕的财政政策选择，这是本书的重点内容之一。在前文论述中得出研究结论，进而提出推进共同富裕的财政政策建议。重点阐述通过收入再分配加强农村人力资本积累，实现社会财富分配兼顾公平与效率；通过公共服务均等化提高农村人力资本机会公平，实现群体性消费能力的可及性；通过完善社会保障制度提高农村人力资本生活安全感，实现共创和共享相统一；通过完善农村人力资本发展的其他政策，助力共同富裕的尽早实现。

1.3.2　研究框架

本书研究框架如图1-1所示。

农村人力资本配置与共同富裕的财政政策选择

人力资本配置的理论基础

共同富裕的理论基础

我国共同富裕与农村人力资本配置的现状及趋势分析

典型地区：
长江三角洲地区共同富裕与农村人力资本配置的现状及趋势分析

农村人力资本配置现状导致的全体人民共同富裕困境

研究结论及推进共同富裕的财政政策选择

通过收入再分配加强农村人力资本积累，实现社会财富分配兼顾公平与效率

通过公共服务均等化提高农村人力资本机会公平，实现群体性消费能力的可及性

通过完善社会保障制度提高农村人力资本生活安全感，实现共创和共享相统一

通过完善农村人力资本发展的其他政策，助力共同富裕的尽早实现

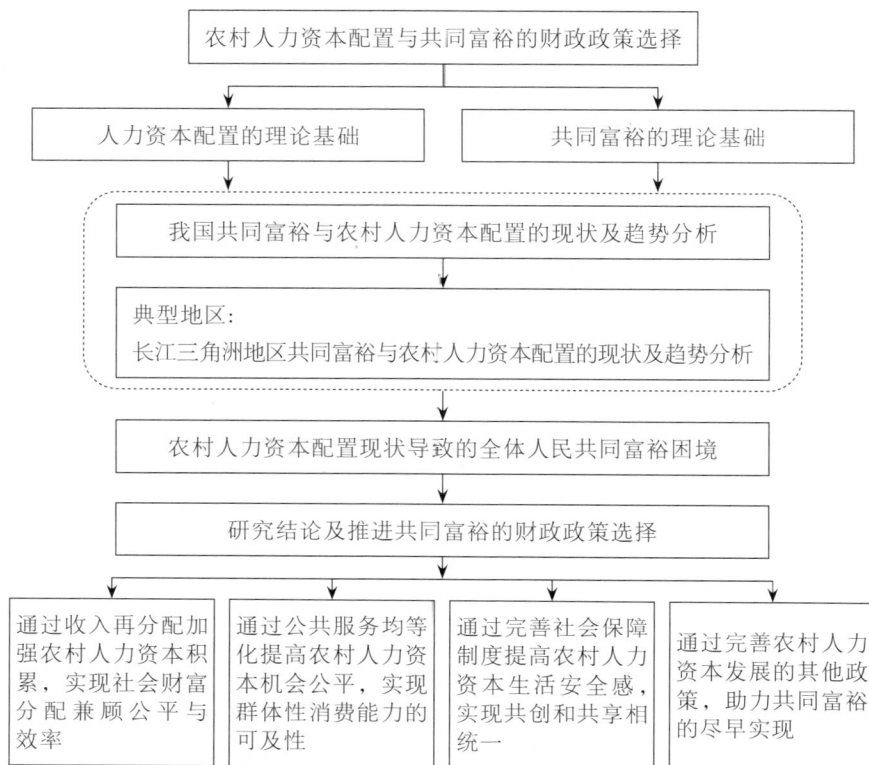

图 1-1　研究框架

2 人力资本配置的理论基础

2.1 人力资本的相关界定

2.1.1 人力资本的概念和特征

2.1.1.1 概念

人力资本是凝结在劳动者身上的所有知识、技能、健康等一切具有经济价值的因素总和。

2.1.1.2 特征

从这个概念来看，人力资本至少可以理解或延伸为如下六层意思：

一是人力资本依赖于人们的体力能力和脑力能力，因而具有劳动能力的劳动者都具有人力资本的依附基础；全社会所有有劳动能力的人都拥有人力资本，在拥有量上有多与少的差异，没有质的区别；人才是人力资源中的精华，因而人才也是人力资本依附基础较优秀者；企业家和技术创新者具有更为优秀与难得的人力资本依附基础；研究人力资本不只是企业的人力资本，更不限于企业"两种人"，而是整个社会的人力资本。

二是人们的体力和智力是由于营养、保健、医疗和教育、培训、自学等形成的，需要花费资金，即投资形成的。而投资者应包括个人家庭、国家、工作单位。所有劳动者的劳动能力都是通过这种投资获得的。优秀运动员是在体力上投资较多者，企业家和技术创新者是在智力上投资较多者，因而他们有不同的技术业务专长。

三是人力资本是通过人的有效劳动创造的价值体现出来的，失去劳动能力的人或不参加劳动的人，因为不能创造价值，因而也就失去了人力资本。如果一个人一生的劳动价值能超过对他的投资成本，则他具有的人力资本产生了剩余价值，即人力资本收益，否则人力资本亏损；人们在劳动中不断学习，丰富知识和经验，使人力资本增值，否则人力资本贬值。企业家和技术创新者，就是人力资本的收益与增值特别大的人。

四是按照市场经济法则，谁投资谁受益，因而人力资本创造的经济效益，应按投资比例分配给个人、国家和工作单位。那些创造较高人力资本收益的企业家和技术创新者，理所当然地应该获得较多的经济收入和社会荣誉。应该特别指出的是，人力资本投资的收益率，大大高于物质资本投资的收益率，因而人们一般更愿意投资人力资本。

五是所有劳动者在劳动过程中获得社会给予的平均工资、福利、社会保障等，至少要等价于他们个人的平均投资成本，才能使劳动者的劳动能力（体力和智力）得以维持。否则，社会劳动能力不能维持并逐步下降，直到社会劳动力枯竭。在实践中劳动者的获得大大高于（一般要高于15%）个人平均投资成本，才有利于鼓励个人投资于人力资本（主要是智力投资），提高社会平均人力资本拥有量，从而推动社会的不断进步和发展。我国实行的科教兴国战略，毫无疑问是提高全社会人力资本拥有量的最佳战略。

六是人力资本对于个人是从小到大直到老年，从投资、产出直到分配，从获得、增长直到降低、消失的全过程。人力资本对于社会则是食宿、教育、就业、医疗、保健、社会保险投资、经济发展等社会经济生活的系统工程。因此，人力资本理论就成为人力资源开发的理论基础，是研究涉及全社会共同关注的、关系到每个人切身利益的理论和实践，所以越来越引起社会各界人士的普遍重视和关心。特别是受到企业界人士的重视和关心。

2.1.2 人力资本的分类

关于人力资本的分类，本书采取两种分类方法。

2.1.2.1 按社会分工角色分类

本书结合胡静林（2001）和刘志刚（2008）的观点，将人力资本分为三类：一般人力资本、专业人力资本、企业家人力资本。

（1）一般人力资本

一般人力资本是指社会分工中一般劳动者所具有的人力资本，往往接受的教育程度不高，这种人力资本的个体所具备的能力，可以掌握简单的规范化的程序性操作，不需要创新或创新很少，表现为劳动力的同质性。同时，一般人力资本工作完成与否及其优劣都具有明显的可衡量指标。这类人力资本在区域经济发展中是大量存在的，是推动社会经济发展的基础力量。

（2）专业人力资本

专业人力资本是指具有某种特殊技能的人力资本，往往接受的教育程度至少是高中或更高级别的高等教育，他们一般在接受较长时间的培训教育后，再通过实践训练而获得专业知识和技能。这类人力资本可以从事一般性的操作工作，并结合一定的创新进行操作工作的提升。表现为劳动的同质性和异质性并存。这类人力资本是社会经济发展的中坚力量。

（3）企业家人力资本

企业家人力资本是指具有创新能力的人力资本。这类人力资本具有的创新能力包括组织管理、市场运行、制度设计、产品研发等方面，往往在资本配置、新机会发现、企业发展洞察、管理协调等方面的创新能力超过一般人力资本和专业人力资本。企业家人力资本的核心是企业家精神，他们可以定义新的生产函数，拥有非凡的创造力和应付非均衡能力，表现为劳动力的异质性。这类人力资本是社会发展和变革的主要推动者。

2.1.2.2　按接受教育年限分类

借鉴姚旭兵（2015）的五分档计算方法，运用人均受教育年限来计算，按照"文盲半文盲、小学、初中、高中、大专及以上"的人均受教育年限为"1、6、9、12、16"来测度初级、中级、高级农村人力资本，具体计算以6岁及6岁以上相应文化程度人口平均受教育年限来表征，计算公式如下：

$$\text{初级人力资本}=\left(\frac{\text{文盲半文盲}}{\text{总人口数}}\times 1+\frac{\text{小学文化}}{\text{总人口数}}\times 6+\frac{\text{初中文化}}{\text{总人口数}}\times 9\right)\div\frac{\text{总人口数}}{}$$

$$\text{中级人力资本}=\left(\text{高中文化总人口数}\times 12+\text{中专文化总人口数}\times 12\right)\div\text{总人口数}$$

$$\text{高级人力资本}=\left(\text{大专及以上文化总人口数}\times 16\right)\div\text{总人口数}$$

2.1.2.3　按人力资本凝结在劳动者身上的资本量分类

人力资本是通过费用投资而形成和凝结在农村人力资源体中，因此，将其分为教育人力资本、健康人力资本、迁移人力资本等。

2.2　人力资本配置的相关界定

2.2.1　人力资本配置的概念和原则

2.2.1.1　概念

人力资本配置是指在一定区域范围内，按照人力资本效益最大化原则，对人力资本自身（教育、健康、规模）及其相关要素（物质资本投入、技术创新、产业发展、社会制度改革、公共服务等）进行合理配比和优化的过程。

2.2.1.2 原则

（1）效率原则

人力资本配置的效率原则是指人力资本配置与经济效率的关系，即人力资本配置对经济效益的贡献度。一般来说，人力资本配置的改进一定能提高人力资本的利用效率，从而提高经济效益。人力资本配置的效率取决于人力资本与物质资本结合的有效性，可以用五个指标来衡量，即物质资本产出率、劳动生产率、设备利用率、人均利税率和经济增长率。要提高人力资本配置效率，首先必须做到人力资本的有效利用，也就是说人力资本投入的最高产出率前提是人力资本的投向和配置的优化。从微观上讲，合理使用原则要求"合适的人放到合适的岗位上"，做到人尽其才、才尽其用。从宏观上讲，合理使用原则要求加强人力资本流动性，根据各地区行业（部门）需要，引进合适的人才，同时要消除人力资本流动的地区、行业（部门）障碍。其次要做到人力资本的结构合理，也就是说通过调节各地区、各部门、各行业的人力资本，形成一个良性的宏观人力资本结构，以及通过职位的升迁、岗位的流动等形成一个有效的微观人力资本结构。最后是做到充分考虑人力资本的产权特殊性，违背人力资本产权特殊性，不可能保证人力资本的优化配置，从而使效率低下。

在人力资本配置中，要重视三个方面的效率：一是人力资本配置对经济社会发展的效率；二是人力资本配置对经济的效率；三是人力资本配置对分配效率的贡献。

（2）公平原则

人力资本配置的公平原则是指人力资本配置的公平性。市场对人力资本进行配置，会由于市场机制的滞后性、盲目性，带来某些人力资本的数量和价格出现虚假信号，造成此类人力资本的盲目生产和过度浪费，同时也增加了人力资本投资主体的风险。从宏观上看，也会导致人力资本配置的地区、行业、部门的巨大失衡。因此，政府部门为保证人力资本配置公平性，要定期在人力资本市场上发布各种行业与部门的人力资本配置信息，并对未来经济和社会发展要求的人力资本配置作出准确预测；要从政策上给予倾斜和引导，运用各种经济手段引导人力资本流向落后地区和基础性、战略性以及新兴的国家继续发展并对经济发展起绝对作用的行业和部门。

在人力资本配置中，要重视三个方面的公平：一是人力资本配置要有益于起点公平；二是人力资本配置要有益于过程公平；三是人力资本配置要有益于结果公平。

2.2.2 人力资本配置的内容

人力资本配置的内容非常丰富，包括宏观角度和微观角度。从宏观角度看，人力资本配置的内容包括人力资本的区域配置、产业配置、人力资本与非人力资本之间的配置等。从微观角度看，人力资本配置的内容包括人力资本的岗位配置、部门配置等。本书主要研究宏观角度的人力资本配置内容。

2.2.2.1 人力资本的区域配置

人力资本的区域配置是指以一个区域人口和人力资本状况为基础，以该区域的物质资本与经济发展规划为依据，通过区域间的人口和劳动力流动以及不同地区的人力资本政策的调节予以实现。

在市场经济体系较为完善的情况下，要素可以自由流动，人口跨区域流动非常频繁。在许多学术文献中，可以看到"迁移人口"或"人口迁移"的表述，但是"流动人口"或"人口流动"的提法并不多见。但是，随着我国城乡二元结构的产生，迁移人口和流动人口同时存在。流动人口的内涵主要包括两层意思：一是地理空间上的移动；二是户籍不随之迁移。本书使用的流动人口统计口径同国家卫生健康委员会的中国流动人口动态监测调查数据一致。

2.2.2.2 人力资本的产业配置

人力资本的产业配置是指要以经济重点发展行业为主要目标，根据部门的联系，即投入产出表中各产业之间的关系进行综合平衡后予以确定。

人力资本带来的数量驱动力和创新驱动力是产业结构优化与区域产业结构调整的重要支撑。专业型人力资本和高级人力资本具有鲜明的异质性，对产业结构高级化有促进作用，能够打破经济集聚和扩散的对称均衡，促进高技能产业地区集聚。合理的人力资本结构和人力资本积累为产业结构和产业转型升级提供了数量支持和智力支持，同样，产业结构优化和产业转型升级也丰富了人力资本的知识和技能含量。从我国西部、中部和东部的人力资本配置来看，初级、中级和高级人力资本分别对我国西部地区、中部地区和东部地区的产业结构合理化起到了很好的促进作用。

2.2.3　农村人力资本配置的概念界定

本书提到的农村人力资本配置，主要包括人力资本内部自我配置、行业（或部门）间配置、区域间配置、人力资本与物质资本之间的配置、人力资本与技术水平之间的配置，以及人力资本与制度设计之间的配置等内容。

2.3　农村人力资本配置的相关界定

2.3.1　农村人力资本的概念

农村人力资本是指凝结在农业劳动者身上，以农村地区为主从事农业劳动的农业劳动力。在地域范围上，以农村地区为主，城市边缘、城郊地区、城乡接合部、乡镇等地为辅；在受教育程度上，可以对其进行职业技能培训、系统教育，分初级、中级和高级（见前文）农村人力资本；在结果上，农村人力资本的知识和经验（涉农知识和经验）、资历等可以为良好地从事农业生产工作奠定基础。

根据前文的人力资本分类方法，本书的农村人力资本的分类如下：

按社会分工角色分类，分为一般农村人力资本、专业农村人力资本和企业家农村人力资本；按按受教育年限分类，分为初级农村人力资本、中级农村人力资本和高级农村人力资本；按人力资本凝结在劳动者身上的资本量分类，分为农村教育人力资本、农村健康人力资本和农村迁移人力资本。

2.3.2 农村人力资本配置的内涵

农村人力资本配置主要包括以下几个方面：

一是不同人力资本之间的配置，是指初级、中级和高级人力资本配置。

二是农村人力资本内部配置。农村人力资本内部配置可以分为两个方面，即农村劳动力群体内部配置和农村人力资本用途内部配置。分别为农村人力资本在年龄、农业领域、收入等方面不同的群体中配置，以及在基础教育、农业技能教育、高等教育、农业保险、医疗保险等领域的配置。

本书的农村人力资本配置研究有两个假设前提：第一个假设前提是农村人力资本从事农业就业；第二个假设前提是农村人力资本居住地为农村原户籍地或农村内部流动居住目的地为农村。

2.4 农村人力资本配置的理论基础

2.4.1 人力资本理论

人力资本与收入分配关系可以追溯到古希腊时期，但是真正引起人们注意的是始于古典经济时期。英国古典经济学家配第认为人的"技艺"同土地、物质资本和劳动力一样，是第四生产要素，并且复杂的劳动比简单的劳动能创造更多价值。但是他并没有把人看成是资本。亚当·斯密在《国富论》中，明确阐述只是一种投资结果的思想，并将人们"后天获得的有用才能"作为固定资本的一部分。他在《国富论》中，将劳动分工作为开篇之作，他认为，"农业的性质不允许有像制造业那样细的分工，也不能把各种农业劳动这样全然地彼此分开"，"也许正是由于农业中不同的作业不可能完全独立，农业总是跟不上制造业的发展"。在农业与国家财富积累中，亚当·斯密将财富的自然增长顺序确定为农业、制造业和商业。农业是国民经济的基础。

在第二次世界大战之后，出现了一门新兴学科——发展经济学。发展经济学主要是以发展中国家如何发展经济为研究目的，其形成了很多理论，例如贫困恶性循环理论、二元经济结构理论、农业发展诱致创新理论、人力资本与农业经济增长理论等。其中，改造传统农业理论的典型代表舒尔茨在《改造传统农业》一书中提出，传统农业落后是由资本稀缺、生产规模狭小、农民文化水平和技术水平低下，以及信息不流通等多种原因造成的。但是传统农业也是有效率的，"农民在处理成本收益和风险时是工于计算的经济主体，在小规模个人配置的领域中农民是进行微调的企业家"。不过，舒尔茨认为需要改造传统农业，他认为应该从三个层面改造传统农业："建立一套适合传统农业改造的制度和技术保证，从供给和需求两方面为引进现代生产要素创造条件，对农民进行人力资本投资。"尤其是对农民进行人力资本投资方面，舒尔茨认为：引进生产要素不仅包括引进优良品种、机械等，还要引进具有现代科学知识、能运用生产要素的人。农民的技能和知识水平与其农业生产率之间存在着有力的正相关关系。由此可见，引入人力资本概念对农业长期发展可以起到至关重要的作用。

屠能（1826）在《孤立国同农业和国民经济的关系》一书中指出，在相同设备和原材料条件下，受过高等教育的人比没有受过高等教育的人创造更多的产出。人力资本一词最早是由费雪于1906年在《资本和收入的性质》一书中提出，并将人力资本纳入经济分析的理论框架。

关于人力资本投资概念，米茨纳（2000）在《人力资本研究》一书中指出，人力资本投资包括教育、职业培训、保健与人力迁移等项目。人力资本投资是一个投资过程和消费过程的结合。从投资过程看，人力资本投资生产出了资本品即人力资本，人力资本是物质产品生产过程中的生产要素；从消费过程看，人力资本投资既消费物品（含文具、场所、设施等），又消费服务（含教师和其他工作人员的劳动等）。人力资本投资的结果形成了人力资本存量，这种通过人力资本投资而形成一定数量人力资本的过程就是人力资本的积累过程。人力资本与物质资本既有相同性又有不同性。相同性表现为都具有资本的特性，都是生产过程中的生产要素，具有获益性特点。不同性表现为，人力资本具有提高生产力、创新力和受雇力的潜能，它在促进个人、社会以及经济增长中的作用是提高了生产过程中各种供给的效率。

本书研究的是农村人力资本配置与共同富裕的关系，结合前文人力资本配置的概念，这里把农村人力资本配置的概念界定为两层含义：一是从宏观角度看，良好的农村人力资本配置可以带来技术创新、产业发展、社会制度改革、公共服务增加等，可以促进农业增加值的持续增加，可以带来农村家庭经营收入中来自农、林、牧、渔业的收入占家庭经营总收入的比重增加，所以，农村人力资本良好配置是农业产出增加和农业增加值增加的重要保障条件之一；二是从微观角度看，良好的农村人力资本配置可以提高农民人均收入水平的持续增加，因为，农村人力资本投资是反映农业生产效率高低的重要指标之一。

2.4.2 现代产权理论

现代产权理论是新制度经济学框架之下的理论分支，其代表人物是科斯（Coase）、威廉姆森（Williamson）、斯蒂格勒（Stigler）、德姆塞茨（Demsetz）。关于人力资本产权的界定，主要包括以下几种观点：

第一种观点，从人力资本所有权角度定义人力资本产权。人力资本不同于物质资本：由于人力资本蕴藏在人的身上，也就是说人力资本的所有权是存在于人体内、具有经济价值的知识、技能、健康水平等的所有权，人力资本承载者的意志和行为影响人力资本的支配与使用方式、使用与交换条件、实际运行时间与地点、效能发挥程度等。第二种观点，从产权的一般含义定义人力资本产权。即人力资本产权除了包括所有权，还包括占有权、支配权、使用权、交换权、收益权和处置权等权利，如果从市场交易的视角定义人力资本产权的话，则认为人力资本产权是指市场交易过程中人力资本所有权及其派生的使用权、支配权和收益权等一系列权利的总称，人力资本产权是制约人们行使这些权利的规则，从本质上看，其反映的是人们的社会经济关系。第三种观点，从契约型企业理论定义人力资本产权。即人力资本产权同企业产权所有权相同，企业产权所有权是企业财产的所有权、使用权、让渡权和收益权。

企业财产所有权的投资者只有通过分享企业的剩余收益才能获得投资收益。如果阐释人力资本产权，则是指人力资本所有者应拥有的企业财产的所有权、企业控制权和剩余索取权。第四种观点，从责权利相匹配的角度定义人力资本产权。盛乐（2005）认为，人力资本产权应包括人力资本产权权利、人力资本产权权能、人力资本产权权益和人力资本产权权责。第五种观点，从个人和企业两个角度定义人力资本产权。时永顺（2005）将人力资本产权分为人力资本个人产权和人力资本企业产权。人力资本个人产权是指人力资本投入企业组织之前其主体所拥有的人力资本产权；人力资本企业产权是指通过向企业投入人力资本而拥有的企业剩余索取权和控制权。基于相同的内涵界定，郑兴山等（2002）将其区分为静态人力资本产权和动态人力资本产权；龚文海（2001）则将其分为人力资本私人产权和人力资本企业产权。第六种观点，从投资主体角度定义人力资本产权。段兴民等（2007）认为，人力资本的投资主体有两类，即自然人（人力资本载体本身）和非自然人（政府及企业）。因此，人力资本产权的构成应该是二元的。由自然人投资形成、归属于人力资本载体的产权为人力资本私人产权；由政府或企业投资形成、不属于人力资本载体的产权为非人力资本私人产权，具体又可分为人力资本公共产权和人力资本企业产权。

现代产权理论表明，人力资本产权具有产权的基本属性，表现为人们的社会经济关系，是对不同利益主体之间权益关系进行界定和调整的制度规范，人力资本必须进入交易环节才能实现，企业作为人力资本产权实现交换机制的主体，人力资本只有投入企业并通过企业进行交易才能实现产权交换。

本书认为，人力资本个人产权与人力资本企业产权的区别在于，人力资本个人产权是以某种合约的形式投入企业的。如果持有人力资本的员工进入企业，则其知识技能也相应地投入企业的生产经营中，其拥有的人力资本就可能部分或全部转化为企业所有。也就是说，员工只有将自身的知识、技能、经验及健康投入双方已经约定好的企业后，才能完成人力资本个人产权归属。

由于本书研究的是农村人力资本配置与共同富裕的关系，也就是说，本书研究的是如何提高农村人力资本配置以促进共同富裕，在人力资本个人产权理论界定后，可以认为农村人力资本只有投入农村生产经营过程中，人力资本才能具有获得报酬的机会和权利。农村人力资本配置的优良与否直接影响农村生产经营的效率高低，也就间接影响了农村居民的收入水平和消费支出水平。因此，本书引入现代产权理论，以期表明农村人力资本配置是影响农村经济发展、农民收入水平提高及农村消费支出边际效益最大的根本因素。

2.4.3　教育经济学理论

教育经济学是研究教育实践与经济发展关系的一门交叉学科，其创建的标志是1924年苏联著名经济学家斯特鲁米林发表的一篇题为《国民教育的经济意义》的论文。在这篇论文中，斯特鲁米林认为年龄、工龄和教育的程度影响劳动技能的高低，论证了教育程度与劳动技能呈正相关。1935年，美国学者沃尔什在发表的题为《人力的资本观》的论文提到，学生只有进入大学在接受大学教育及其他专业教育后，才能具有资本的特征，大学教育和专业教育可以取得收益但要付出代价，偿还代价后可以带来利润或经济效益。

20世纪60年代，教育经济学出现了典型的以人力资本理论为理论基础和核心内容的西方教育经济学主流派。例如，舒尔茨在《教育的经济价值》《对人进行投资》等系列论文中深入且系统地研究了人力资本理论。他指出，需要重视人力资本投资，教育投资是人力资本的重要源泉；他把人的劳动看作是教育装备的结果，劳动的教育装备率越高，劳动生产率也越高，从而创造收入的能力也能够增强。又如，贝克尔运用数字计算和实证研究论证了不同教育等级之间的收益率差别，认为个人通过教育可以提高能力和积蓄人力资本，进而提高劳动生产率，得到较高收入。再如，1962年丹尼森在《美国经济增长因素和我们面临的选择》一书中提到，教育因素是人力资本因素的重要组成部分，他提出的观点"经济增长多因素分析法"细致地计算了教育的经济价值。综上所述，西方国家关于教育经济学理论的阐述，主要集中于教育投资和经济增长之间具有重要的关联性方面，也就是说，教育是人力资本投资的重要源泉。

如果从社会公共需要角度看，教育尤其是高等教育具有混合产品性质属性，介于公共需要和个人需要之间，在性质上难以严格划分。由于高等教育招生人数的限制，并非全体社会成员都可享用，需要缴费才能实现，因此，具有竞争性和排他性。通过教育，每个人可以将知识存量转变为人力资本价值，促成人力资本与财务资本的"对接"，发挥知识传递以及将知识固化在人身上，为人力资本价值转化成经济价值奠定基础。但是，人力资本转化成经济价值必须以适量的物质资本为前提，也就是说，人力资本并不能直接在产业中体现其经济价值。例如，工业革命前，经济的增长效果主要依靠人口增长；工业革命时，人们掌握的知识存量增加，降低了对物质资本依赖的数量，同时，"物资生产的自然增长也有可能为人力资本的形成与使用提供一定的物质支撑，从而使得人力资本可以在较低的物质资本的支持下发挥作用，完成人力资本与物质资本的'对接'，使得整个工业革命迸发出了前所未有的生产力"。

从农村人力资本配置角度看，人力资本与物质资本的"对接"是教育经济价值实现的应有之义，因此，优化人力资本价值实现渠道，可以通过改变人力资本的生活和生产条件来实现。高等教育是一种准公共产品，是我国提高国民素质的重要途径。通过构建人力资本的市场使用模式，运用当前国家有限条件下的资金供给，提高教育产业对经济增长贡献率，进而作用于农村人力资本配置。

2.4.4　农村人力资本对共同富裕的作用机制

2.4.4.1　促进农村经济增长

人力资本作为生产投入要素，能够创新生发出更多经济增长的驱动要素，是促进经济持续增长的持久动力。首先，农村教育投入增加改善了农村人力资本质量。加大对农村教育的投入，会在更大范围内、更大程度上带来人力资本的改善，缩小城乡之间从业人口素质差距，吸引多农村乡镇企业与电子商务物流平台、供应链金融等进驻农村市场，进而优化农村企业经营环境，鼓励更多民营企业从事农产品生产加工业务，切实拉动农村产业、农村经济以及农村生产的快速发展。其次，农村公共物品投入增加改善了农业发展的经营环境。高级人力资本增加会带来农村公共物品投入力度增大，从而对于农户专业培训和职业培训起到促进作用，"改变规模巨大的农村劳动力数量却蕴含着较低的人力资本存量的不利局面"，激发农村劳动力对农业经济的正向效应驱动力，充分彰显人力资本内部效应的经济内驱功效。最后，农村物质资本投入增加改善了农业经济增长活力。农户可以利用房产证进行交易抵押，给予农村居民更多的物质资本，农户在得到更多可利用的物质资本后，可以从事农业经营项目，也可以从事农业经济增长的非农业经营项目，从而直接或间接地促进农村经济发展。

2.4.4.2　缩小城乡居民收入差距

提升、改善及优化农村人力资本配置的主要途径是发展高质量农村教育。从价值逻辑看，农村教育高质量发展能够满足经济社会和人的发展需要。首先，表现为服务乡村振兴战略，助推农业现代化和农村生产科学化。在农村教育高质量发展背景下，可以有效构筑"产业链—技术链—教育链—人才链"，促进技术积累、人才培养、重塑乡土文化自信、乡村治理现代化，进而提高农村居民收入，缩小与城市之间的收入差距。其次，表现为推进农村教育现代化，助力教育促进农村经济发展。教育作为消费品具有公共产品属性，其原因是教育消费具有明显的溢出效应，除了享受教育消费的群体可以受益外，社会和国家均可受益。农村人力资本在农业生产中迫切需要增加教育消费以期满足农业生产对技术技能的需求，教育供给则需要增加现代科技和现代文化等诸多元素，其结果必然会呈现农村人力资本教育消费需求与教育供给的动态均衡发展，进而促进农村经济发展。最后，表现为人力资本可以推动分配改革，助推收入水平提高。我们将共同富裕的本质要求和最终目标同现实结合起来看，共同富裕强调的是初次分配、再分配和第三次分配，也就是从做大蛋糕、到分好蛋糕、再到做大蛋糕来表达如何共享发展成果。农村人力资本配置优化可以促进蛋糕做大进而做到蛋糕分好，当市场作为资源配置的决定性因素时，初次分配是最重要、最基础的，劳动力作为生产要素之一，在初次分配中扮演着做大蛋糕的角色。

2.4.4.3 提高农村居民消费能力

农村人力资本对消费的作用主要体现在两个方面：一方面，农村人力资本配置优化及人力资本提高会增加农户的工作机会。高级农村人力资本会运用所学的知识技能作出创业决策，在从事农业生产和农业经营管理方面具有较高的收入选择空间，最终带动消费增长。另一方面是高级农村人力资本的消费偏好、消费能力和消费意愿等更倾向于增加教育消费的比重。农村人力资本的教育消费期望分为对个人和对子女两个层面，大体包括工作收入期望、学业成就期望、品德及人际期望等。对于农村人力资本而言，收入质量与教育消费的关系非常密切。根据孔荣等（2013）[①]认为收入质量分为收入充足性、收入结构性、收入稳定性、收入知识性和收入成本性5个维度。笔者认为收入充足性和收入稳定性是收入质量高低的重要影响因素，当然，也是影响农村教育消费的主要因素。简而言之，农村人力资本接受教育水平越高，收入充足性和收入稳定性就越高，消费支出能力和消费支出水平也越高。

2.4.4.4 激发共创共享劳动热情

农村人力资本配置效率与共同富裕的关系源于经济增长理论，人力资本在农业各部门间的自由流动带来部门间、产业间与空间人力资本生产率趋于一致，不仅能够带来经济增长，也能有效缩小地区发展差距与人均收入差距，创造更多生产性就业。低效率的人力资本配置进一步强化了不合理的报酬结构，进而形成路径依赖并最终陷入恶性循环。共同富裕体现生产力与生产关系的充分运用，"解放生产力，发展生产力，消灭剥削，消除两极分化，最终达到共同富裕[②]"。"人力资本作为适应于一定社会生产力条件下的生产关系的集中体现，它促使人类重返生产活动的中心"[③]，人力资本作为生产要素之一，对促进生产力发展和实

① 孔荣，王欣. 关于农民工收入质量内涵的思考 [J]. 农业经济问题，2013，34（06）：55-60，111.
② 邓小平. 邓小平文选：第三卷 [M]. 北京：人民出版社，1993：373.
③ 马无纤. 资本扩张悖论的调适剂：浅谈人力资本对生产力发展的意义 [J]. 经济研究导刊，2009（35）：20-22.

现共同富裕起到重大推动作用。人力资本在社会主义社会生产关系中体现了当家作主的地位，调节了人们之间的利益关系，有效激励社会生产，同时，提高人民经济预期的可靠性，从而加强人与人之间稳定的经济联系。因此，本书从我国生产力和生产关系视角阐述了人力资本配置的地位，也界定了"共同"富裕的社会性质，这体现出"以人民为中心的发展思想"，"人民不仅是共同富裕的共享者，也是共同富裕的共创者"①。

---

① 周文，施炫伶. 共同富裕的内涵特征与实践路径 [J]. 政治经济学评论，2022，13（03）：6-7.

3 共同富裕的理论基础

3.1 马克思恩格斯关于共同富裕的理论学说

马克思恩格斯关于共同富裕的理论学说主要包括马克思主义经典著作中关于共同富裕的论述和中华优秀传统文化中的共同富裕思想。主要内容如下：

3.1.1 共同富裕是消除财产私有制

马克思和恩格斯对共同富裕思想进行理论分析时表明，"共富与资本不能共生"，只有创造社会主义社会财产，发展社会主义的生产关系才是唯一出路。马克思认为，"生产关系是双重的，资本创富也造穷，资本的发展伴随着劫掠和榨取"，也就是说，生产资料的资本所有者劫掠无产阶级果实，因此，资本主义社会不能保证全体人民共同富裕。必须从根本上消除导致资本在创造财富的同时积累的贫困现象根基，即消除生产资料私有制制度，彻底否定"以穷养富"；必须建立在依托公共财产基础上的社会主义，才会使得所有人实现共同富裕。从共同富裕的科学内涵上来看，共同富裕反对"均等富裕"和"同步富裕"，科学的共同富裕内在要求是消除两极分化，从根本上消除劫掠性压榨，建立自由而全面发展的美好社会。在马克思关于社会主义社会经济制度的构思中，共同富裕就是指"全体社会成员在生产资料所有制基础上通过联合劳动生产和共享社会产品的平等状态"。马克思强调的重点是，实现社会主义就要先实现共同富裕。到了共产主义社会，生产力发达，物质生产生活丰富，社会不公正的局面已经被打破，人们之间的贫富差距缩小，财产私有制已经被消除。

3.1.2 共同富裕以发展生产为基础

按照马克思的观点，要达到共产主义共同富裕状态，离不开高度发达的生产力。因为，"生产以及随生产而来的产品交换是一切社会制度的基础；在每个历史出现的社会中，产品分配以及和它相伴随的社会之划分为阶级或等级，是由生产什么，怎样生产以及怎样交换产品来决定的"。如果离开生产所创造的丰富产品，共同富裕就是无本之木、无源之水。虽然资产阶级创造了巨大的生产力，但是却不可避免地加剧了财富的两极分化和社会的阶级对立。如何提高劳动生产力呢？显然，高效率的劳动生产力离不开高度的技术发展。因此，通过将生产资料公有化和集中化，可以建立起更大规模的政府投资，进而夯实经济建设基础，促进经济发展，增加社会财富。

3.1.3 共同富裕强调如何进行分配

从共同富裕的内涵看，共同富裕不单纯包括如何发展生产、解放生产力、提高劳动效率，还包括如何进行分配的问题。生产决定分配，生产资料的所有权决定收入的分配。马克思在《资本论》第一卷中指出，"资产阶级运动得以在其中进行的那些生产关系的性质绝不是一致的单纯的，而是两重的；在产生财富的那些关系中也产生贫困；在发展生产力的那些关系中也发展出一种压迫的力量"。也就是说，所有人共同享受大家创造出来的福利，全社会共享发展的成果，包括共享物质和精神产品的一整套红利。

3.1.4　共同富裕是以人的自由全面发展为目标

实现共同富裕就是实现人的自由全面发展，而人的自由全面发展意味着掌握生产资料的劳动者能够使社会生产总量大幅提高，最终实现共同富裕。马克思和恩格斯在《共产党宣言》中提出："夺取资产阶级的全部资本，把一切生产工具集中在国家即组织成为统治阶级的无产阶级手里，并且尽可能快地增加生产力的总量。"在马克思和恩格斯的描述中，包括"现代的资产阶级的私有财产""现代的生产资料和交换手段""现代资产阶级社会"等，这些描述表明，马克思和恩格斯认为只有实现了公有制打破了资本主义私有制的剥削与压迫，共同富裕才具有了制度基础，也只有实现了人的全面发展，将生产资料集中在劳动者手中，才能加快现代化的进程。在马克思的经典著作中，强调的是唯物主义历史观下的"共同富裕"所要实现的最终目标是"人"的解放，是每个人的自由全面发展。只有每个人自由全面发展，社会生产力才能高度发达，进而实现丰富的集体财富源泉，"共同富裕"才能实现。

3.2　列宁的社会主义共同富裕观

列宁在十月革命后提出：只有在社会主义制度下，"人人都能在决不掠夺他人劳动的情况下完全达到和保证达到富足的程度"。列宁对如何进行社会主义建设进行了艰难的初探，为社会主义国家如何实现共同富裕与现代化的发展提供了重要的参考。

3.2.1　只有社会主义制度才能使全体人民共同富裕

十月革命后，列宁迫切需要解决的一个核心问题是，什么是社会主义与如何建设社会主义。他认为，只有解决了共同富裕与社会主义的关系，才能为苏俄经济发展做好理论准备。社会主义最终本质目的是实现全体人民共同富裕，建立社会主义制度是消灭贫穷的唯一方法，"只有社会主义才可能根据科学的见解来广泛推行和真正支配产品的社会生产和分配，也就是如何使全体劳动者过最美好、最幸福的生活"。列宁在《告农村贫民书》一文中指出，"我们要争取新的、美好的社会制度：在这个新的、美好的社会里不应该有穷有富，大家都应该做工。共同工作的成果不应该归一小撮富人享受，应该归全体劳动者享受"。他认为，还要在社会改造运动中消灭工农差别，社会主义改造是从资本主义社会向社会主义社会的一个重要的过渡，其目的在于通过消灭阶级和阶级差别实现共同富裕。列宁认为，只有社会主义制度才能使全体人民富裕起来，这种富裕是社会主义在不掠夺他人劳动的情况下，通过不断发展生产力、按劳分配实现的，这同马克思恩格斯的思想完全相符。

3.2.2 社会主义共同富裕实现的前提条件是提高劳动生产率

列宁认为共同富裕的实现必须要不断促进生产力的发展，只有在制度上消灭剥削制度和私有制，建立起公有制的社会主义制度才能最终实现共同富裕。列宁将生产力的发展看作是社会进步的最高标准。他认为，只有在公有制制度下才能发挥制度优势，才能充分利用自然资源，发展钢铁、机器制造、化学等工业进而实现物质基础丰富；同样，精神文明发展更不能忽略技术进步对工业的促进作用，必须发展教育事业提高人民群众的科学文化水平和组织纪律性，这是提高劳动生产率的条件。列宁认为，"必须取得资本主义遗留下来的全部文化，并且用它来建设社会主义"，也就是说，必须对资本主义"取其精华去其糟粕"。从列宁的观点不难看出，社会主义制度的优越性体现在可以创造较高的劳动生产率，是创造丰富的物质财富的主要手段，没有较高的劳动生产率，任何公平的分配制度都没有任何价值，其结构都会是普遍贫穷而不是共同富裕。

3.3 我国关于共同富裕的理论阐述

3.3.1 毛泽东思想中关于共同富裕的理论阐述

1953年中共中央发布的《关于发展农业生产合作社的决议》首次

正式提出"共同富裕"概念。1954年，毛泽东提出"在农村中消灭富农经济制度和个体经济制度，使全体农村人民共同富裕起来"①，这是基于农村出现两极分化背景下提出的。由此可见，毛泽东认为实现共同富裕必须要走消灭资本主义私有制、建立起社会主义制度的社会主义道路。但是，仅有社会主义制度尚不足以达到共同富裕的目的，还必须要快速发展生产力。为了发展生产力，1953年开始的第一个五年计划中，提出实现社会主义工业化发展生产力的奋斗方向，我国逐渐形成了以重工业为主导的工业化发展方式。这种方式需要高投入资金，而资金来源只能依靠整个社会的节约和农业剩余。由于农业剩余无法满足政府工业化迅速推进的需求，因此，我国推出了"统购统销"政策，建立了计划经济体制来匹配优先发展重工业的工业化道路。在社会主义工业化道路推进生产力发展和社会主义制度保障公平公正的双重作用下，我国开始并已经形成了党的共同富裕的思想，这极大契合了毛泽东提出的"现在我们实行这么一种制度，这么一种计划，是可以一年一年走向更富更强的，一年一年可以看到更富更强些。而这个富，是共同的富，这个强，是共同的强，大家都有份"②的思想。随后，我国出现了"大跃进"和人民公社，在中国共产党中出现了相对激进的共同富裕内涵认知和实现道路认识，这个阶段的共同富裕思想把生产力发展水平阶段出现的正常的贫富差距夸大为两个阶级、两条道路，打击了人民生产的积极性和主动性。这个阶段的共同富裕理想化、浪漫化认知导致共同富裕止步不前，为后续如何认识共同富裕提供了参考。

毛泽东的共同富裕思想，主要包括以下几点：（1）共同富裕的伟大目标实现前提是国家解放、民族独立；共同富裕实现的前提是生产资料公有制。（2）共同富裕的实现要发展生产力。（3）共同富裕的概念是有层次性的，只有农业合作化才能消除贫富差距。

通过分析毛泽东的共同富裕思想，不难看出，虽然共同富裕的标准不一，但是实现共同富裕的道路方向是相同的。

---

① 毛泽东：毛泽东文集：第六卷 [M]. 北京：人民出版社，1999：437.
② 毛泽东：毛泽东文集：第六卷 [M]. 北京：人民出版社，1999：495.

3.3.2 邓小平理论中关于共同富裕的理论阐述

在继承了毛泽东关于共同富裕的思想之后，邓小平于改革开放之后提出"贫穷不等于社会主义，共同富裕才是社会主义的本质特征"，社会主义生产的目的是让每个人都能享有发展成果，共同富裕是社会主义的根本原则。邓小平强调"社会主义要表现出它的优越性"[①]，发展生产力创造出更多的物质财富和对公有制经济地位的坚持，都是以全体人民共同富裕为根本遵循，是社会主义本质的体现。1984年，邓小平在《建设有中国特色的社会主义》一文中指出，社会主义要求社会生产力高度发达，社会物质财富极大丰富……贫穷不是社会主义，更不是共产主义[②]。同年，邓小平又再次谈到"社会主义与资本主义不同的特点就是共同富裕，不搞两极分化"。1992年，邓小平南方谈话中再次强调"社会主义的本质，是解放生产力，发展生产力，消灭剥削，消除两极分化，最终达到共同富裕"[③]。

邓小平的共同富裕思想，主要包括以下几点：（1）共同富裕是社会主义的本质要求，社会主义生产的目的是让每个人都能共享发展成果，是社会主义的价值判断，共同富裕是社会主义的根本原则；（2）共同富裕的物质保证是发展生产力，落后不是社会主义，社会主义应同先进的生产力呈正向关联，生产力的发展和共同富裕实现的关系是手段和目标的关系，生产力的发展到共同富裕的实现是从量变到质变渐进实现的，没有生产力的发展，就没有财富的增加和共同富裕的实现；（3）共同富裕的保障是社会主义分配制度，坚持公有制为主体，实行按劳分配原则，体现劳动者在经济政治地位上的平等，按劳分配为主体的分配方式是动态发展变化的，通过"先富带动后富"的按劳分配是共同富裕的阶段性体现。

3.3.3 "三个代表"重要思想中关于共同富裕的理论阐述

在继承毛泽东、邓小平关于共同富裕的思想之后，以江泽民为核心

---

① 邓小平. 邓小平文选：第二卷 [M]. 北京：人民出版社，1994：130.
② 邓小平. 邓小平文选：第三卷 [M]. 北京：人民出版社，1993：63-64.
③ 邓小平. 邓小平文选：第三卷 [M]. 北京：人民出版社，1993：373.

的党的第三代领导集体提出，共同富裕是中国共产党推进人民群众根本利益的价值目标，在提高效率的前提下体现社会公平。1992年，江泽民指出"在分配制度上，坚持以按劳分配为主体，其他分配方式为补充，允许和鼓励一部分地区、一部分人先富起来，逐步实现共同富裕，防止两极分化"①；1994年，江泽民考察广东深圳时提出"加快建立以按劳分配为主体，效率优先、兼顾公平的收入分配制度和完善社会保障制度"②；中共十四届五中全会上，江泽民在《正确处理社会主义现代化建设中的若干重大关系》的讲话中再次表明"体现效率优先，兼顾公平"③，可见，江泽民对于坚持共同富裕的坚定决心，表明在促进效率提高前提下体现社会公平，即做大蛋糕然后才能分好蛋糕，这实际上体现了以江泽民为核心的党的第三代领导集体更加注重生产力的发展。为了保持居民收入差距缩小和区域间协调发展，1994年在江泽民带领下开始了广泛的扶贫工作，1999年党中央部署实施西部大开发战略。经济发展和共同富裕的逐步实现离不开先进的文化作为精神和智力支持。2002年，江泽民指出："一个民族，物质上不能贫困，精神上也不能贫困"④，"真正的社会主义不仅要推动经济的发展……既要抓社会主义物质文明建设，也要抓精神文明建设"。

以江泽民为核心的党的第三代领导集体在"三个代表"重要思想中的共同富裕思想，主要包括以下几点：（1）共同富裕是中国共产党推进人民群众根本利益的价值目标，大力发展先进的生产力，建设中国特色社会主义，在提高效率的前提下体现社会公平；（2）共同富裕是物质富裕和精神富裕的内在统一，共同富裕是全面的富裕，是经济、政治、文化、社会、生态文明等全方位的发展和协调；（3）共同富裕兼顾公平和效率，一方面要不断发展生产力进而消除因个人能力和家庭禀赋等因素带来的贫富差距问题，另一方面要按照社会主义生产关系占有物质文化财富的方式进行分配，体现公正性。

---

① 江泽民. 江泽民文选：第一卷 [M]. 北京：人民出版社，2006：203.
② 江泽民. 江泽民文选：第一卷 [M]. 北京：人民出版社，2006：376.
③ 江泽民. 江泽民文选：第一卷 [M]. 北京：人民出版社，2006：469.
④ 江泽民. 江泽民论有中国特色社会主义（专题摘编）[M]. 北京：中央文献出版社，2002：379.

3.3.4 "科学发展观"重要思想中关于共同富裕的理论阐述

在继承毛泽东、邓小平、江泽民的共同富裕思想基础之上，以胡锦涛同志为总书记的党中央反复强调要坚定不移地走共同富裕的道路。2003年，在中共第十六届三中全会上提出要"树立全面、协调、可持续的发展观"[①]，以此推进全面小康社会建设，同时指出"经济发展又是同政治发展、文化发展紧密联系的……但政治发展和文化发展也会反过来对经济发展产生作用，在一定条件下还可以产生决定性作用"[②]，可见，以胡锦涛同志为总书记的党中央坚持的共同富裕是城乡协调发展、区域经济协调发展、经济与社会协调发展，只有这样才能平稳地推进共同富裕。"在发展的同时，要把维护社会公平放到更加突出的位置……使全体人民共享改革发展成果，使全体人民朝着共同富裕的方向稳步前进"[③]。

以胡锦涛同志为总书记的党中央的共同富裕思想，主要包括以下几点：（1）共同富裕是"以人为本"的富裕，始终把人民根本利益的实现作为出发点；（2）共同富裕是全面协调可持续发展的富裕，要全面推进多方面建设不断满足人民增长的多元化需求，大力发展生产力，把公平正义摆在突出位置，让人民群众共享改革发展的成果。

3.3.5 习近平新时代中国特色社会主义思想中关于共同富裕的理论阐述

中国共产党第十八次全国代表大会开启了中国特色社会主义新时代，以习近平同志为核心的党中央创新和完善了共同富裕的思想。2012年12月，习近平提出："消除贫困、改善民生、实现共同富裕，是社会主义的本质要求。"习近平把共享发展理念作为治国理政的基本方略，提出"共享发展是人人享有"[④]，这体现出人民发展的全面

---

① 胡锦涛. 胡锦涛文选：第二卷 [M]. 北京：人民出版社，2016：104.
② 胡锦涛. 胡锦涛文选：第二卷 [M]. 北京：人民出版社，2016：104-105.
③ 胡锦涛. 胡锦涛文选：第二卷 [M]. 北京：人民出版社，2016：291.
④ 习近平. 习近平谈治国理政：第二卷 [M]. 北京：外文出版社，2017：215.

性，在实现物质层面共享的基础上，转向更为具体的个人特定需求，包括发展成果的共享和权利机会的共享，这是实现社会共同富裕的具体表现。习近平在《关于〈中共中央关于制定国民经济和社会发展第十四个五年规划和二〇三五年远景目标的建议〉的说明》中做了"全体人民共同富裕取得更为明显的实质性进展""扎实推动共同富裕"等表述。随着脱贫工作取得的重大进展和我国全面建成小康社会的胜利收官，习近平提出"坚持在经济增长的同时实现居民收入增长同步、在劳动生产率提高的同时实现劳动报酬同步提高"。"坚持以人民为中心的发展思想，坚定不移走共同富裕道路"，这是 2021 年 2 月 25 日习近平总书记在全国脱贫攻坚总结表彰大会上，深刻总结脱贫攻坚全面胜利的一条重要经验。

习近平新时代中国特色社会主义思想中的共同富裕思想，主要包括以下几点：（1）共同富裕是以人民为中心的共同富裕，全体人民共同参与和共同努力才能实现"共创"和"共享"相统一；（2）共同富裕是中国特色社会主义的本质要求，共同富裕必须要消除阶级压迫，全体人民共同富裕才是中国特色社会主义的本质要求；（3）共同富裕以坚持社会主义基本经济制度为制度基础，只有社会主义经济发展才能没有剥削、没有压迫，才能有先进的生产力水平，才能实现共同富裕，社会主义所有制是共同富裕实现的制度保证。

3.4　共同富裕对农村人力资本配置的作用机制

人力资本是创造财富、实现富裕的核心能力。共同富裕是社会主义的本质，是所有人的物质和精神的富足充裕，共同富裕可以让人更加自由、更有价值、更加幸福。共同富裕是中国共产党人的毕生追求，其实质是共同享有劳动产品，符合广大人民的根本利益；共同富裕是中国特色社会主义现代化的重要特征，是一种心理态度、价值观和生活方式；共同富裕是全体中国人民的富裕，人民是推进共同富裕的主体，是社会发展的决定性力量。

因此，共同富裕是生产力和生产关系的统一，是共创和共享发展理念的统一，是提高居民收入水平和消费支出水平的重要保障。共同富裕对农村人力资本配置起到激发人民共创和共享热情，激发坚持公有制为主体的多种所有制形式的主观能动性，激发坚持按劳分配为主要分配形式的力量保障的多重作用。

4 我国共同富裕与农村人力资本配置的现状及趋势分析

4.1 共同富裕的现状及趋势

共同富裕是全体人民共同富裕。按照中国共产党第十九届中央委员会第五次会议的要求，2025年我们要进入高收入国家行列，人均GDP超过12 000美元，2035年要进入中等发达国家行列，人均GDP达到23 000美元。在人均GDP翻一番基础上，有效地缩小收入差距，将目前的基尼系数0.465降到2025年接近0.4、2035年接近0.35，也就是说，实质性地缩小收入差距需要将我国的基尼系数显著向低于0.4的水平靠近。因此，要考察城乡居民收入差距及其对共同富裕的影响，就不能不考察农村高素质人力资本缺少引起的农业弱质性进一步强化，从而带来农村居民收入总体水平不高这一核心问题。

共同富裕是群体消费能力提高。根据刘尚希、蔡昉关于共同富裕的阐释，物质生活的共同富裕可以从收入和财富两个方面衡量。从现实生活看，消费差距是一个能够体现共同富裕水平和贫富差距的维度。消费是人的能力提升和人力资本积累的过程，也是为经济提供目的和创造条件的过程。消费包括私人消费和公共消费，两者形成合力以满足包括基本营养、基本教育、基本医疗、基本住房等需要在内的基本消费，以此保障每个人都有平等机会获得基本能力，实现起点和机会的公平。因此，农村人力资本积累存量成为影响农村社会保障资金是否充足的重要因素，进而影响消费的可及性。

共同富裕是人人共创和共享发展相统一。在推进共同富裕过程中，坚持以人民为中心，以人本逻辑为主导，由人本逻辑（人的发展—物质发展—人的发展）替代原来的物本逻辑（物质发展—人的发展—物质发展），体现为"人人参与、人人尽力、人人享有"。党的十九大对共同富裕的阐释，进一步拓宽和突显共同富裕同我国现阶段社会主要矛盾的内在联动性。解决现阶段"人民日益增长的美好生活需要和不平衡不充分的发展之间的矛盾"，与共同富裕基本路径"共建共享共富"高度契合。因此，如果农村人力资本发展环境不同于城市，则会造成社会保障水平低，进而影响共创和共享相统一。

针对以上对于共同富裕的认识，下面对于我国各地区乡村的收入、消费进行分析。

4.1.1 农村居民收入

4.1.1.1 农村居民的可支配收入和现金可支配收入

我国的全面脱贫取得了举世瞩目的成绩，农业农村取得的历史性成就意味着我国正在迈进共同富裕的新征程。我国农村居民人均收入构成见表4-1。

表4-1　　　　　　　农村居民人均收入构成　　　　　　　单位：元

指标	2014年	2015年	2016年	2017年	2018年	2019年	2020年
可支配收入	10 488.9	11 421.7	12 363.4	13 432.4	14 617.0	16 020.7	17 131.5
1.工资性收入	4 152.2	4 600.3	5 021.8	5 498.4	5 996.1	6 583.5	6 973.9
2.经营净收入	4 237.4	4 503.6	4 741.3	5 027.8	5 358.4	5 762.2	6 077.4
3.财产净收入	222.1	251.5	272.1	303.0	342.1	377.3	418.8
4.转移净收入	1 877.2	2 066.3	2 328.2	2 603.2	2 920.5	3 297.8	3 661.3

续表

指标	2014年	2015年	2016年	2017年	2018年	2019年	2020年
现金可支配收入	9 698.2	10 577.8	11 600.6	12 703.9	13 912.8	15 279.8	16 394.5
1. 工资性收入	4 137.5	4 583.9	5 000.8	5 470.9	5 961.3	6 540.2	6 926.6
2. 经营净收入	3 620.1	3 861.3	4 203.9	4 547.0	4 969.5	5 382.2	5 720.3
3. 财产净收入	224.7	251.5	272.1	303.0	342.1	377.3	418.8
4. 转移净收入	1 715.9	1 881.2	2 123.8	2 383.0	2 639.9	2 980.2	3 328.9

数据来源：《中国统计年鉴2021年》。

农村居民人均收入结构分析见表4-2（第56页）。2021年，我国农村居民人均可支配收入为18 931元，比2012年增长125.66%。其中，人均可支配工资性收入、经营净收入、财产净收入、转移净收入分别占人均可支配收入的42.04%、34.68%、2.48%、20.80%。在农村居民人均可支配收入中，工资性收入与经营净收入占可支配收入的比例较高，说明工资性收入与家庭经营净收入是当前农村居民两大主要收入来源；在现金可支配收入中，工资性收入与经营净收入占比也较高。这说明，农村居民的收入来源主要是依靠工资和经营所得。农村居民的工资性收入主要来源于三个方面：一是农民工在非企业中的从业收入；二是在本地企业中的从业收入；三是本地常住农村人口在外地的从业收入。农村居民的经营净收入一般指家庭经营的相关收入，主要指农产品买卖收入。2012—2021年，农村居民工资性收入占比从37.23%上升到42.04%，10年时间上升了4.81个百分点，这说明农村居民在逐渐转向从事非农生产；经营净收入占比从43.63%下降到34.68%，10年时间下降了8.95个百分点，这说明农村居民在逐渐减少农业生产经营活动。综上所述，工资性收入逐渐成为农村居民增收的主力军，家庭经营净收入在农村居民收入结构中不断降低。

4.1.1.2 农村居民第一产业生产经营收支情况

农村居民第一产业生产经营收入受到农业结构调整的收入效应影响，主要作用机制是由于面向市场的农业结构不断调整，农产品市场空间得到扩张，农村居民家庭经营来源于第一产业的收入货币化程度明显加速，来源于农、林、牧、渔业现金收入规模总体不断扩大。农村居民第一产业生产经营收支情况见表4-3。

表4-2

农村居民人均收入结构分析

指标	2012年	2013年	2014年	2015年	2016年	2017年	2018年	2019年	2020年	2021年
农村居民人均可支配收入（元）	8 389	9 430	10 489	11 422	12 363	13 432	14 617	16 021	17 131	18 931
农村居民人均可支配收入比上年增长（%）	10.7	9.3	9.2	7.5	6.2	7.3	6.6	6.2	3.8	9.7
农村居民人均可支配收入中位数（元）	—	8 428	9 497	10 291	11 149	11 969	13 066	14 389	15 204	16 902
农村居民人均可支配收入中位数比上年增长（%）	—	—	12.7	8.4	8.3	7.4	9.2	10.1	5.7	11.2
农村居民人均可支配工资性收入（元）	3 123	3 653	4 152	4 600	5 022	5 498	5 996	6 583	6 974	7 958
农村居民人均可支配工资性收入比上年增长（%）	14.2	16.9	13.7	10.8	9.2	9.5	9.1	9.8	5.9	14.11
农村居民人均可支配经营净收入（元）	3 660	3 935	4 237	4 504	4 741	5 028	5 358	5 762	6 077	6 566
农村居民人均可支配经营净收入比上年增长（%）	8.7	7.5	7.7	6.3	5.3	6	6.6	7.5	5.5	8.05
农村居民人均可支配财产净收入（元）	165	195	222	252	272	303	342	377	419	469
农村居民人均可支配财产净收入比上年增长（%）	5	18	14.1	13.3	8.2	11.4	12.9	10.3	11	11.93
农村居民人均可支配转移净收入（元）	1 441	1 648	1 877	2 066	2 328	2 603	2 920	3 298	3 661	3 937
农村居民人均可支配转移净收入比上年增长（%）	26.9	14.3	13.9	10.1	12.7	11.8	12.2	12.9	11	7.54

注：①人均可支配收入增长（%）和人均消费支出增长（%）为扣除价格因素的实际增长（%），其余增长（%）均为名义增长（%）。
②人均收入中位数是指将所有调查户按人均可支配收入水平从高到低（或从低到高）顺序排列，处于最中间位置调查户的人均收入。

表4-3   农村居民第一产业生产经营收支情况

单位：元

指标	2013年	2014年	2015年	2016年	2017年	2018年	2019年	2020年
一、生产经营收入	5 235.3	5 731.6	6 077.1	6 385.1	6 516.8	6 841.1	7 245.7	7 804.6
（一）农业	3 526.4	3 896.6	4 057.9	4 128	4 251.1	4 476.9	4 742	4 918.1
（二）林业	202.5	218.2	204	204.9	225	227.1	236.8	231.1
（三）牧业	1 392.2	1 473.6	1 627.7	1 835.2	1 821.8	1 879.9	1 986.6	2 368.9
（四）渔业	114.3	143.1	187.5	217	233.4	257.2	280.3	286.5
二、生产经营现金收入	4 188.4	4 586.2	4 925	5 329.0	5 510.9	5 875.6	6 270.8	6 837.2
（一）农业	2 710.9	2 992.2	3 137	3 291.9	3 453	3 716.0	4 005.6	4 217.8
（二）林业	127.3	141.0	139.6	152.8	160.5	168.2	172.2	178.4
（三）牧业	1 239.0	1 313.6	1 464.8	1 672	1 669.1	1 738.7	1 818.1	2 160.2
（四）渔业	111.2	139.4	183.6	212.3	228.3	252.7	275.0	280.9
三、生产经营费用支出	2 193.0	2 506.4	2 716.9	2 909.9	2 915.7	3 114.6	3 254.7	3 552.0
（一）农业	1 228.6	1 439.8	1 506.6	1 547.9	1 583.1	1 716.4	1 837.1	1 868.4
（二）林业	38.4	38.7	32.3	38.1	33.3	38.2	38.2	42.8
（三）牧业	873.1	961.8	1 078.0	1 200.5	1 173.7	1 228.2	1 245.7	1 513.5
（四）渔业	52.9	66.0	100.0	123.3	125.7	131.9	133.7	127.2
四、生产经营现金费用支出	2 047.9	2 351.7	2 547.7	2 742.9	2 758.4	2 964.7	3 107.6	3 393.7
（一）农业	1 196.8	1 408.8	1 472.6	1 512.9	1 549.5	1 683.2	1 813.6	1 846.7
（二）林业	38.3	38.5	32.2	37.9	33.1	38.2	38.2	42.8
（三）牧业	760.5	838.9	943.3	1 071.7	1 052.6	1 112.1	1 124.4	1 377.6
（四）渔业	52.2	65.5	99.7	120.4	123.2	131.2	131.4	126.6

数据来源：《中国农村统计年鉴2021年》。

农村居民第一产业生产经营收支结构分析见表4-4。

表4-4　　　　　农村居民第一产业生产经营收支结构分析

年份	第一产业结构收入				
	第一产业收入（元）	农业收入（%）	林业收入（%）	牧业收入（%）	渔业收入（%）
2013年	5 235.3	67.36	3.87	26.59	2.18
2014年	5 731.6	67.98	3.81	25.71	2.5
2015年	6 077.1	66.77	3.36	26.78	3.09
2016年	6 385.1	64.65	3.21	28.74	3.4
2017年	6 516.8	65.23	3.45	27.96	3.58
2018年	6 841.1	65.44	3.32	27.48	3.76
2019年	7 245.7	65.45	3.27	27.42	3.87
2020年	7 804.6	63.02	2.96	30.35	3.67

数据来源：根据历年《中国农村统计年鉴》整理计算而得。

由表4-3和表4-4可知，农村居民第一产业收入主要由农、林、牧、渔业收入构成。2013年农村居民第一产业收入5 235.3元，其中：农业收入3 526.4元、林业收入202.5元、牧业收入1 392.2元、渔业收入114.3元，分别占第一产业收入的67.36%、3.87%、26.59%和2.18%。2020年农村居民第一产业收入7 804.6元，其中：农业收入4 918.1元、林业收入231.1元、牧业收入2 368.9元、渔业收入286.5元，分别占第一产业收入的63.02%、2.96%、30.35%和3.67%。2013—2020年，农业收入的绝对量增长了1 391.7元，在农村居民第一产业结构收入中占比降低了4.34%。

4.1.1.3　分地区农村居民人均可支配收入

按照地区分布，我国不同地区经济发达程度是完全不同的。因此，农村居民人均可支配收入存在差异（见表4-5）。

表4-5 分地区农村居民人均可支配收入 金额单位：元
增长率单位：%

组别	2014年		2015年		2016年		2017年		2018年		2019年		2020年	
	金额	增长率	金额	增长率	金额	增长率	金额	增长率	金额	增长率	金额	增长率	金额	增长率
东部地区	13 144.6	—	14 297.4	8.77	15 498.3	8.40	16 822.1	8.54	18 285.7	8.70	19 988.6	9.31	21 286.0	6.49
中部地区	10 011.1	—	10 919.0	0.09	11 794.3	8.02	12 805.8	8.58	13 954.1	8.97	15 290.5	9.58	16 213.2	6.03
西部地区	8 295.0	—	9 093.4	0.10	9 918.4	9.07	10 828.6	9.18	11 831.4	9.26	13 035.3	10.18	14 110.8	8.25
东北地区	10 802.1	—	11 490.1	0.06	12 274.6	6.83	13 115.8	6.85	14 080.4	7.35	15 356.7	9.06	16 581.5	7.98

数据来源：根据历年《中国统计年鉴》整理计算而得。

由表4-5可知，我国东部地区、中部地区、西部地区和东北地区的农村居民人均可支配收入存在一定差异。总体来看，农村居民人均可支配收入最高的地区是东部地区。2014年，东部地区农村居民人均可支配收入为13 144.6元，2015年为14 297.4元，比2014年增长8.77%，2020年为21 286.0元，比2014年增长61.94%。农村居民人均可支配收入最低的地区是西部地区，2014年，西部地区农村居民人均可支配收入为8 295.0元，2015年为9 093.4元，比2014年增长9.63%，2020年为14 110.8元，比2014年增长70.11%。从几个地区对比来看，2014年，最低的西部地区比最高的东部地区，农村居民人均可支配收入低58.46%。可见，地区之间的农村居民人均可支配收入差距明显，西部地区明显低于东部地区。

4.1.1.4 农村居民按收入五等份分组的人均可支配收入

我国农村居民按收入五等份分组的人均可支配收入相差较大（见表4-6）。2013年，农村低收入组家庭人均可支配收入为2 877.9元，中等收入组家庭人均可支配收入8 438.3元，高收入组家庭人均可支配收入为21 323.7元，最低和最高收入组家庭之间的人均可支配收入相差18 445.8元。2020年，农村低收入组家庭人均可支配收入为4 681.5元，中等收入组家庭人均可支配收入14 711.7元，高收入组家庭人均可支配收入为 38 520.3 元，最低和最高收入组家庭之间的人均可支配收入相差 33 838.8 元。可见，2013—2020 年，农村低收入组家庭人均可支配收入增长了 62.67%，高收入组家庭人均可支配收入增长了 80.65%。因此，笔者认为农村居民人均可支配收入在五等份分组之间的收入差距越来越大。

表4-6　　　农村居民按收入五等份分组的人均可支配收入　　　单位：元/人

组　别	2013年	2014年	2015年	2016年	2017年	2018年	2019年	2020年
20% 低收入组家庭人均可支配收入	2 877.9	2 768.1	3 085.6	3 006.5	3 301.9	3 666.2	4 262.6	4 681.5
20% 中等偏下收入组家庭人均可支配收入	5 965.6	6 604.4	7 220.9	7 827.7	8 348.6	8 508.5	9 754.1	10 391.6
20% 中等收入组家庭人均可支配收入	8 438.3	9 503.9	10 310.6	11 159.1	11 978	12 530.2	13 984.2	14 711.7
20% 中等偏上收入组家庭人均可支配收入	11 816.0	13 449.2	14 537.3	15 727.4	16 943.6	18 051.5	19 732.4	20 884.5
20% 高收入组家庭人均可支配收入	21 323.7	23 947.4	26 013.9	28 448.0	31 299.3	34 042.6	36 049.4	38 520.3

数据来源：根据历年《中国统计年鉴》整理计算而得。

4.1.2　城乡居民收入比

城乡居民人均可支配收入比较见表4-7。2012年城镇居民人均可支配收入为 24 127 元，农村居民人均可支配收入为 8 389 元，城镇高于农村 187.60%；2021年城镇居民人均可支配收入为 47 412 元，农村居民人均可支配收入为 18 931 元，城镇高于农村 150.45%。2012—2021年的十年间，城镇居民人均可支配收入增长 96.51%，农村居民人均可支配收入增长 125.66%。虽然每年城乡居民人均可支配收入差距在逐渐缩小，但是城乡居民人均可支配收入的整体差距仍然非常大，这与共同富裕的主旨不相符。

表4-7　　　　　　　　　城乡居民人均可支配收入比较

时间	城镇居民人均可支配收入（元）	农村居民人均可支配收入（元）	城镇高于农村（%）
2021年	47 412	18 931	150.45
2020年	43 834	17 131	155.88
2019年	42 359	16 021	164.40
2018年	39 251	14 617	168.53
2017年	36 396	13 432	170.96
2016年	33 616	12 363	171.91
2015年	31 195	11 422	173.11
2014年	28 844	10 489	174.99
2013年	26 467	9 430	180.67
2012年	24 127	8 389	187.60

数据来源：根据历年《中国统计年鉴》整理计算而得。

4.1.2.1　城乡居民收入差距绝对值的分解

在借鉴何茜（2020）对城乡居民收入差距分解的分析思路基础上，本书将城乡居民收入的四个组成部分，即工资性收入、家庭经营性收入、财产性收入和转移性收入的绝对值差额计算出来，然后再计算每个分项的绝对值差额与城乡居民收入差额的绝对值，得出每个分项对于城乡居民收入差距的贡献度。

设城镇居民第 t 年的人均总收入为 Y_t，农村居民第 t 年的人均纯收入为 $\hat{Y}_t$，第 t 年的城乡居民绝对收入差距为 ΔY_t，于是有：

$$\Delta Y_t = Y_t - \hat{Y}_t$$

根据中国统计制度和统计体系，城乡居民收入有四个组成部分，包括工资性收入、家庭经营性收入、财产性收入和转移性收入。

进一步设城镇居民人均四项收入，即工资、家庭经营、财产和转移性收入分别是 Y_{1t}、Y_{2t}、Y_{3t}、Y_{4t}，农村居民人均四项收入分别是 $\hat{Y}_{1t}$、$\hat{Y}_{2t}$、$\hat{Y}_{3t}$、$\hat{Y}_{4t}$，于是可以得到如下方程：

$$Y_t = Y_{1t} + Y_{2t} + Y_{3t} + Y_{4t}$$

$$\hat{Y}_t = \hat{Y}_{1t} + \hat{Y}_{2t} + \hat{Y}_{3t} + \hat{Y}_{4t}$$

由此可以得到城乡居民各项收入之间的差距：

$$\Delta Y_{1t} = Y_{1t} - \hat{Y}_{1t}$$

$$\Delta Y_{2t} = Y_{2t} - \hat{Y}_{2t}$$

$$\Delta Y_{3t} = Y_{3t} - \hat{Y}_{3t}$$

$$\Delta Y_{4t} = Y_{4t} - \hat{Y}_{4t}$$

所以，城乡居民收入差距公式如下：

$$\Delta Y_t = Y_t - \hat{Y}_t = \Delta Y_{1t} + \Delta Y_{2t} + \Delta Y_{3t} + \Delta Y_{4t}$$

式中：ΔY_{1t}、ΔY_{2t}、ΔY_{3t}、ΔY_{4t} 分别表示城乡居民人均的工资、家庭经营、财产和转移性收入的差距对城乡居民收入差距贡献力度的绝对值。

与此同时，还可以计算出城乡居民人均的工资、家庭经营、财产和转移性收入差距对城乡居民收入差距的贡献份额大小，假设四项收入绝对差距的贡献份额分别为 θ_{1t}、θ_{2t}、θ_{3t}、θ_{4t}，于是可得：

$$\theta_{1t} = \frac{Y_{1t} - \hat{Y}_{1t}}{\Delta Y_t} = \frac{\Delta Y_{1t}}{\Delta Y_t}$$

$$\theta_{2t} = \frac{Y_{2t} - \hat{Y}_{2t}}{\Delta Y_t} = \frac{\Delta Y_{2t}}{\Delta Y_t}$$

$$\theta_{3t} = \frac{Y_{3t} - \hat{Y}_{3t}}{\Delta Y_t} = \frac{\Delta Y_{3t}}{\Delta Y_t}$$

$$\theta_{4t} = \frac{Y_{4t} - \hat{Y}_{4t}}{\Delta Y_t} = \frac{\Delta Y_{4t}}{\Delta Y_t}$$

$$\theta_{1t} + \theta_{2t} + \theta_{3t} + \theta_{4t} = 1$$

1990—2020年我国城乡居民收入差距的绝对值以及绝对值对于城乡居民收入差距的贡献份额结果见表4-8。

表4-8 1990—2020年主要年份我国城乡居民收入差距（绝对值）的来源分解

年份	城乡居民收入差距的来源分解（绝对值：元）					城乡居民收入差距的来源分解（份额：%）					
	合计	劳动性收入		财产	转移	合计	劳动性收入			财产	转移
		工资	经营				合计	工资	经营		
1990年	525.83	1 010.9	-793.29	-20.19	328.41	100	41.39	192.25	-150.86	-3.84	62.46
1995年	1 941.15	3 036.51	-1 804.8	49.45	659.99	100	63.45	156.43	-92.98	2.55	34
2000年	3 149.7	3 778.2	-2 005.04	83.34	1 293.19	100	56.29	119.95	-63.66	2.65	41.06
2005年	6 689.56	6 623.01	-2 484.81	104.46	2 446.89	100	61.87	99.01	-37.14	1.56	36.58
2010年	12 913.91	11 276.63	-3 223.97	318.08	4 543.16	100	62.35	87.32	-24.97	2.46	35.18
2011年	14 146.06	12 448.48	-3 730.05	420.4	5 007.23	100	61.63	88	-26.37	2.97	35.4
2012年	15 968.32	13 888.16	-3 912.68	457.91	5 534.94	100	62.47	86.97	-24.5	2.87	34.66
2013年	17 037.4	12 964.9	-959.6	2 356.8	2 675.3	100	70.47	76.1	-5.63	13.83	15.7
2014年	18 355	13 784.6	-958.4	2 590	2 938.7	100	69.88	75.1	-5.22	14.11	16.01
2015年	19 773.1	14 736.8	-1 027.5	2 790.4	3 273.4	100	69.33	74.53	-5.2	14.11	16.55
2016年	21 252.8	15 643.2	-971.2	2 999.2	3 581.6	100	69.04	73.61	-4.57	14.11	16.85
2017年	22 963.8	16 702.5	-963.1	3 303.9	3 920.4	100	68.54	72.73	-4.19	14.39	17.07
2018年	24 633.8	17 796.1	-915.8	3 685.6	4 067.8	100	68.52	72.24	-3.72	14.96	16.51
2019年	26 338.1	18 981.3	-921.9	4 013.3	4 265.2	100	68.57	72.07	-3.5	15.24	16.19
2020年	26 702.3	19 406.8	-1 366.6	4 027.7	4 454.5	100	67.56	72.68	-5.12	15.76	16.68

数据来源：根据历年《中国统计年鉴》整理计算而得。

　　根据何茜（2020）关于城乡居民收入差距分解的研究思路，本书借鉴其研究成果对城乡居民收入结构进行差距分析。其中，有的年份数据因为缺失，没有纳入本书研究范围，还有的年份收入统计口径有差异。例如，2010 年之前城镇居民使用的是人均可支配收入，2010 年及以后使用的是平均每人全部年收入；1995 年农村居民收入中经营性收入为家庭经营收入。笔者认为这些差异是为了说明问题，不会影响研究结论。由表 4-8 可知，2013 年的城乡居民的收入结构发生了较大变化。相较于 2012 年，2013 年的城镇居民财产性收入大幅度增加，农村居民转移性收入大幅度增加，农村居民经营性收入大幅度下降。

　　在表 4-8 中，城乡居民的收入从 1990 年至 2020 年差距逐渐扩大，1990 年为 525.83 元、2010 年为 12 913.91 元、2016 年为 21 252.8 元、2020 年为 26 702.3 元。在 30 年的时间里，城乡居民收入差距达到 26 176.47 元。2014 年我国进行了城乡一体化住户调查，调整了城乡居民的财产性收入和转移性收入，因此，各项收入都出现了较大的变化，具体如下：

　　（1）工资性收入差距占城乡居民收入差距最大部分。在 1990 年至 2020 年的 31 年间，工资性差距从 1 010.9 元到 19 406.8 元，在城乡收入差距中的贡献力度一直处于 72% 以上。但是，工资性收入差距在城乡收入差距中所占的份额却呈现逐年降低趋势，1990 年的收入差距所占份额为 192.25%，2020 年为 72.68%，下降了 119.57 个百分点。在 2014 年做了收入调整之后，工资性收入差距对城乡居民收入差距的贡献度依然呈现降低趋势，从 2014 年的 75.1% 下降到 2020 年的 72.68%。值得注意的是，城乡居民经营性收入差距始终为负值，说明城乡经营性收入差距的贡献度一直都是小于 0，但所占份额却一直稳步上升，由 1990 年的 -150.86% 上升到 2020 年的 -5.12%。1990 年，我国完善承包经营责任制、继续实行和完善厂长负责制；增强大中型企业的活力，充分发挥大中型企业的骨干作用；进一步发展企业集团；采取措施推进企业兼并；强化企业管理，向经营管理要效益；有计划地推进各项改革试点工作。至 1990 年年底，我国有效控制了通货膨胀，工业生产走出低谷，农业全面丰收，市场销售逐步复苏，对外贸易持续发展，整个国民经济出现回升的好势头。

（2）劳动性收入差距在城乡居民绝对收入差距中所占份额相对稳定。本书将工资性收入和经营性收入合计称为劳动性收入。其中，1990年城乡居民劳动性收入差距占比为41.39%，1995年为63.45%，2000年为56.29%，2013年为70.47%，之后逐渐稳步下降，2020年为67.56%。应该注意到，自2012年我国实行精准扶贫政策、2018年提出乡村振兴战略以来，出台了大量有利于我国农村经济增长的政策文件，给予了大量的资金支持，惠农支农富农政策的进一步完善，带来新型农业经营方式转变，农村剩余劳动力积极转移就业，农业经济效益不断提高，农民的工资性收入和经营性收入不断增长。但是，从前文农村居民的受教育年限看，农村人力资本积累远远落后于城镇人力资本，城乡居民工资性收入差距仍需努力缩小。从表4-8可以看出，城乡居民收入差距缩小的速度比较缓慢，随着我国老龄化程度加深，尤其是农村劳动力中更多地以女性和老年人为主，虽然使用了现代农业技术和农业机械，农民的经营性收入稳步小步提升，但是综合来看，城乡居民收入差距缩小的速度缓慢是亟须解决的问题。

（3）转移性收入差距是城乡居民收入差距的第二大来源。由表4-8可知，转移性收入差距在1990年为328.41元，2012年达到5 534.94元，2013年下降为2 675.3元，从2014年的2 938.7元，缓慢上升至2020年的4 454.5元。转移性收入差距对城乡居民收入差距的贡献度在1990年为62.46%，缓慢下降到2012年的34.66%，但是，在2013年突然快速下降为15.7%，而后从2014年至2020年缓慢上升至16.68%。从理论上看，转移性收入是用于缩小城乡居民收入差距的，但是，转移性收入差距对城乡居民收入差距的贡献度却始终保持在15%以上，而且又呈现缓慢上升的趋势。

（4）财产性收入差距对于城乡居民收入差距的贡献度相对较小。1990年，财产性收入差距对城乡居民收入差距的贡献度为-3.84%，而后逐渐上升到2012年的2.87%，但是到了2013年，财产性收入差距对城乡居民收入差距的贡献度为13.83%，从2014年开始缓慢上升至2020年的15.76%。这说明，2013年城镇居民的财产性收入增加的速度较快，直到 2020 年，城乡居民的财产性收入差距依然保持在较大差距上，这同城市房地产价格的增长关系非常密切。由此可以看出，我国城乡居民在财产性收入的差距上呈现较大趋势也是符合当前我国城乡居民财产性收入差距现状的。

4.1.2.2 城乡居民收入差距收入比的分解

在城乡居民收入差距绝对值分析基础上，进一步将第 t 年的城乡居民收入比定义为 G_t，即城镇居民人均总收入与农村居民人均纯收入之比，并将这个收入比分解为各项收入来源之比的加权和（何茜，2020）。

$$G_t = G_{1t} + G_{2t} + G_{3t} + G_{4t}$$

式中：G_{1t}、G_{2t}、G_{3t}、G_{4t} 分别表示第 t 年城乡居民人均的工资、家庭经营、财产和转移性收入比对城乡居民收入比的贡献，同时又可以将各项收入比的贡献值进一步进行分解：

$$\delta_{1t} = \frac{G_{1t}}{G_t}$$

$$\delta_{2t} = \frac{G_{2t}}{G_t}$$

$$\delta_{3t} = \frac{G_{3t}}{G_t}$$

$$\delta_{4t} = \frac{G_{4t}}{G_t}$$

$$\delta_{1t} + \delta_{2t} + \delta_{3t} + \delta_{4t} = 1$$

$$G_{1t} = \frac{\hat{Y}_{1t}}{\hat{Y}_t} \times \frac{Y_{1t}}{\hat{Y}_{1t}}; \quad G_{2t} = \frac{\hat{Y}_{2t}}{\hat{Y}_t} \times \frac{Y_{2t}}{\hat{Y}_{2t}}; \quad G_{3t} = \frac{\hat{Y}_{3t}}{\hat{Y}_t} \times \frac{Y_{3t}}{\hat{Y}_{3t}}; \quad G_{4t} = \frac{\hat{Y}_{4t}}{\hat{Y}_t} \times \frac{Y_{4t}}{\hat{Y}_{4t}}$$

除此之外，还可以计算出城乡居民人均的工资、家庭经营、财产和转移性收入比对城乡居民收入比的贡献大小，假设四项收入比的贡献份额分别为 δ_{1t}、δ_{2t}、δ_{3t}、δ_{4t}，容易得到：

1990—2020 年我国城乡居民收入差距的绝对值以及绝对值对于城乡居民收入差距的贡献份额结果见表 4-9。

由表 4-9 可知，城乡居民收入比从 1990 年的 1.20 上升至 2013 年的 2.81，而后缓慢降至 2020 年的 2.56。各项收入比对城乡居民收入比的贡献表现出如下特征：

表4-9　1990—2020年主要年份我国城乡居民收入差距（收入比）的来源分解

年份	城乡居民收入差距的来源分解（绝对贡献）					合计	城乡居民收入差距的来源分解（相对贡献：%）				
	合计	劳动性收入		财产	转移		合计	劳动性收入		财产	转移
		工资	经营					工资	经营		
1990年	1.20	1.16	0.02	0.02	0	100	98.68	96.79	1.89	1.32	0
1995年	1.83	1.45	0.03	0.04	0.31	100	81.62	79.23	2.39	2.11	16.96
2000年	2.00	1.42	0.08	0.04	0.46	100	75.08	71.17	3.91	2.04	22.88
2005年	2.44	1.68	0.15	0.04	0.57	100	74.88	68.88	6.00	1.71	23.41
2010年	2.59	1.69	0.21	0.06	0.63	100	73.32	65.17	8.15	2.47	24.21
2011年	2.44	1.57	0.22	0.066	0.58	100	73.48	64.27	9.21	2.71	23.81
2012年	2.45	1.58	0.23	0.06	0.58	100	73.75	64.30	9.45	2.62	23.62
2013年	2.81	1.76	0.32	0.27	0.46	100	74.03	62.79	11.24	9.64	16.33
2014年	2.75	1.71	0.31	0.27	0.46	100	73.56	62.19	11.37	9.75	16.70
2015年	2.73	1.69	0.30	0.27	0.47	100	73.13	61.99	11.14	9.75	17.12
2016年	2.72	1.67	0.30	0.26	0.48	100	72.68	61.47	11.21	9.73	17.58
2017年	2.71	1.65	0.30	0.27	0.49	100	72.17	61.00	11.17	9.91	17.93
2018年	2.69	1.63	0.30	0.28	0.48	100	71.94	60.62	11.32	10.26	17.81
2019年	2.64	1.60	0.30	0.27	0.47	100	71.78	60.35	11.43	10.37	17.86
2020年	2.56	1.54	0.28	0.27	0.47	100	70.93	60.18	10.75	10.56	18.51

数据来源：根据历年《中国统计年鉴》整理计算而得。

（1）工资性收入比对城乡居民收入比的贡献度最大。以1990年为例，1990年工资性收入比为1.16，其相对贡献达到96.79%；2013年工资性收入比为2.81，为历史最高，其相对贡献达到62.79%；2014年工资性收入比为2.75，其相对贡献达到62.19%；2020年工资性收入比为2.56，其相对贡献达到60.18%。连续31年，城乡居民工资性收入比的相对贡献均超过60%，说明在城乡居民收入差距中，工资性收入比的贡献度远远大于经营性收入比、财产性收入比和转移性收入比。

（2）转移性收入比对城乡居民收入的贡献度居于第二位。由于1990年农村没有转移性收入，因此，转移性收入比对城乡居民收入差距的贡献度为0。为了说明问题，此处以1995年为例，1995年转移性收入比为0.31，其相对贡献达到16.96%；2010年转移性收入比为0.63，为历史最高，其相对贡献达到24.21%；2013年，转移性收入比为0.46，其相对贡献为16.33%，比2012年的23.62%下降了7.29个百分点；2020年转移性收入比为0.47，其相对贡献上升至18.51%。连续31年，城乡居民转移性收入比的相对贡献均不及工资性收入比，但是，相较于经营性收入比和财产性收入比而言，转移性收入比的贡献度还是非常大的。总体来看，转移性收入比的贡献度先上升再缓慢下降，说明城乡居民收入的社会保障体系在逐渐完善，农村居民的基本养老保险、医疗保险以及其他社会保障制度的受益人群越来越广泛。

（3）经营性收入比和财产性收入比对城乡居民收入差距的贡献度较低但逐年上升。从2020年来看，城乡居民的工资、家庭经营、财产和转移性收入比对城乡居民收入比的相对贡献为60.18%、10.75%、10.56%和18.51%，其中，仅有工资性收入比的相对贡献呈现逐年下降的趋势，由1990年的96.79%下降到2020年的60.18%，下降了36.61个百分点，家庭经营、财产和转移性收入的相对贡献比1990年上升了8.86、9.24和18.51个百分点。从上述数据来看，经营性收入比和财产性收入比对城乡居民收入差距的贡献度虽然不大，但是却呈现缓步上升的趋势。

（4）城乡居民劳动性收入比对城乡居民收入比的相对贡献较大。1990—2020年，城乡居民的收入来源主要是工资和经营性收入，城乡收入差距也主要是由工资和经营性收入造成的。1990—2000年，我国城乡居民收入比中，劳动性收入比的相对贡献度呈现下降幅度偏大的态势，直到 2000 年，劳动性收入比的相对贡献每年以 1% 左右的速度下降。1990—2000 年，城乡居民劳动性收入比的相对贡献由 98.68% 下降到 75.08%，平均每年下降 2.15 个百分点；2000—2020 年，城乡居民劳动性收入比的相对贡献由 75.08% 下降到 70.93%，平均每年下降 0.20 个百分点。基于上述分析，2000 年之前，农村劳动性收入稳步上升，带来农民收入增长的幅度较大；2000 年之后，农村劳动性收入增长乏力，始终与城镇居民收入保持了相当大的差距。

4.1.3 城乡居民消费支出

4.1.3.1 农村居民人均消费支出

农村居民消费支出是指农村居民用于个人和家庭的生活资料和生产资料的全部支出，具体包括服务性消费支出、衣着支出、居住支出、生活用品及服务支出、交通通信支出、教育文化娱乐支出、医疗保健支出、其他用品及服务支出等。

近 10 年农村居民消费支出的结构如图 4-1 所示。

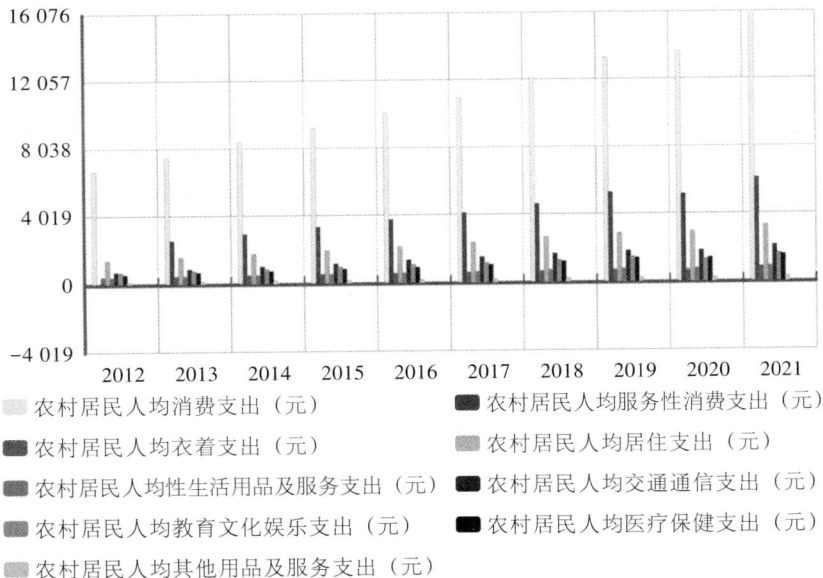

图 4-1　近 10 年农村居民消费支出的结构

由图4-1可知，从农村居民人均消费支出总体来看，2012—2021年呈现上升趋势，增长率由2012年的10.4%上升到2021年的15.3%，也就是说，2012—2021年农村居民人均消费支出每年都同比增长，2020年增长为-0.1%，其主要原因为受到新型冠状肺炎疫情的影响，而后在2021年农村居民人均消费支出同比增长15.3%。具体农村居民人均消费支出结构，见表4-10。

2021年，服务性消费支出、食品烟酒支出和居住支出占消费总支出的比重分别为38.6%、32.67%和20.83%，总计达到92.1%。由此可以看出，在农村居民人均消费支出中，用于餐饮服务、教育文化娱乐服务和医疗服务等服务性消费支出，食品烟酒支出和居住支出是农村居民消费的主要方面，这从侧面反映出农村居民对于服务性支出、食品支出、居住支出的需求较为旺盛。

（1）服务性消费支出、食品烟酒支出和居住支出占比居于前三位

由表4-10可知，在农村居民人均消费支出中，服务性消费支出、食品烟酒支出和居住支出居于前三位。由于2012年部分数据缺失，因此以2013年为例进行说明。2013年上述三项消费支出占消费总支出的比重分别为34.3%、34.12%和21.11%，总计达到89.53%。

（2）衣着支出、生活用品支出和医疗保健支出占比较低

2013年，衣着支出、生活用品支出和医疗保健支出占消费总支出的比重分别为6.1%、6.1%和8.9%，由此可以看出，农村居民对于衣着支出、生活用品支出、医疗保健支出的需求较为低迷，在消费总支出中占比总计为20.59%。2021年，衣着支出、生活用品支出、医疗保健支出占消费总支出的比重分别为5.4%、5.66%和9.93%，在消费总支出中占比总计为20.99%。从2013年到2021年的近10年时间，这三项支出的比重增长非常缓慢。

（3）交通通信支出、医疗保健支出与服务性消费支出的平均增长率位居前三

虽然我国农村居民对于服务性消费支出、食品烟酒支出与居住支

表4-10

2012—2021年农村居民人均消费支出结构

时间	农村居民人均消费支出（元）	农村居民人均消费支出比上年增长率（%）	农村居民人均服务性消费支出（元）	农村居民人均服务性消费支出比上年增长率（%）	农村居民人均食品烟酒支出（元）	农村居民人均食品烟酒支出比上年增长（%）	农村居民人均衣着支出（元）	农村居民人均衣着支出比上年增长（%）	农村居民人均居住支出（元）	农村居民人均居住支出比上年增长（%）	农村居民人均生活用品及服务支出（元）	农村居民人均生活用品及服务支出比上年增长（%）	农村居民人均交通通信支出（元）	农村居民人均交通通信支出比上年增长（%）	农村居民人均教育文化娱乐支出（元）	农村居民人均教育文化娱乐支出比上年增长（%）	农村居民人均医疗保健支出（元）	农村居民人均医疗保健支出比上年增长（%）	农村居民人均其他用品及服务支出（元）	农村居民人均其他用品及服务支出比上年增长（%）
2012年	6 667	10.4	—	—	2 395	9.6	413	15.5	1 381	13.9	400	10.8	717	19.1	677	14.7	560	17.3	124	18.4
2013年	7 485	9.2	2 567	—	2 554	6.7	454	10	1 580	14.4	455	13.8	875	22	755	11.4	668	19.2	144	16.2
2014年	8 383	10	2 946	14.8	2 814	10.2	510	12.5	1 763	11.6	506	11.3	1 013	15.7	860	13.9	754	12.8	163	13
2015年	9 223	8.6	3 337	13.3	3 048	8.3	550	7.9	1 926	9.3	546	7.7	1 163	14.9	969	12.8	846	12.2	174	6.8
2016年	10 130	7.8	3 751	12.4	3 266	7.2	575	4.5	2 147	11.5	596	9.2	1 360	16.9	1 070	10.4	929	9.8	186	6.9
2017年	10 955	6.8	4 130	10.1	3 415	4.6	612	6.3	2 354	9.6	634	6.4	1 509	11	1 171	9.4	1 059	13.9	201	8
2018年	12 124	8.4	4 645	12.5	3 646	6.7	648	5.9	2 661	13	720	13.6	1 690	12	1 302	11.1	1 240	17.1	218	8.7
2019年	13 328	6.5	5 290	13.9	3 998	9.7	713	10.1	2 871	7.9	764	6	1 837	8.7	1 482	13.8	1 421	14.6	241	10.6
2020年	13 713	-0.1	5 190	-1.9	4 479	12	713	-0.1	2 962	3.2	768	0.5	1 841	0.2	1 309	-11.7	1 418	-0.2	224	-7.1
2021年	15 916	15.3	6 143	18.36	5 200	16.1	860	20.62	3 315	11.92	901	17.32	2 132	15.81	1 646	25.74	1 580	11.42	284	26.79

注：①人均可支配收入增长率（%）和人均消费支出增长率（%）为扣除价格因素的实际增长率（%），其余增长率（%）均为名义增长率（%）；②服务性消费支出是指用于餐饮服务、教育文化娱乐服务和医疗服务等各种生活服务的消费支出。

数据来源：国家统计局。

出的需求较高，但是，2012—2021年我国农村居民的交通通信支出、医疗保健支出和服务性消费支出的平均增长率居于前三位，分别为13.63%、12.81%和11.68%，说明农村居民在满足食品和衣着消费需求基础上，增加了对交通出行和信息通信的需求，表明其对加强与外界的沟通保持了较大的兴趣；医疗保健支出在消费总支出中的占比已经逐渐达到10%，说明农村居民在温饱需求得到满足之后，正在慢慢萌生注重身体健康和养生的意识。关于服务性消费支出上升的原因，主要是因为农村居民对教育文化娱乐服务日渐重视。但是，从前文的人均受教育年限看，农村居民的教育支出还需要不断提高才能满足农村经济转型发展的需要。

4.1.3.2　农村居民人均纯收入与人均消费支出

国家统计局网站数据显示，2021年我国农村居民人均可支配收入18 931元，扣除价格因素比2020年实际增长9.7%；人均消费支出15 916元，扣除价格因素比2020年增长15.3%。

由表4-11可知，2002—2021年农村居民人均可支配收入的增长率低于农村居民人均消费支出的增长率，人均消费支出从2003年的2 050元到2021年的15 916元，增长率从2003年的6.94%增长到2005年的18.19%，而后又下降到2009年的10.11%，2011年又上升到19.15%，而后2017年又下降到8.14%，2018年上升到10.67%，而后又下降，直到2021年上升到16.07%。农村居民人均消费支出是社会消费需求的主体，可以有效推动农村消费市场发展，是拉动农村经济增长乃至城镇经济增长的直接因素，体现居民生活水平和质量的重要指标。其中，受到1997年东南亚金融危机和2008年美国次贷危机影响，我国采取了积极财政政策，拉动国内消费以促进经济增长，因此，我国农村居民消费支出增长率先上升后下降，又上升又下降，在2020年受到新型冠状肺炎疫情的影响，农村消费支出呈现负增长，2021年呈现较大幅度上升，这同国家的政策和国民经济发展快速回暖有很大关系。

表4-11

2002—2021年农村居民人均消费支出与人均可支配收入情况

时间	居民人均消费支出（元）	居民人均消费支出比上年增长（%）	居民人均可支配收入（元）	居民人均可支配收入比上年增长（%）	城镇居民人均消费支出（元）	城镇居民消费支出比上年增长（%）	城镇居民人均可支配收入（元）	城镇居民人均可支配收入比上年增长（%）	农村居民人均消费支出（元）	农村居民人均消费支出比上年增长（%）	农村居民人均可支配收入（元）	农村居民人均可支配收入比上年增长（%）
2002年	3 548	—	4 532	—	6 089	—	7 652	—	1 917	—	2 529	—
2003年	3 889	9.61	5 007	10.48	6 587	8.18	8 406	9.85	2 050	6.94	2 690	6.37
2004年	4 395	13.01	5 661	13.06	7 280	10.52	9 335	11.05	2 326	13.46	3 027	12.53
2005年	5 035	14.56	6 385	12.79	8 068	10.82	10 382	11.22	2 749	18.19	3 370	11.33
2006年	5 634	11.90	7 229	13.22	8 851	9.71	11 620	11.92	3 072	11.75	3 731	10.71
2007年	6 592	17.00	8 584	18.74	10 196	15.20	13 603	17.07	3 536	15.10	4 327	15.97
2008年	7 548	14.50	9 957	15.99	11 489	12.68	15 549	14.31	4 054	14.65	4 999	15.53
2009年	8 377	10.98	10 977	10.24	12 558	9.30	16 901	8.70	4 464	10.11	5 435	8.72
2010年	9 378	11.95	12 520	14.06	13 821	10.06	18 779	11.11	4 945	10.78	6 272	15.40
2011年	10 820	15.38	14 551	16.22	15 554	12.54	21 427	14.10	5 892	19.15	7 394	17.89
2012年	12 054	11.40	16 510	13.46	17 107	9.98	24 127	12.60	6 667	13.15	8 389	13.46

续表

时间	居民人均消费支出（元）	居民人均消费支出比上年增长（%）	居民人均可支配收入（元）	居民人均可支配收入比上年增长（%）	城镇居民人均消费支出（元）	城镇居民人均消费支出比上年增长（%）	城镇居民人均可支配收入（元）	城镇居民人均可支配收入比上年增长（%）	农村居民人均消费支出（元）	农村居民人均消费支出比上年增长（%）	农村居民人均可支配收入（元）	农村居民人均可支配收入比上年增长（%）
2013年	13 220	9.67	18 311	10.91	18 488	8.07	26 467	9.70	7 485	12.27	9 430	12.41
2014年	14 491	9.61	20 167	10.14	19 968	8.01	28 844	8.98	8 383	12.00	10 489	11.23
2015年	15 712	8.43	21 966	8.92	21 392	7.13	31 195	8.15	9 223	10.02	11 422	8.90
2016年	17 111	8.90	23 821	8.44	23 079	7.89	33 616	7.76	10 130	9.83	12 363	8.24
2017年	18 322	7.08	25 974	9.04	24 445	5.92	36 396	8.27	10 955	8.14	13 432	8.65
2018年	19 853	8.36	28 228	8.68	26 112	6.82	39 251	7.84	12 124	10.67	14 617	8.82
2019年	21 559	8.59	30 733	8.87	28 063	7.47	42 359	7.92	13 328	9.93	16 021	9.61
2020年	21 210	-1.62	32 189	4.74	27 007	-3.76	43 834	3.48	13 713	2.89	17 131	6.93
2021年	24 100	13.63	35 128	9.13	30 307	12.22	47 412	8.16	15 916	16.07	18 931	10.51

注：人均可支配收入增长（%）和人均消费支出增长（%）为扣除价格因素的实际增长（%），其余增长（%）均为名义增长（%）。

数据来源：国家统计局。

4.1.3.3 城乡居民消费支出比较

由表 4-11 和图 4-2 可知，城乡居民人均消费差距较大。2003 年，城镇居民人均消费支出为 6 587 元，农村居民人均消费支出为 2 050 元，绝对值相差 4 537 元；城镇居民恩格尔系数为 35.5%，农村居民恩格尔系数为 43.9%，相差 8.4%。2019 年，全国居民恩格尔系数历史最低，城镇居民恩格尔系数为 27.6%，农村居民恩格尔系数为 30%，城乡居民恩格尔系数相差仅为 2.4%。根据联合国粮食及农业组织提出的标准，恩格尔系数在 59% 以上为贫困，50%～59% 为温饱，40%～50% 为小康，30%～40% 为富裕，低于 30% 为最富裕。根据图 4-2 可知，从 2009 年开始，我国城乡居民收入的恩格尔系数均低于 40%，说明我国已经进入富裕阶段，到 2019 年，我国城镇居民恩格尔系数为 27.6%，农村居民恩格尔系数为 30.0%，说明我国已经进入最富裕阶段。党的十九大报告提出的 2035 年目标和 2050 年目标，都鲜明地体现了改善人民生活、缩小差距、实现共同富裕的要求。这同我国农村居民人均消费支出上升和恩格尔系数降低有着显著的关系。正是农村居民消费支出和恩格尔系数同城镇相比差距缩小，才给我国实现共同富裕奠定了良好的基础。

4.1.3.4 农村人力资本配置对共同富裕的作用机制

虽然我国城乡居民的恩格尔系数低于 40%，但是，由表 4-12 可知，我国居民人均可支配收入基尼系数从 2003 年至 2020 年一直保持在 0.4～0.5 之间。联合国开发计划署等组织规定，基尼系数为 0.4～0.59 表明居民收入差距较大，我国已超过国际警戒线 0.4。加之我国部分群体隐性福利的存在，我国实际收入的差距还要更大。这与我国提出的共同富裕是"全体人民共同富裕"相悖。

4.1.4 共同富裕的现状及趋势小结

综上所述，本书得出 3 个结论。第一，我国农村人均可支配收入以劳动收入为主，并且每年呈稳步上升态势；第二，我国城乡居民收入差距较大，基尼系数超过国际警戒线，影响了我国共同富裕的实现；第

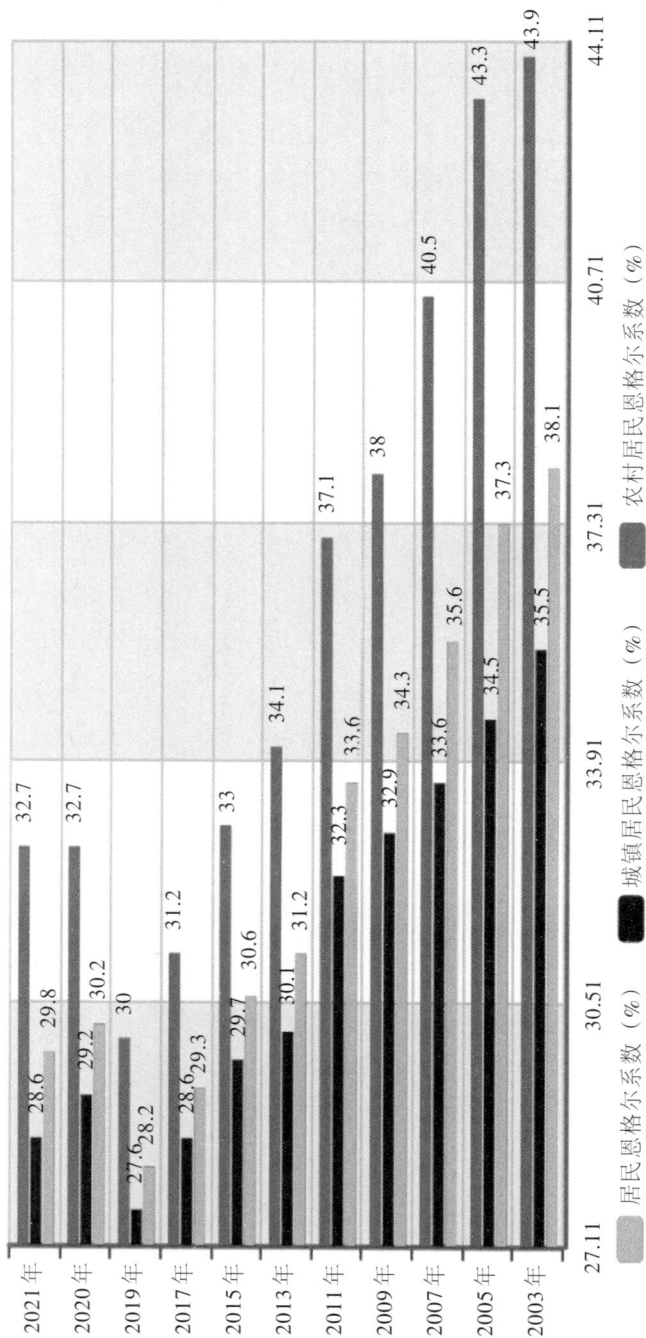

图 4-2　2003—2021 年居民恩格尔系数

数据来源：国家统计局

表4-12　　　　　　　　居民人均可支配收入基尼系数

时间	2020年	2019年	2018年	2017年	2016年	2015年	2014年	2013年	2012年
数值	0.468	0.465	0.468	0.467	0.465	0.462	0.469	0.473	0.474
时间	2011年	2010年	2009年	2008年	2007年	2006年	2005年	2004年	2003年
数值	0.477	0.481	0.49	0.491	0.484	0.487	0.485	0.473	0.479

数据来源：根据历年《中国统计年鉴》整理计算而得。

三，我国城乡居民人均消费支出总量不同，农村恩格尔系数高于城镇。这些结论表明我国收入差距尤其是城乡居民收入差距较大，并且农村居民消费的可获得性和可及性影响着人的消费能力提升和人力资本积累。共同富裕是社会主义的本质要求，是人民群众的共同期盼。若社会成员的能力得到普遍提升，群体性差距得到有效弥合，人人拥有向上流动和全面发展的机会，社会的公平与效率也就自然融合了，贫富差距有望进一步缩小，共同富裕的目标就有希望实现。

4.2　农村人力资本配置的现状及趋势

《中华人民共和国2021年国民经济和社会发展统计公报》显示，2021年，我国国内生产总值为1 143 670亿元，比上年增长8.1%，占全球GDP总量的18.64%左右。由于数据有限，此处以2020年的分区域地区生产总值为例，分析我国各地区的生产总值情况。2020年，全年东部地区生产总值525 752亿元，比上年增长2.9%；中部地区生产总值222 246亿元，比上年增长1.3%；西部地区生产总值213 292亿元，比上年增长3.3%；东北地区生产总值51 125亿元，比上年增长1.1%。全年京津冀地区生产总值86 393亿元，比上年增长2.4%；长江经济带地区生产总值471 580亿元，比上年增长2.7%；长江三角洲地区生产总值244 714亿元，比上年增长3.3%。粤港澳大湾区建设、黄河流域生态保护和高质量发展等区域重大战略深入实施。

2021年年末，全国总人口141 260万人。其中：农村人口49 835万人，城镇人口91 425万人；就业人员总数为74 652万人，第一产业、第二产业和第三产业的就业人员分别为17 072万人、21 712万人和35 868

万人，三次产业从业人员占比为22.87%、29.08%和48.05%。从三次产业就业人数看，从事第一产业的人数不足全国从业总人数的四分之一，这表明我国目前仍有相当一部分人员从事传统农业生产。由于传统农业生产的附加值较低，因此，这部分人的收入总体不高。

4.2.1 农村从业人员数量分析

4.2.1.1 农村人口数量结构

根据第七次全国人口普查结果，2020年11月1日零时我国31个省份中，人口超过1亿人的省份有2个，在5 000万人至1亿人之间的省份有9个，在1 000万人至5 000万人之间的省份有17个，少于1 000万人的省份有3个。其中，人口居前五位的省份合计人口占全国人口比重为35.09%。分区域①看，东部地区人口为563 717 119人，占39.93%；中部地区人口为364 694 362人，占25.83%；西部地区人口为382 852 295人，占27.12%；东北地区人口为98 514 948人，占6.98%。全国分地区农村人口数见表4-13。

表4-13　　　　　**全国分地区农村人口数**　　　　　单位：万人

地　区	2016年	2017年	2018年	2019年	2020年
全国总计	58 973	57 661	56 401	55 162	50 979
北　京	293	293	291	289	273
天　津	267	266	263	258	212
河　北	3 487	3 383	3 292	3 218	2 979
山　西	1 612	1 579	1 546	1 508	1 308
内蒙古	978	961	945	931	782
辽　宁	1 428	1 420	1 391	1 388	1 187
吉　林	1 203	1 178	1 148	1 123	899

---

① 东部地区是指北京、天津、河北、上海、江苏、浙江、福建、山东、广东和海南10省（市）；中部地区是指山西、安徽、江西、河南、湖北和湖南6省；西部地区是指内蒙古、广西、重庆、四川、贵州、云南、西藏、陕西、甘肃、青海、宁夏和新疆12省（区、市）；东北地区是指辽宁、吉林和黑龙江3省。

续表

地 区	2016年	2017年	2018年	2019年	2020年
黑龙江	1 550	1 538	1 505	1 467	1 095
上 海	293	297	288	284	266
江 苏	2 582	2 508	2 447	2 372	2 251
浙 江	1 845	1 810	1 784	1 755	1 797
安 徽	2 974	2 909	2 865	2 813	2 543
福 建	1 410	1 377	1 347	1 331	1 298
江 西	2 154	2 098	2 044	1 987	1 788
山 东	4 076	3 944	3 900	3 876	3 751
河 南	4 909	4 764	4 638	4 511	4 429
湖 北	2 466	2 402	2 349	2 312	2 143
湖 南	3 223	3 113	3 034	2 959	2 740
广 东	3 388	3 367	3 324	3 295	3 258
广 西	2 512	2 481	2 452	2 426	2 296
海 南	396	389	382	385	401
重 庆	1 140	1 105	1 070	1 037	979
四 川	4 196	4 085	3 979	3 870	3 621
贵 州	1 985	1 932	1 889	1 847	1 807
云 南	2 623	2 559	2 521	2 482	2 358
西 藏	233	233	237	240	234
陕 西	1 703	1 657	1 618	1 572	1 476
甘 肃	1 444	1 408	1 379	1 363	1 195
青 海	287	281	275	271	236
宁 夏	295	287	283	279	252
新 疆	1 239	1 238	1 221	1 214	1 124

数据来源：根据历年《中国人口和就业统计年鉴》整理计算而得。

由表4-13可知，2016—2020年我国农村人口总数在逐年减少，这同我国的城镇化进程有关。5年间，农村人口总数较多的省份有河南省、四川省、山东省、广东省等。以2020年为例，全国人口中，居住在城镇的人口约为9亿人，占63.89%（2020年我国户籍人口城镇化率为45.4%）；居住在农村的人口约为5亿人，占36.11%。与2010年第六次全国人口普查相比，城镇人口增加约2.3亿人，农村人口减少164 361 984人，城镇人口比重上升14.21个百分点。总体来说，我国人口总数呈现平稳上升趋势，东部地区人口数量最多（如图4-3所示）。

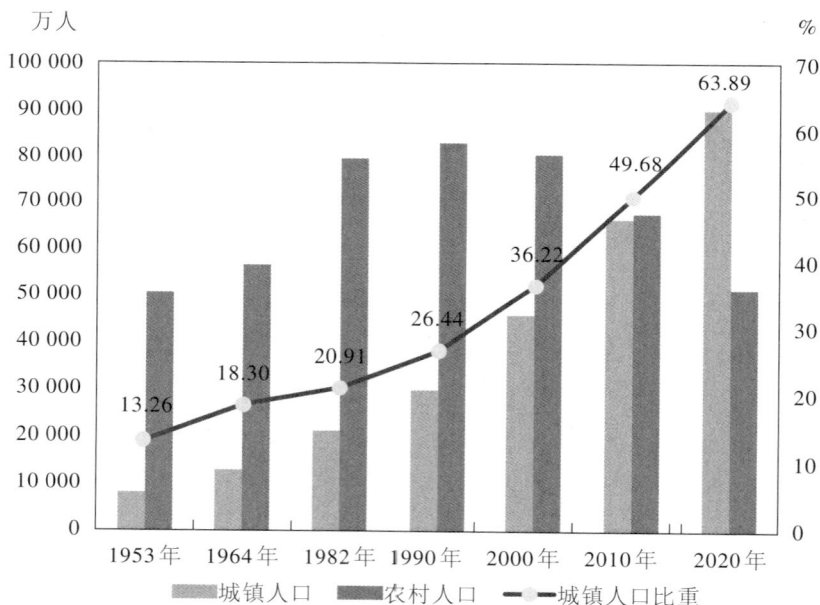

数据来源：《第七次全国人口普查公报（第七号）——城乡人口和流动人口情况》。

图4-3 我国历年城乡人口变化情况

由图4-3可见，我国农村人口数量从1953年到1990年呈现逐年上升、1990年至2020年呈现逐年下降的态势，2020年农村人口占总人口数的36.11%。随着城镇化水平的进一步提高，未来的一段时间农村居住人口数量还会持续减少，从1990年至2020年，农村人口年均减少率为3.7个百分点。截至2020年（因为人口趋势变化图是截至2020年，为了说明问题，此处的总产出值的年份也截至 2020 年），我国总产出为 1 015 986 亿元，其中，农村总产出为 77 754.1 亿元，占全国总产出 7.7%，同农村人口占总人口数的 36.11% 相比较，我国农村总产出明显偏低。

4.2.1.2 农村从业人口数量结构

目前，我国从事农业生产活动的主体依然是居住在农村的广大农民，农村经济的发展和农业经济转型的主体也是广大农业就业人员。我国农村人口和农村就业人员情况见表4-14、分产业就业人员年末人数见表4-15。

表4-14　　　　　　　我国农村人口和农村就业人员情况　　　　　单位：万人、%

年份	农村人口		农村就业人员（年末）	第一产业就业人员（年末）	第一产业就业人员占农村就业人员比重	第一产业就业增长率
	人口数	占总人口比重				
1995	85 947	70.96	49 025	35 530	72.47	-3.62
1996	85 085	69.52	49 028	34 820	71.02	-1.998 3
1997	84 177	68.09	49 039	34 840	71.05	0.057 4
1998	83 513	66.65	49 021	35 177	71.76	0.967 3
1999	82 038	65.22	48 982	35 768	73.02	1.680 1
2000	80 837	63.78	48 934	36 043	73.66	0.768 8
2001	79 563	62.34	48 674	36 399	74.78	0.987 7
2002	78 241	60.91	48 121	36 640	76.14	0.662 1
2003	76 851	59.47	47 506	36 204	76.21	-1.190 0
2004	75 705	58.24	46 971	34 830	74.15	-3.795 2
2005	74 544	57.01	46 258	33 442	72.29	-3.985 1
2006	73 160	55.66	45 348	31 941	70.44	-4.488 4
2007	71 496	54.11	44 368	30 731	69.26	-3.788 2

续表

年份	农村人口		农村就业人员	第一产业就业	第一产业就业人员	第一产业
	人口数	占总人口比重	（年末）	人员（年末）	占农村就业人员比重	就业增长率
2008	70 399	53.01	43 461	29 923	68.85	-2.629 3
2009	68 938	51.66	42 506	28 890	67.97	-3.452 2
2010	67 113	50.05	41 418	27 931	67.44	-3.319 5
2011	64 989	48.17	40 193	26 472	65.86	-5.223 6
2012	63 747	46.90	38 967	25 535	65.53	-3.539 6
2013	62 224	45.51	37 774	23 838	63.11	-6.645 8
2014	60 908	44.25	36 646	22 372	61.05	-6.149 8
2015	59 024	42.67	35 404	21 418	60.50	-4.264 3
2016	57 308	41.16	34 194	20 908	61.15	-2.381 2
2017	55 668	39.76	32 850	20 295	61.78	-2.931 9
2018	54 108	38.5	31 490	19 515	61.97	-3.843 3
2019	52 582	37.3	30 198	18 652	61.77	-4.422 2
2020	50 979	36.1	28 793	17 715	61.53	-5.023 6

数据来源：根据《中国统计年鉴2021》《中国农村统计年鉴2021》整理计算而得。

表4-15　　　　　　　　　分产业就业人员年末人数　　　　　单位：万人、%

年份	就业人员合计	第一产业		第二产业		第三产业	
1995年	68 065	35 530	52.2	15 655	23.0	16 880	24.8
1996年	68 950	34 820	50.5	16 203	23.5	17 927	26.0
1997年	69 820	34 840	49.9	16 547	23.7	18 432	26.4
1998年	70 637	35 177	49.8	16 600	23.5	18 860	26.7

续表

年份	就业人员合计	第一产业		第二产业		第三产业	
1999 年	71 394	35 768	50.1	16 421	23.0	19 205	26.9
2000 年	72 085	36 043	50.0	16 219	22.5	19 823	27.5
2001 年	72 797	36 399	50.0	16 234	22.3	20 165	27.7
2002 年	73 280	36 640	50.0	15 682	21.4	20 958	28.6
2003 年	73 736	36 204	49.1	15 927	21.6	21 605	29.3
2004 年	74 264	34 830	46.9	16 709	22.5	22 725	30.6
2005 年	74 647	33 442	44.8	17 766	23.8	23 439	31.4
2006 年	74 978	31 941	42.6	18 894	25.2	24 143	32.2
2007 年	75 321	30 731	40.8	20 186	26.8	24 404	32.4
2008 年	75 564	29 923	39.6	20 553	27.2	25 087	33.2
2009 年	75 828	28 890	38.1	21 080	27.8	25 857	34.1
2010 年	76 105	27 931	36.7	21 842	28.7	26 332	34.6
2011 年	76 196	26 472	34.7	22 539	29.6	27 185	35.7
2012 年	76 254	25 535	33.5	23 226	30.4	27 493	36.1
2013 年	76 301	23 838	31.3	23 142	30.3	29 321	38.4
2014 年	76 349	22 372	29.3	23 057	30.2	30 920	40.5
2015 年	76 320	21 418	28.0	22 644	29.7	32 258	42.3
2016 年	76 245	20 908	27.4	22 295	29.3	33 042	43.3
2017 年	76 058	20 295	26.7	21 762	28.6	34 001	44.7
2018 年	75 782	19 515	25.7	21 356	28.2	34 911	46.1
2019 年	75 447	18 652	24.7	21 234	28.2	35 561	47.1
2020 年	75 064	17 715	23.6	21 543	28.7	35 806	47.7

数据来源：根据历年《中国农村统计年鉴》整理计算而得。

由表4-14和表4-15可知，1995—2020年，我国第一产业就业人员占农村就业人员的比重平均为68.26%，1996—2003年，我国第一产业就业人口占农村就业人员的比重由71.02%上升到76.21%。实际上，从1990年到1995年，我国第一产业就业人口数逐年减少，农村就业人员中从事第一产业的人数比重也在逐年下降。那么，为什么1996—2003年，不降反升呢？究其原因主要有两个：一是1997—2002年我国乡镇企业改革，很多从事第二、第三产业的农村人员重新回到农业就业岗位上；二是在我国城镇化改革过程中，部分原来从事第二、第三产业的农村从业人员的个人技能难以与岗位需求匹配，因此，选择回流至传统农业岗位。

由于2005年以后《中国农村统计年鉴》不再统计农村第二、第三产业从业人数，因此，本书结合1990—2005年《中国农村统计年鉴》中关于第二、第三产业从业人员基本情况，对第二、第三产业就业人员趋势进行分析。总体来看，由于市场经济体制改革、新型城镇化、居民受教育水平、科学技术的发展等原因，自2005年开始，农村就业人员中，从事第二、第三产业的就业人数逐年上升，预计今后，我国农村就业人员中从事第一产业的人数逐年减少，从事第二、第三产业的人数逐年增加。

目前，我国大部分农村劳动力出现"乡—城"流动，流动人口中具有一技之长和接受教育程度高的人员占比较大。农村劳动力流动，虽然在短期内可以提高农业边际生产率，但从长期来看，会造成农村地区优质劳动力供给不足。

4.2.1.3　农村人口年龄结构

人口年龄结构可以表明有多少适龄劳动人口。由于劳动力个体差异及劳动异质性，同一工作年龄段的劳动力，其工作效率是不同的，不同年龄段的劳动力，工作效率也不相同。此外，社会保障制度的存在，使得即使不在工作年龄段的人员，也同样需要其他在岗工作人员给予抚养。同时，由于各地区经济发展水平差异，居民收入、消费以及抚养比存在着地区差异。1995—2020年全国农村人口年龄构成和抚养比，见表4-16。

表4-16

1995—2020年全国农村人口年龄构成和抚养比

单位：人、%

年份	全国人口（年末）	各年龄组人口						抚养比		
		0~14岁		15~64岁		65岁及以上		总抚养比	少儿抚养比	老年抚养比
		人口数	比重	人口数	比重	人口数	比重			
1995年	121 121	32 218	26.6	81 393	67.2	7 510	6.2	48.8	39.6	9.2
1996年	122 389	32 311	26.4	82 245	67.2	7 833	6.4	48.8	39.3	9.5
1997年	123 626	32 093	26.0	83 448	67.5	8 085	6.5	48.1	38.5	9.7
1998年	124 761	32 064	25.7	84 338	67.6	8 359	6.7	47.9	38.0	9.9
1999年	125 786	31 950	25.4	85 157	67.7	8 679	6.9	47.7	37.5	10.2
2000年	126 743	29 011	22.9	88 910	70.1	8 821	7.0	42.6	32.6	9.9
2001年	127 627	28 716	22.5	89 849	70.4	9 062	7.1	42.0	32.0	10.1
2002年	128 453	28 774	22.4	90 302	70.3	9 377	7.3	42.2	31.9	10.4
2003年	129 227	28 559	22.1	90 976	70.4	9 692	7.5	42.0	31.4	10.7
2004年	129 988	27 947	21.5	92 184	70.9	9 857	7.6	41.0	30.3	10.7
2005年	130 756	26 504	20.3	94 197	72.0	10 055	7.7	38.8	28.1	10.7
2006年	131 448	25 961	19.8	95 068	72.3	10 419	7.9	38.3	27.3	11.0
2007年	132 129	25 660	19.4	95 833	72.5	10 636	8.1	37.9	26.8	11.1

续表

年份	全国人口（年末）	各年龄组人口						抚养比		
		0~14岁		15~64岁		65岁及以上		总抚养比	少儿抚养比	老年抚养比
		人口数	比重	人口数	比重	人口数	比重			
2008年	132 802	25 166	19.0	96 680	72.7	10 956	8.3	37.4	26.0	11.3
2009年	133 450	24 659	18.5	97 484	73.0	11 307	8.5	36.9	25.3	11.6
2010年	134 091	22 259	16.6	99 938	74.5	11 894	8.9	34.2	22.3	11.9
2011年	134 916	22 261	16.5	100 378	74.4	12 277	9.1	34.4	22.1	12.3
2012年	135 922	22 427	16.5	100 718	74.1	12 777	9.4	34.9	22.2	12.7
2013年	136 726	22 423	16.4	101 041	73.9	13 262	9.7	35.3	22.2	13.1
2014年	137 646	22 712	16.5	101 032	73.4	13 902	10.1	36.2	22.5	13.7
2015年	138 326	22 824	16.5	100 978	73.0	14 524	10.5	37.0	22.6	14.3
2016年	139 232	23 252	16.7	100 943	72.5	15 037	10.8	37.9	22.9	15.0
2017年	140 011	23 522	16.8	100 528	71.8	15 961	11.4	39.3	23.4	15.9
2018年	140 541	23 751	16.9	100 065	71.2	16 724	11.9	40.4	23.7	16.8
2019年	141 008	23 689	16.8	99 552	70.6	17 767	12.6	41.5	23.8	17.8
2020年	141 212	25 277	17.9	96 871	68.6	19 064	13.5	45.9	26.2	19.7

数据来源：根据《中国人口和就业统计年鉴2021》整理计算而得。

由表4-16可知，1995—2020年我国农村抚养比一直呈现上升趋势，其中，少儿抚养比下降，老年抚养比上升。2000—2020年，人口呈现老龄化状态，并且老龄化程度逐年加深。农村这种人口结构，带来农村经济发展缓慢、农业生产转型升级速度放缓、农民增收难等问题。

自1995年开始，农村劳动力中65岁以上的人数逐年上升，呈现老龄化递增趋势。2020年我国各地区农村人口年龄构成和抚养比见表4-17。

按国际标准，社会人群中60岁以上人口占总人口的比例达到10%，或65岁以上人口占比达到7%，即为老龄化社会；65岁以上人口比例达到14%，为深度老龄化社会，达到20%为超级老龄化社会。由表4-17可知，2020年我国各地区农村劳动力人口中，未达到老龄化程度的只有西藏1个自治区，为6.18%；达到超级老龄化程度的有重庆、江苏、辽宁、四川、浙江、山东、安徽等7个省（直辖市），分别为26.07%、24.51%、22%、21.92%、20.90%、20.62%和20.03%；达到深度老龄化程度的有上海、湖北、湖南、吉林、陕西、天津、陕西、内蒙古、河南、河北、黑龙江、福建、北京、甘肃、江西、广西、贵州等17个省（自治区、直辖市），最高的为19.09%，最低的为14.81%；轻度老龄化的有广东、海南、云南、宁夏、青海、新疆等6省（自治区）。在全国31个省、自治区、直辖市中，我国农村老龄化程度最高的是重庆，为26.07%，老龄化程度最低的是新疆，为7.10%。

4.2.1.4 农村人口性别结构

根据华经产业研究院公布的数据显示，2019年中国劳动力总数为78 107.46万人，比2018年减少了234.96万人；男性劳动力参与率为75.27%，比2018年减少了41.60%；女性劳动力参与率为60.45%，比2018年减少了60.4%。

根据劳动经济学原理，影响劳动力参与率的因素主要有教育事业发展状况、社会保障制度的完善程度、性别、宏观经济状况和人口的年龄结构。劳动者作为理性的经济人，在决策时，充分权衡劳动力供给的利弊，

表4-17　2020年各地区农村人口年龄构成和抚养比

单位：人、%

地区	人口数	0~14岁	15~64岁	65岁及以上	总抚养比	少儿抚养比	老年抚养比	老龄化程度
全国	509 787 562	98 225 957	321 208 729	90 352 876	58.71	30.58	28.13	17.72
北京	2 726 662	285 233	2 017 889	423 540	35.12	14.14	20.99	15.53
天津	2 121 569	320 863	1 419 716	380 990	49.44	22.60	26.84	17.96
河北	29 793 749	6 244 459	18 383 006	5 166 284	62.07	33.97	28.10	17.34
山西	13 084 122	1 844 754	8 887 694	2 351 674	47.22	20.76	26.46	17.97
内蒙古	7 821 680	900 271	5 544 380	1 377 029	41.07	16.24	24.84	17.61
辽宁	11 865 431	1 188 255	8 066 188	2 610 988	47.10	14.73	32.37	22.00
吉林	8 994 439	979 497	6 370 655	1 644 287	41.19	15.38	25.81	18.28
黑龙江	10 952 394	1 082 457	7 985 974	1 883 963	37.15	13.55	23.59	17.20
上海	2 661 515	149 710	2 003 724	508 081	32.83	7.47	25.36	19.09
江苏	22 505 633	3 144 675	13 844 131	5 516 827	62.56	22.71	39.85	24.51
浙江	17 969 123	2 153 034	12 060 599	3 755 490	48.99	17.85	31.14	20.90
安徽	25 432 068	5 120 275	15 216 826	5 094 967	67.13	33.65	33.48	20.03
福建	12 982 839	2 451 496	8 460 195	2 071 148	53.46	28.98	24.48	15.95
江西	17 878 024	4 124 033	11 013 359	2 740 632	62.33	37.45	24.88	15.33
山东	37 513 199	6 689 359	23 087 634	7 736 206	62.48	28.97	33.51	20.62

续表

地 区	人口数	0~14 岁	15~64 岁	65 岁及以上	总抚养比	少儿抚养比	老年抚养比	老龄化程度
河 南	44 286 965	11 260 653	25 331 552	7 694 760	74.83	44.45	30.38	17.37
湖 北	21 432 183	3 575 608	13 770 695	4 085 880	55.64	25.97	29.67	19.06
湖 南	27 398 688	5 599 121	16 632 550	5 167 017	64.73	33.66	31.07	18.86
广 东	32 576 438	7 586 812	20 752 243	4 237 383	56.98	36.56	20.42	13.01
广 西	22 955 848	5 860 400	13 604 999	3 490 449	68.73	43.08	25.66	15.21
海 南	4 005 251	821 304	2 683 953	499 994	49.23	30.60	18.63	12.48
重 庆	9 790 131	1 510 665	5 727 507	2 551 959	70.93	26.38	44.56	26.07
四 川	36 208 954	5 998 795	22 271 621	7 938 538	62.58	26.93	35.64	21.92
贵 州	18 066 202	4 572 682	10 818 185	2 675 335	67.00	42.27	24.73	14.81
云 南	23 580 713	5 029 698	15 699 220	2 851 795	50.20	32.04	18.17	12.09
西 藏	2 344 657	669 086	1 530 697	144 874	53.18	43.71	9.46	6.18
陕 西	14 759 269	2 456 788	9 699 191	2 603 290	52.17	25.33	26.84	17.64
甘 肃	11 952 499	2 332 937	7 783 060	1 836 502	53.57	29.97	23.60	15.37
青 海	2 364 594	582 592	1 569 293	212 709	50.68	37.12	13.55	9.00
宁 夏	2 524 000	540 525	1 680 894	302 581	50.16	32.16	18.00	11.99
新 疆	11 238 723	3 149 920	7 291 099	797 704	54.14	43.20	10.94	7.10

数据来源：《中国农村统计年鉴 2021》。

追求效益最大化。从家庭劳动力供给来看，家庭劳动力供给效益最大化是家庭劳动力供给的重要影响因素。一般来讲，农村男性劳动力在劳动力市场中占据主导和主体地位，因此，农村女性大多数会选择从事一些相对简单或轻松的家务劳动。2020年全国农村分年龄、性别的人口数见表4-18。

表4-18　　　　2020年全国农村分年龄、性别的人口数　　　　单位：人、%

年　龄	人口数			占总人口比重			性别比
	合　计	男	女	合　计	男	女	（女=100）
总计	509 787 562	264 595 042	245 192 520	100.00	51.90	48.10	107.91
0～4	28 023 211	14 736 837	13 286 374	5.50	2.89	2.61	110.92
5～9	34 705 291	18 404 830	16 300 461	6.81	3.61	3.20	112.91
10～14	35 497 455	18 976 267	16 521 188	6.96	3.72	3.24	114.86
15～19	19 510 791	10 886 982	8 623 809	3.83	2.14	1.69	126.24
20～24	21 498 336	11 861 651	9 636 685	4.22	2.33	1.89	123.09
25～29	27 351 490	14 968 243	12 383 247	5.37	2.94	2.43	120.87
30～34	35 141 956	18 933 754	16 208 202	6.89	3.71	3.18	116.82
35～39	27 805 019	14 918 538	12 886 481	5.45	2.93	2.53	115.77
40～44	28 532 469	15 046 746	13 485 723	5.60	2.95	2.65	111.58
45～49	40 381 055	20 813 054	19 568 001	7.92	4.08	3.84	106.36
50～54	48 580 819	24 646 626	23 934 193	9.53	4.83	4.69	102.98
55～59	41 403 376	20 950 572	20 452 804	8.12	4.11	4.01	102.43
60～64	31 003 418	15 924 093	15 079 325	6.08	3.12	2.96	105.60
65～69	34 278 062	17 198 776	17 079 286	6.72	3.37	3.35	100.70
70～74	24 095 543	11 949 728	12 145 815	4.73	2.34	2.38	98.39
75～79	15 307 799	7 362 435	7 945 364	3.00	1.44	1.56	92.66
80～84	9 527 299	4 315 466	5 211 833	1.87	0.85	1.02	82.80
85～89	5 027 616	1 992 630	3 034 986	0.99	0.39	0.60	65.66
90～94	1 685 053	580 439	1 104 614	0.33	0.11	0.22	52.55
95～99	375 944	112 711	263 233	0.07	0.02	0.05	42.82
100岁及以上	55 560	14 664	40 896	0.01	0.00	0.01	35.86

数据来源：《中国人口和就业统计年鉴2021》。

由表4-18可知，2020年我国农村人口中，15～64周岁的人口总数为321 208 729人，其中：男性人口168 950 259人，占52.60%，女性人口152 258 470人，占47.40%。相较于之前，女性从事劳动的比重逐年上升，女性在第一产业中占比增加，说明农村男性主要从事非农业生产的人数增加，农村女性主要从事农业生产。

4.2.2 农村居民受教育水平分析

4.2.2.1 农村居民家庭户主文化程度

根据我国传统文化，农村居民家庭户主一般为男性。随着时间的更迭和社会文化的渗透，女性也逐渐成为家庭户主，但为数不多。农村户口本上户主的作用有很多，在处理村中事务时一家的户主有更多话语权。为了了解农村人力资本情况，我们有必要了解一下农村居民家庭户主的文化程度（见表4-19）。

表4-19　　　　2013—2020年农村居民家庭户主文化程度　　　　单位：%

受教育程度	2013年	2014年	2015年	2016年	2017年	2018年	2019年	2020年
文盲半文盲	4.7	4.4	3.8	3.3	3.2	3.9	3.6	3.4
小学	32.3	31.8	30.7	29.9	29.8	32.8	32.5	32.3
初中	51	51.5	53.1	54.6	54.7	50.3	50.8	51.3
高中	10.7	10.9	11.1	10.7	10.8	11.1	11.2	11.2
大学专科	1.2	1.2	1.2	1.2	1.3	1.6	1.7	1.6
大学本科及以上	0.2	0.2	0.2	0.2	0.2	0.3	0.3	0.2

数据来源：《中国农村统计年鉴2021》。

由表4-19可知，2013—2020年在农村居民家庭户主文化程度中，初中占比最高，接下来依次是小学、高中、文盲半文盲、大学专科、大学本科及以上。其中，小学和初中占比总和达80%之多。这说明，农村从业人员中，学历水平普遍偏低，高中及以上人才极度缺乏。从农村居民家庭户主文化程度变化趋势看，文盲半文盲占比逐年降低，大学专科占比稳中有升。但是，总体来看，农村居民家庭户主文化程度总体不高。因此，在农村经济发展、农业转型升级过程中，需要大力提高高中以上文化程度户主的比例。

4.2.2.2 农村居民文化程度

根据柯布-道格拉斯生产函数 $Y=A_{(t)}L^\alpha K^\beta \mu$（设 $\mu=1$），劳动力边际生产力表示在资产不变时增加单位劳动力所增加的产值。劳动作为生产要素之一，在技术要素的驱动加速和管理要素的协调中，由资本要素并入生产过程参与生产，要素所有者按照贡献进行分配获取经济报酬。通过在新技术、新工艺方面运用核心技能，技能人才与物质资本相结合能够为企业生产、技术、服务及管理提供经济价值创造源泉。农村经济发展尤其是农业的弱质性对于农村人力资本的需求较为强烈。根据历年《中国人口和就业统计年鉴》，按劳动力受教育年限计算，得出全国各地农村平均受教育年限、男性平均受教育年限和女性平均受教育年限。在此要作出说明的是，本书使用农村劳动力教育水平来衡量农村人力资本水平，按照"文盲半文盲、小学、初中、高中、大专及以上学历"的人均受教育年限为"1、6、9、12、16"来测度，具体计算6岁及6岁以上相应文化程度人口平均受教育年限（见表4-20）。

由表4-20可知，2006年、2016年、2018年和2020年的全国农村平均受教育年限呈现逐年递增的趋势，全国农村平均受教育年限较为靠前的几个地区分别是北京、上海、山西、天津、黑龙江、吉林、辽宁等，平均达到8~9年，最低的地区为西藏，平均为小学尚未毕业；全国各地区农村男性平均受教育年限高于农村女性平均受教育年限，平均高出1年左右。但是，令人遗憾的是，全国各地区的农村平均受教育年限基本保持在初中毕业及以下。如果按照柯布-道格拉斯生产函数、现代人力资本理论来看，这种状态的平均受教育年限极有可能抑制农业转型升级、农业新技术运用以及农民增收。

表4-20

2006—2020年全国各地区农村分性别、受教育程度分析

单位：年

地区	平均受教育年限				男性平均受教育年限				女性平均受教育年限			
	2006年	2016年	2018年	2020年	2006年	2016年	2018年	2020年	2006年	2016年	2018年	2020年
全 国	6.65	7.21	7.35	7.50	7.09	7.53	7.69	7.84	6.20	6.87	7.00	7.12
北 京	8.13	9.00	9.06	9.45	8.34	9.18	9.10	9.63	7.90	8.81	9.04	9.23
天 津	7.36	7.97	8.33	8.19	7.71	8.22	8.59	8.44	6.98	7.73	8.04	7.91
河 北	7.14	7.32	7.52	7.67	7.49	7.59	7.82	7.88	6.79	7.03	7.21	7.44
山 西	7.38	8.11	8.16	8.37	7.66	8.33	8.39	8.63	7.09	7.87	7.92	8.08
内蒙古	6.85	7.51	7.55	7.74	7.31	7.76	7.88	8.17	6.36	7.25	7.22	7.26
辽 宁	7.25	7.75	8.03	8.01	7.50	7.98	8.03	8.18	6.99	7.50	8.03	7.84
吉 林	7.02	7.62	7.60	8.07	7.28	7.76	7.83	8.24	6.75	7.48	7.35	7.90
黑龙江	7.12	7.47	7.76	8.10	7.39	7.67	7.94	8.26	6.84	7.25	7.58	7.92
上 海	7.48	8.34	8.42	8.73	8.09	8.85	8.82	9.13	6.89	7.79	7.90	8.21
江 苏	6.90	7.65	7.70	7.89	7.45	8.13	8.26	8.38	6.38	7.16	7.15	7.38
浙 江	6.57	7.35	7.63	7.75	7.10	7.80	8.05	8.14	6.02	6.88	7.18	7.32
安 徽	6.26	6.98	7.02	7.27	6.84	7.39	7.42	7.75	5.65	6.56	6.59	6.74
福 建	6.52	6.75	7.02	7.39	7.19	7.21	7.56	7.86	5.83	6.28	6.44	6.86
江 西	6.30	7.13	7.41	7.52	6.76	7.47	7.76	7.93	5.81	6.76	7.02	7.08
山 东	6.94	7.34	7.22	7.43	7.50	7.76	7.73	7.84	6.38	6.90	6.71	7.01

续表

地区	平均受教育年限				男性平均受教育年限				女性平均受教育年限			
	2006年	2016年	2018年	2020年	2006年	2016年	2018年	2020年	2006年	2016年	2018年	2020年
河 南	6.98	7.20	7.46	7.45	7.26	7.39	7.69	7.72	6.70	7.00	7.24	7.18
湖 北	6.81	7.24	7.45	7.68	7.34	7.68	7.85	8.11	6.26	6.78	7.02	7.21
湖 南	6.92	7.64	7.61	7.76	7.24	7.84	7.86	8.03	6.57	7.44	7.34	7.46
广 东	7.01	7.44	7.61	7.69	7.49	7.78	7.97	8.00	6.49	7.06	7.20	7.34
广 西	6.72	7.11	7.36	7.21	7.10	7.40	7.62	7.52	6.31	6.80	7.07	6.87
海 南	6.79	7.48	8.29	8.03	7.34	7.82	8.03	8.39	6.17	7.07	8.53	7.61
重 庆	6.37	7.13	7.02	7.44	6.73	7.45	7.29	7.72	5.99	6.79	6.73	7.13
四 川	6.09	6.77	6.77	7.15	6.48	7.12	7.19	7.50	5.69	6.42	6.34	6.78
贵 州	5.65	6.26	6.49	6.52	6.26	6.68	6.97	7.03	4.99	5.79	5.94	5.98
云 南	5.56	6.45	6.78	6.78	6.03	6.79	7.07	7.12	5.03	6.09	6.47	6.40
西 藏	4.06	4.38	4.76	5.05	4.58	4.75	5.18	5.50	3.53	3.99	4.33	4.56
陕 西	6.97	7.59	7.76	7.80	7.38	7.86	8.08	8.16	6.55	7.32	7.43	7.42
甘 肃	5.75	6.76	6.76	6.79	6.45	7.23	7.28	7.34	5.03	6.28	6.20	6.19
青 海	5.24	5.97	6.23	6.17	5.84	6.43	6.62	6.61	4.63	5.50	5.80	5.69
宁 夏	5.90	6.87	6.69	7.06	6.46	7.30	7.14	7.53	5.31	6.40	6.20	6.54
新 疆	6.84	6.92	7.13	7.52	6.99	6.99	7.19	7.64	6.69	6.85	7.08	7.38

数据来源：根据历年《中国人口和就业统计年鉴》数据整理而得。

4.2.3 农村劳动力的区域差异

通过对农村人口数量、农村从业人员的产业分布、农村人口性别结构、农村人口年龄结构、农村人口平均受教育年限等人力资本方面的分析，不难看出不同区域人力资本配置存在不均衡现象，主要包括农村就业人员的数量差异、农村劳动力性别结构差异、农村劳动力年龄结构差异和农村劳动力受教育年限差异等4个方面。正是这种农村劳动力的区域差异也就是区域人力资本配置非均衡导致了我国各区域经济增长差距扩大。

为了进行区域人力资本配置差异比较，本书将区域划分为东部地区、中部地区、西部地区和东北地区等4个区域。其中，东部地区是指北京、天津、河北、上海、江苏、浙江、福建、山东、广东和海南等10个省（直辖市）；中部地区是指山西、安徽、江西、河南、湖北和湖南等6个省；西部地区是指内蒙古、广西、重庆、四川、贵州、云南、西藏、陕西、甘肃、青海、宁夏和新疆等12个省（自治区、直辖市）；东北地区是指辽宁、吉林和黑龙江等3个省。

4.2.3.1 农村就业人员数量的差异

由于各地区城乡就业人员数据只有《中国人口和就业统计年鉴2021》有过统计，其他年份没有分地区统计，因此，此处只分析2020年农村就业人员分地区数量差异（见表4-21）。

表4-21　　　　　　　　　**分地区就业人员比例**　　　　　　　单位：%

地区	按城乡划分		按三次产业划分		
	城镇	农村	第一产业	第二产业	第三产业
全　国	61.64	38.36	23.60	28.70	47.70
东部地区	70.97	29.03	13.46	33.86	52.69
中部地区	57.65	42.35	24.40	25.20	50.40
西部地区	63.12	36.88	35.67	16.99	47.34
东北地区	63.08	36.92	33.05	18.53	48.42

数据来源：《中国人口和就业统计年鉴2021》。

由表4-21可知，从农村就业人员数量上看，2020年年底全国农村就业人员为38.36%；按三次产业划分，第一产业就业人员为23.60%。从各地区看，我国东部地区、中部地区、西部地区和东北地区的农村就业人员占比分别为29.03%、42.35%、36.88%和36.92%，可见，中部地区农村就业人员占比较高，这几个省份大多数为我国农业大省，其次是西部地区、东北地区；按三次产业划分，我国东部地区、中部地区、西部地区和东北地区的第一产业就业人数占比分别为13.46%、24.40%、35.67%和33.05%，可见，西部地区的几个省份的第一产业就业人员占比较高，这同西部地区经济发达程度有关，其次是东北地区、中部地区。

4.2.3.2 农村劳动力受教育年限差异

区域劳动力受教育年限差异，表现为区域人力资本配置不同（见表4-22）。

表4-22 **分地区农村劳动力平均受教育年限** 单位：年

地区	平均受教育年限				男性平均受教育年限				女性平均受教育年限			
	2006年	2016年	2018年	2020年	2006年	2016年	2018年	2020年	2006年	2016年	2018年	2020年
全国	6.65	7.21	7.35	7.50	7.09	7.53	7.69	7.84	6.20	6.87	7.00	7.12
东部地区	7.08	7.66	7.88	8.02	7.57	8.03	8.19	8.37	6.58	7.27	7.54	7.63
中部地区	6.78	7.38	7.52	7.68	7.18	7.68	7.83	8.03	6.35	7.07	7.19	7.29
西部地区	6.00	6.64	6.78	6.94	6.47	6.98	7.13	7.32	5.51	6.29	6.40	6.52
东北地区	7.13	7.61	7.80	8.06	7.39	7.80	7.93	8.23	6.86	7.41	7.65	7.89

数据来源：根据历年《中国人口和就业统计年鉴》整理计算而得。

由表4-22可知，总体来看，我国农村劳动力平均受教育年限、男性平均受教育年限、女性平均受教育年限最高的为东北地区，最低的为西部地区。东北地区农村平均受教育年限虽然最高，但是东北地区的经济增长低于东部地区。因此，需要重点分析农村人力资本的构成，也就是说，技能型人力资本和企业家型人力资本的规模和结构，在农村经济发展和农业转型升级中的作用不容忽视。

本书拟对农村地区GDP进行人力资本比较，但是没有相关数据，就目前已有数据进行推算出来的结果不一定合适，因此，本书运用各地区第一产业增加值这一数据进行比较，将其结果称为农村人均第一产业增加值，表达农村人口平均为第一产业增加值所做的贡献度。在进行比较时，运用第一产业增加值与农村人口数进行粗略比较，其有两个假设前提：一是假设农村人口全部从事第一产业；二是假设从事第一产业的均为农村人口。

表4-23　　　　　　分地区农村人均第一产业增加值贡献度　　　　　　单位：元

地区	2016年	2017年	2018年	2019年	2020年
东部地区	11 657.86	37 067.44	12 042.95	12 974.12	14 131.94
中部地区	9 502.86	26 946.23	9 616.16	10 877.53	13 190.46
西部地区	13 740.29	44 258.72	14 285.40	15 787.47	18 440.73
东北地区	10 988.55	34 765.48	11 175.74	12 635.96	14 912.61

数据来源：根据历年《中国人口和就业统计年鉴》《中国统计年鉴》整理计算而得。

由表4-23可知，人均第一产业增加值贡献度最高的为西部地区，其次为东北地区，然后为东部地区和中部地区。这表明西部地区农村人口对第一产业增加值的贡献度最高，其主要原因是西部地区的农业经济相对发达，西部地区的农村人口积极从事第一产业。由于该结论运用了严格的假设条件进行计算得出，因此，在说明问题的时候只能起到辅助的参考作用。

4.2.4　农村人力资本配置的现状及趋势小结

综上所述，本书此处得出3个结论。第一，我国农村人口数量在逐年减少，农村就业人员以女性劳动力为主，从事第一产业的人员也是以女性劳动力为主;第二,农村户主的平均受教育年限不高,大多数为初中或以下毕业,农村女性受教育年限平均低于男性;第三,我国城乡居民的区域人力资本差距较为明显。这些结论表明我国农村人力资本质量亟须提高,只有高层次农村人力资本积累越来越丰富,才能促进我国农村经济得到可持续发展。因此,当前我国需要从供需两侧同时发力,包括加快推动要素市场化配置改革、扩大中等收入群体、保障和改善民生等。这都是从"物"的视角来为"人"的发展创造条件。而人的发展最终离不开我们经常谈到的消费。经济意义上的消费,是促进国内大循环的重要抓手,能有效拉动经济增长;而社会意义上的消费,是人的发展过程,是人的素质能力提升过程,也是人力投资和人力资本积累的过程。

4.3 农村人力资本的发展环境

4.3.1 农业生产条件

4.3.1.1 主要农业机械年末拥有量及增长情况

农业机械化,是指运用先进适用的农业机械装备,改善农业生产经营条件,不断提高农业的生产技术水平和经济效益、生态效益的过程。在农业各部门中最大限度地使用各种机械代替手工工具进行生产,如在种植业中,使用拖拉机、播种机、收割机、动力排灌机、机动车辆等进行土地翻耕、播种、收割、灌溉、田间管理、运输等各项作业,使全部生产过程主要依靠机械动力和电力,而不是依靠人力、畜力来完成。实现农业机械化,可以节省劳动力,减轻劳动强度,提高农业劳动生产率,增强克服自然灾害的能力。2000—2020年我国主要农业机械年末拥有量见表4-24。

由表4-24可知,我国2000—2020年农用机械总动力由5 257.4亿瓦上升到105 622.1亿瓦。其中,2000—2012年每年都以5%左右的速度增

表4-24　　　　　2000—2020年我国主要农业机械年末拥有量

年份	农用机械总动力（亿瓦）	比去年增长（%）	大中型拖拉机（台）	小型拖拉机（万台）	大中型拖拉机配套农具（万部）	联合收割机（台）
2000年	5 257.4	—	974 547	1 264.4	140.0	262 578
2001年	5 517.2	4.94	829 900	1 305.1	146.9	282 871
2002年	5 793.0	5.00	911 670	1 339.4	157.9	310 147
2003年	6 038.7	4.24	980 560	1 377.7	169.8	365 041
2004年	6 402.8	6.03	1 118 636	1 454.9	188.7	410 520
2005年	6 839.8	6.83	1 395 981	1 526.9	226.2	480 378
2006年	7 252.2	6.03	1 718 247	1 567.9	261.5	565 578
2007年	7 659.0	5.61	2 062 731	1 619.1	308.3	633 784
2008年	8 219.0	7.31	2 995 214	1 722.4	435.4	743 474
2009年	8 749.6	6.46	3 515 757	1 750.8	542.1	858 372
2010年	9 278.0	6.04	3 921 723	1 785.8	612.9	992 062
2011年	9 773.5	5.34	4 406 471	1 811.3	699.0	1 113 708
2012年	10 255.9	4.94	4 852 400	1 797.2	763.5	1 278 821
2013年	10 390.7	1.31	5 270 200	1 752.3	826.6	1 421 000
2014年	10 805.7	3.99	5 679 500	1 729.8	889.6	1 584 600
2015年	11 172.8	3.40	6 072 900	1 703.0	962.0	1 739 000
2016年	97 245.60	7.70	6 454 000	1 671.60	1 028.10	1 902 000
2017年	98 783.30	0.02	6 701 000	1 634.20	1 070.00	1 985 000
2018年	100 371.70	0.02	4 220 000	1 818.30	422.60	2 059 000
2019年	102 758.30	0.02	4 439 000	1 780.40	436.50	2 128 000
2020年	105 622.10	0.03	4 773 000	1 727.60	459.40	2 195 000

数据来源：根据历年《中国农村统计年鉴》整理计算而得。

长，2013年相较于2012年，上升的速度变得非常缓慢，直到2015年农用机械总动力增长到11 172.8亿瓦，2016年农用机械总动力比2015年增长了 7.70 个百分点，之后呈现明显下降趋势。2000—2017 年，我国大中小型拖拉机配套农具和联合收割机整体上保持着增长的趋势，2017 年大中型拖拉机为 6 701 000 台，2018 年突然下降到 4 220 000 台，同时，大中型拖拉机配套农具也由 2017 年的 1 070 万部下降到 2018 年的 422.60 万部，小型拖拉机由 2017 年的 1 634.20 万台上升到 2018 年的 1 818.30 万台。究其原因，我国在 2018 年调整了大中型拖拉机和小型拖拉机的划分标准，小型拖拉机的功率由 14.7 千瓦以下提高到 22.1 千瓦以下，这样，小型拖拉机的数量就出现了明显增加，而大中型拖拉机数量大幅度减少。通过对 2017 年小型拖拉机、大中型拖拉机以及联合收割机的数量对比发现，2017 年分别为 1 634.20 万台、6 701 000 台和 1 985 000 台，小型拖拉机的数量是大中型拖拉机数量和联合收割机数量的 2.44 倍、8.23 倍。2000 年小型拖拉机的数量分别是大中型拖拉机数量和联合收割机数量的 12.97 倍、48.15 倍。2020 年小型拖拉机、大中型拖拉机以及联合收割机的数量分别为 1 727.6 万台、4 773 000 台和 2 195 000 台。可见，从 2018 年至 2020 年，我国小型拖拉机、大中型拖拉机以及联合收割机的数量在缓慢上升。综上所述，虽然我国一直以小型拖拉机等小型农机具为主进行农业生产，大中型农机具占比较低，但大中型农机具增速快于小型农机具，意味着我国农业生产正在向着集约化和规模化发展。

农业现代化主要依靠新的现代农业生产要素的投入，从要素供给的角度看，由国家投资的科研部门是农业生产要素的供给者，新型农机具的推广使用在农村经济发展中扮演重要角色。从新型农机具的需求者来看，主要是从事农业生产的劳动力，如果没有大量地向农民进行教育投资，农民很难掌握现代化的农机具使用。因此，我们可以得出这样的结论，农村人力资本的科技文化素质是新型农机具推广使用的重要动力，人力资本积累是现代农业经济增长的源泉。

4.3.1.2 农用化肥、农膜、柴油和农药使用量

绿色农业发展是兼顾经济、生态、社会效益的发展，同"十三五"时期坚持走农业现代化绿色发展道路以及"十四五"期间实现农业农村

现代化发展相契合，也是实现城乡一体化发展的重要任务。随着现代农业规模化、集约化发展，机械、化肥、农药等多种投入受到广泛关注。1990—2020年我国化肥施用量、农用塑料薄膜使用量、农用柴油使用量和农药使用量情况见表4-25。

表4-25　1990—2020年我国化肥施用量、农用塑料薄膜使用量、
农用柴油使用量和农药使用量情况

年份	化肥施用量（折纯量）		农用塑料薄膜使用量		农用柴油使用量		农药使用量	
	增长量（万吨）	同比增长（%）	增长量（万吨）	同比增长（%）	增长量（万吨）	同比增长（%）	增长量（万吨）	同比增长（%）
1990年	2 590.3	—	48.2	—		—	733.0	—
1995年	3 593.7	—	91.5	—	1 087.8	—	108.7	—
2000年	4 146.4		133.5	—	1 405.0	—	128.0	—
2001年	4 253.8	2.59	144.93	8.56	1 485.3	5.72	127.5	-0.39
2002年	4 339.4	2.01	153.08	5.62	1 507.5	1.49	131.1	2.82
2003年	4 411.6	1.66	159.17	3.98	1 574.6	4.45	132.5	1.07
2004年	4 636.6	5.10	168.0	5.55	1 819.5	15.55	138.6	4.60
2005年	4 766.2	2.80	176.23	4.90	1 902.7	4.57	146.0	5.34
2006年	4 927.7	3.39	184.55	4.72	1 922.8	1.06	153.7	5.27
2007年	5 107.8	3.65	193.75	4.99	2 020.8	5.10	162.3	5.60
2008年	5 239.0	2.57	200.7	3.59	1 887.9	-6.58	167.2	3.02
2009年	5 404.4	3.16	208.0	3.64	1 959.9	3.81	170.9	2.21
2010年	5 561.7	2.91	217.3	4.47	2 023.1	3.22	175.8	2.87
2011年	5 704.2	2.56	229.5	5.61	2 057.4	1.70	178.7	1.65
2012年	5 838.8	2.36	238.3	3.83	2 107.6	2.44	180.6	1.06
2013年	5 911.9	1.25	249.3	4.62	2 154.9	2.24	180.2	-0.22
2014年	5 996.4	1.43	258.0	3.49	2 176.3	0.99	180.7	0.28
2015年	6 022.6	0.44	260.4	0.93	2 197.7	0.98	178.3	-1.33
2016年	5 984.4	-0.63	2 603.0	899.62	2 117.1	-3.67	174.0	-2.41
2017年	5 859.4	-2.09	252.8	-90.29	2 095.1	-1.04	165.5	-4.89

续表

年份	化肥施用量（折纯量）		农用塑料薄膜使用量		农用柴油使用量		农药使用量	
	增长量（万吨）	同比增长（%）	增长量（万吨）	同比增长（%）	增长量（万吨）	同比增长（%）	增长量（万吨）	同比增长（%）
2018 年	5 653.4	-3.52	246.7	-2.41	2 003.4	-4.38	150.4	-9.12
2019 年	5 403.6	-4.42	240.8	-2.39	1 934.0	-3.46	139.2	-7.45
2020 年	5 250.7	-2.83	238.9	-0.79	1 848.2	-4.44	131.3	-5.68

数据来源：根据历年《中国农村统计年鉴》整理计算而得。

由表 4-25 可知，2001—2015 年化肥施用量增长量由 2001 年的 4 253.8 万吨增长到 2015 年的 6 022.6 万吨，一直保持着增长的态势，增长了 1 768.8 万吨，增长率由 2.59% 增长到 0.44%；从 2016 年开始，化肥施用量增长量由 2016 年的 5 984.4 万吨到 2020 年的 5 250.7 万吨，呈现逐年下降的趋势，下降了 733.7 万吨，增长率由 -0.63% 下降到 2020 年的 -2.83%。再来看下农药使用量。2011—2014 年农药使用量增长量由 178.7 万吨增长到 2014 年 180.7 万吨；2015—2020 年农药使用量增长量从 2015 年 178.3 万吨下降到 2020 年 131.3 万吨，下降了 47 万吨，增长率由 -1.33% 下滑到 -5.68%，2000—2020 年我国化肥施用量和农药使用量的趋势均呈现先上升后下降趋势，主要原因是 2015 年我国出台了控制化肥用量的相关政策措施，要求转变施肥方法，提高化肥利用率，降低化肥施用量，保障我国农村健康发展和农业绿色安全。2020 年中央一号文件再次指出，要"深入开展农药化肥减量行动"，"推进农用地土壤污染管控"，解决化肥过量施用带来的农产品价格上升和环境污染等负面影响。

4.3.2 国家财政用于农林水各项支出

国家财政支出和地方政府投资支出可以解决市场负外部性、帕累托效率缺失等市场失灵问题。国家财政农林水支出增加可以提高地方农业机械化水平、农业劳动力技术水平，从而有效消除传统农业造成的污染。2008—2020 年国家财政用于农林水各项支出见表 4-26。

表4-26

2008—2020年国家财政用于农林水各项支出

单位：亿元，%

时间	农业	同比增长	林业	同比增长	水利	同比增长	南水北调	同比增长	扶贫	同比增长	农业综合开发	同比增长	农村综合改革	同比增长
2008年	2 278.9	—	424.0	—	1 122.7	—	—	—	320.4	—	251.6	—	—	—
2009年	3 826.9	67.93	532.1	25.50	1 519.6	35.35	—	—	374.8	16.98	286.8	13.99	—	—
2010年	3 949.4	3.20	667.3	25.41	1 856.5	22.17	78.4	—	423.5	12.99	337.8	17.78	607.9	—
2011年	4 291.2	8.65	876.5	31.35	2 602.8	40.20	68.9	-12.12	545.3	28.76	386.5	14.42	887.6	46.01
2012年	5 077.4	18.32	1 019.2	16.28	3 271.2	25.68	45.9	-33.38	690.8	26.68	462.5	19.66	987.3	11.23
2013年	5 561.6	9.54	1 204.3	18.16	3 338.9	2.07	95.6	108.28	841.0	21.74	521.1	12.67	1 148.0	16.28
2014年	5 816.6	4.59	1 348.8	12.00	3 478.7	4.19	69.6	-27.20	949.0	12.84	560.7	7.60	1 265.7	10.25
2015年	6 436.2	10.65	1 613.4	19.62	4 807.9	38.21	81.8	17.53	1 227.2	29.32	600.1	7.03	1 418.8	12.10
2016年	6 458.6	0.35	1 696.6	5.16	4 433.7	-7.78	65.7	-19.68	2 285.9	86.27	616.6	2.75	1 508.8	6.34
2017年	6 194.6	-4.09	1 724.9	1.67	4 424.8	-0.20	116.2	76.86	3 249.6	42.16	571.2	-7.36	1 486.9	-1.45
2018年	6 156.1	-0.62	1 931.3	11.97	4 523.0	2.22	130.5	12.31	4 863.8	49.67	575.6	0.77	1 530.3	2.92
2019年	6 554.7	6.47	2 007.7	3.96	4 584.4	1.36	88.6	-32.11	5 561.5	14.34	288.8	-49.83	1 644.3	7.45
2020年	7 514.4	14.64	2 035.1	1.36	4 543.2	-0.90	—	—	5 621.6	1.08	—	—	1 822.4	10.83

注：①各年数据为财政决算数。②2020年起农业支出中。③2019年起林业支出中未单独列示农业综合开发支出。④2020年起南水北调支出包含在水利支出中。⑤2020年起财政用于农林水支出中包含林业和草原支出。

数据来源：根据《中国农村统计年鉴2021》整理计算而得。

由表4-26可知，2008—2020年国家对于农林水各项财政支出扶持力度较大。在各项农林水财政支出中，用于扶贫的财政支出持续增长，从2008年的320.4亿元增长到2020年的5 621.6亿元，可见，我国对于农村扶贫支出的决心和毅力。农业支出在整个农林水财政支出中所占比重最大，由2008年2 278.9亿元上升到2020年7 514.4亿元；水利财政支出对于农业发展具有重要意义，由2008年1 122.7亿元上升到2020年4 543.2亿元；林业财政支出由2008年424亿元，增长到2020年2 035.1亿元；此外，农村综合改革财政支出的绝对量也较大，2010年为607.9亿元，2020年为1 822.4亿元。

过去几年，我国经济增速、需求结构、产业结构、生产要素结构与经济增长动力的变化，大体上符合成功追赶型经济体相似发展阶段的规律。官方数据显示，2021年我国GDP总量达到114.9万亿元，按年平均汇率计算达到17.8万亿美元，实际GDP同比增长8.4%；名义增长率达到12.8%。名义增长率和实际增长率在主要经济体中均属较高水平，且GDP增量居世界首位，与印度GDP规模相当。但是，这种高增长背后的城乡居民收入差距的不平衡性极大地影响了共同富裕的实现。国家通过加大对农村基础设施和农业科技等方面的投入，期望进一步改善农村居民的工资性收入和家庭经营性收入。国家财政投入不仅构成农业投入的主要来源，而且对一些农业基础设施建设来说甚至是唯一来源。因此，要认真分析国家财政对农林水的财政支出绩效，切实调整农业财政政策，以便留住更多的农村从业者。

4.3.3　农村教育与卫生

4.3.3.1　农村教育情况

1995—2020年我国农村教育情况见表4-27。由表4-27可知，1995—2020年在我国农村教育中，小学、初中和高中总数占国家相应学校总数的比重不断发生变化。2008年，我国普通小学、初中和普通高中分别占国家相应学校总数84.08%、54.33%和11.59%；2010年，分别为81.97%、52.22%和10.16%。

表4-27　1995—2020年我国农村教育情况

单位：所

时间	普通高中学校数量			初中学校数量			普通小学学校数量		
	农村地区总数	全国总数	占国家总数百分比	农村地区总数	全国总数	占国家总数百分比	农村地区总数	全国总数	占国家总数百分比
1995年	3 112	—	—	45 626	—	—	—	559 000	—
2000年	2 629	14 600	18.01	39 313	—	—	—	440 000	—
2008年	1 762	15 206	11.59	31 458	57 900	54.33	253 000	300 900	84.08
2009年	1 618	14 607	11.08	30 178	56 300	53.60	234 000	280 200	83.51
2010年	1 428	14 058	10.16	28 670	54 900	52.22	211 000	257 400	81.97
2011年	848	13 688	6.20	20 997	54 100	38.81	169 000	241 200	70.07
2012年	718	13 509	5.31	19 408	53 200	36.48	155 000	228 600	67.80
2013年	708	13 400	5.28	18 485	52 800	35.01	140 000	213 500	65.57
2014年	667	13 300	5.02	17 707	52 600	33.66	129 000	201 400	64.05
2015年	668	13 200	5.06	16 991	52 400	32.43	118 000	190 500	61.94

续表

时间	普通高中学校数量			初中学校数量			普通小学学校数量		
	农村地区总数	全国总数	占国家总数百分比	农村地区总数	全国总数	占国家总数百分比	农村地区总数	全国总数	占国家总数百分比
2016年	652	13 400	4.87	16 171	52 100	31.04	106 000	177 600	59.68
2017年	675	13 555	4.98	15 288	51 894	29.46	96 000	167 000	57.49
2018年	710	13 700	5.18	14 792	51 982	28.46	91 000	161 800	56.24
2019年	740	14 000	5.29	14 477	52 415	27.62	89 000	160 100	55.59
2020年	777	14 200	5.47	14 241	52 805	26.97	86 000	157 979	54.44

注：①高中包括完全中学在内。② 2011 年，教育事业统计报表进行了全面改革，实施了国家统计局首次颁布的《统计用区划代码和城乡划分代码》，新的城乡划分标准，将原来的城市、县镇、农村的三个分类调整为三个分类七大类，即城区（含主城区、城乡接合部）、镇区（含镇中心区、镇乡结合区、特殊区域）、乡村（含乡中心区、村庄）。因城乡划分口径发生了变化，故城乡数据不与往年作比较。③完全中学的学校数量和教职工人数计入高中阶段教育，九年一贯制的学校数量和教职工人数计入初中阶段教育，十二年一贯制的学校数量和教职工人数计入高中阶段教育。专任教师按照教育层次划分归类。

数据来源：根据历年《中国农村统计年鉴》计算而来。

2011年教育事业统计报表进行全面改革，实施国家统计局首次颁布的《统计用区划代码和城乡划分代码》中新的城乡划分标准，将原来的城市、县镇、农村的三个分类调整为三大类七小类，即城区（含主城区、城乡结合区）、镇区（含镇中心区、镇乡结合区、特殊区域）、乡村（含乡中心区、村庄）。因城乡划分口径发生了变化，故城乡数据不与往年做比较。到了2011年，各类学校占比下降较快，分别为70.07%、38.81%和6.20%；而后，各类学校占比保持相对稳定态势。但是，总体来看，不容乐观，农村普通高中数量特别少，占国家总数的比重极低，不足6%；初中数量也不高，占国家总数的比重不足30%；小学数量占比超过50%，说明我国农村地区学前教育、小学教育的体量较大。另根据《2020年全国教育事业发展统计公报》显示，学前教育毛入园率达到85.2%，九年义务教育巩固率95.2%；全国新增劳动力平均受教育年限13.8年，比2019年提高0.1年；义务教育阶段在校生中进城务工人员随迁子女1 429.74万人，其中，在小学就读1 034.86万人，在初中就读394.88万人。

办学条件包括学校占地面积、运动场地面积、教学用计算机台数、网络覆盖率等，其优劣直接影响着办学效果。2020年我国农村普通高中办学条件见表4-28。由表4-28可知，2020年我国农村普通高中占地面积66 696 480.13平方米，其中，运动场地面积13 344 461.66平方米，占学校占地面积的20.01%。普通高中在校生人数为4 012 900人，人均运动面积为3.33平方米，人均占地面积为16.62平方米，与国家规定的普通高中生人均活动面积20.1平方米（本书此处以人均运动面积代替人均活动面积）和人均占地面积52.5平方米相比尚有差距，我国农村高中生人均运动面积和占地面积均未达到国家要求。再看普通教室，网络多媒体教室的数量和占比，2020年我国农村普通高中的网络多媒体教室为34 209间，占普通教室42 870间的比重为79.80%；2020年，我国农村共有计算机241 700台，教学用计算机201 294台，占计算机总数的83.28%；2020年我国农村普通高中教学仪器设备资产值为453 346.22万元，占固定资产总值5 712 475.55万元的7.94%，实验设备136 727.46万元，占固定资产总值的2.39%，可见，实验设备在农村普通高中的固定资产中占比较低。农村教育是提高农村人口素质、厚植农村人力资本

表4-28

2020年普通高中办学条件

地区	占地面积（平方米）			图书（册）	计算机数（台）			教室:普通教室（间）		固定资产总值（万元）		
	合计	其中			合计	其中:小计 教学用计算机	其中:平板电脑	合计	其中:网络多媒体教室	合计	其中:小计 教学仪器设备资产值	其中:实验设备
		绿化用地面积	运动场地面积			小计	平板电脑				小计	实验设备
总 计	66 696 480.13	18 006 692.95	13 344 461.66	39 032 944	241 700	201 294	25 230	42 870	34 209	5 712 475.55	453 346.22	136 727.46
北 京	1 416 729.42	459 310.60	337 881.14	715 264	7 437	5 951	725	742	730	87 906.37	28 873.29	5 446.67
天 津	177 824.00	38 227.95	54 904.30	186 960	659	588	0	85	83	7 718.67	666.83	287.19
河 北	3 940 881.81	804 901.35	828 383.30	2 229 777	14 357	12 633	253	3 290	2 478	207 824.39	17 419.09	7 493.33
山 西	3 193 245.92	533 999.00	549 598.00	1 512 958	8 350	6 804	678	1 803	1 436	246 684.85	12 747.81	6 445.43
内蒙古	485 188.51	80 107.15	115 005.91	217 322	1 891	1 325	106	378	367	36 006.49	1 876.43	439.31
辽 宁	788 567.20	140 563.52	209 336.07	281 071	2 765	2 278	175	620	453	73 809.48	3 049.35	918.74
吉 林	941 898.33	236 618.66	274 215.12	319 777	1 620	1 449	0	625	259	81 198.46	3 109.88	1 409.57
黑龙江	888 692.00	98 850.00	173 557.36	283 436	1 813	1 171	28	330	286	36 900.36	2 466.17	1 133.34
上 海	556 287.71	180 658.80	109 196.47	356 138	3 678	2 894	1 046	365	307	76 481.64	12 125.54	4 946.94
江 苏	851 769.11	260 602.15	160 323.76	681 344	4 180	3 740	338	425	296	72 628.93	4 446.65	1 421.33
浙 江	3 034 577.66	920 977.17	679 273.72	2 244 082	14 212	11 616	546	1 656	1 606	379 367.90	32 735.02	7 993.72
安 徽	2 400 359.68	550 248.88	498 239.75	1 560 987	14 314	12 657	5 992	1 790	1 482	144 744.43	16 844.14	5 127.84
福 建	3 202 331.42	758 132.31	756 628.96	2 881 042	12 162	9 564	235	2 057	1 720	222 583.71	26 667.20	8 279.29
江 西	2 467 087.66	622 605.08	391 404.53	877 339	4 798	4 036	312	1 339	945	93 928.87	10 781.44	3 031.35
山 东	3 121 530.53	854 311.40	487 580.95	1 255 645	12 770	10 467	1 779	2 017	1 795	411 352.55	21 463.16	6 598.69

续表

地区	占地面积（平方米）			图书（册）	计算机数（台）			教室：普通教室（间）			固定资产总值（万元）		
	合计	其中：绿化用地面积	运动场地面积		合计	其中：小计	教学用计算机 平板电脑	合计	其中：多媒体教室	网络	合计	其中：教学仪器设备设备资产值 小计	实验设备
河南	4 959 658.85	1 039 869.89	796 574.93	1 705 552	12 126	9 837	1 291	3 397	2 549		432 763.81	25 016.68	6 339.18
湖北	1 309 578.00	320 037.00	208 540.25	675 681	4 369	3 587	295	812	615		109 238.72	9 626.41	3 721.89
湖南	3 169 099.94	877 218.20	557 650.51	2 081 375	9 018	7 771	695	2 726	1 724		240 756.73	20 077.41	7 657.06
广东	7 655 876.52	2 884 863.00	1 372 030.65	5 378 826	37 538	31 943	4 737	4 558	4 368		701 815.35	59 566.85	16 913.39
广西	1 006 717.44	208 480.05	232 579.50	529 412	4 226	3 020	1 022	664	410		109 654.87	5 931.40	3 463.85
海南	1 553 993.45	447 241.50	295 099.00	792 472	7 036	5 212	864	890	679		161 756.57	15 212.55	3 487.51
重庆	1 745 695.66	539 829.01	482 415.84	1 522 693	8 275	7 421	1 116	1 398	1 376		152 654.02	11 461.41	2 730.81
四川	2 706 627.34	717 913.92	713 366.08	2 032 424	10 742	8 939	700	1 949	1 556		253 619.48	26 759.41	6 561.35
贵州	2 526 156.79	751 861.56	462 518.64	2 235 800	7 294	6 225	248	1 587	1 262		321 615.00	25 767.61	7 719.51
云南	5 062 824.40	1 587 493.69	858 514.60	2 104 462	11 637	9 901	423	3 290	1 918		488 984.31	17 200.46	4 606.14
西藏	1 413 098.37	335 474.38	230 590.86	537 147	3 179	2 042	320	648	584		160 590.85	5 168.57	1 158.17
陕西	1 670 870.75	346 594.99	357 334.86	1 176 352	5 765	4 921	557	913	796		74 409.70	9 043.82	4 089.78
甘肃	581 019.00	144 768.88	174 048.33	555 202	2 884	1 965	315	481	475		56 032.42	4 925.58	1 426.39
青海	458 633.00	59 440.00	86 412.00	208 402	829	740	49	293	83		33 788.59	1 246.74	508.00
宁夏	533 688.00	286 840.80	48 000.00	137 678	1 278	1 267	9	116	107		19 478.25	1 795.94	565.86
新疆	2 875 971.66	918 652.06	843 256.27	1 756 324	10 498	9 330	376	1 626	1 464		216 179.76	19 273.38	4 805.84

的主要途径，因此，农村普通高中教育乃至农村初中教育、小学教育均需在办学条件方面提质增效。

4.3.3.2 农村卫生医疗情况

在人力资本理论中，通常将劳动者的健康、知识、技能和工作经验等作为人力资本存量构成。其中，健康存量是决定劳动者用于市场活动和非市场活动时间的重要因素。良好的健康状况能够提高个人获得收入的能力，个人必然会增加对卫生服务的需求。政府作为医疗服务的主要提供者，可以有效避免医疗资源过度使用，可以发挥预防劳动者健康风险的巨大作用。农村卫生医疗是保障农村人力资本生活、健康、安全的重要外部效应服务。

（1）城乡卫生费用

我国农村卫生医疗情况见表4-29。由表4-29可知，从卫生总费用看，2000—2020年我国卫生总费用从4 586.63亿元增长到72 175.00亿元，增长了14.74倍，卫生费用占GDP的比重由4.57%增长到7.10%。按照世界卫生组织的要求，一个国家的卫生总费用占GDP的比重不应低于5%。2012年，我国卫生总费用占GDP的比重为5.22%，2020年占7.10%。从城乡卫生费用来看，2000年，城市和农村卫生费用分别为2 624.24亿元、1 962.39亿元，2016年分别为35 458.01亿元、10 886.87亿元。17年时间城市和农村的卫生费用总额分别增长了13.51倍和5.55倍，城市卫生总费用增长速度远远高于农村。

从城乡人均卫生费用来看，2000年，城市人均卫生费用为813.7元，农村人均卫生费用为214.7元，城市是农村的3.79倍；2016年，城市人均卫生费用为4 471.5元，农村人均卫生费用为1 846.1元，城市是农村的2.42倍；2017年我国进行医疗制度改革，城乡卫生费用没有作出明确区分。虽然我国农村人均卫生费用在逐年上升，但是，从2000年到2016年，我国城市人均卫生费用始终高于农村人均卫生费用，与人均合计卫生费用相比较，城市人均卫生费用大于人均合计卫生费用，农村人均卫生费用始终低于人均合计卫生费用，这也从整体上说明了农村人均卫生费用一直处于较低水平。虽然城乡差距进一步缩小，但是农村人均卫生费用始终低于城市人均卫生费用，这说明我国农村地区公共卫生服务的严重匮乏，也更进一步体现出城乡居民卫生条件的差距。

表4-29

2000年—2020年我国城市和农村卫生费用

年份	卫生总费用（亿元）				卫生总费用构成（%）			城乡卫生费用（亿元）			城乡人均卫生费用（元）			卫生总费用占GDP（%）
	合计	政府卫生支出	社会卫生支出	个人卫生支出	政府卫生支出	社会卫生支出	个人卫生支出	城市	农村	合计	城市	农村	
2000年	4 586.63	709.52	1 171.94	2 705.17	15.47	25.55	58.98	2 624.24	1 962.39	361.9	813.7	214.7	4.57
2001年	5 025.93	800.61	1 211.43	3 013.89	15.93	24.10	59.97	2 792.95	2 232.98	393.8	841.2	244.8	4.53
2002年	5 790.03	908.51	1 539.38	3 342.14	15.69	26.59	57.72	3 448.24	2 341.79	450.7	987.1	259.3	4.76
2003年	6 584.10	1 116.94	1 788.50	3 678.66	16.96	27.16	55.87	4 150.32	2 433.78	509.5	1 108.9	274.7	4.79
2004年	7 590.29	1 293.58	2 225.35	4 071.35	17.04	29.32	53.64	4 939.21	2 651.08	583.9	1 261.9	301.6	4.69
2005年	8 659.91	1 552.53	2 586.41	4 520.98	17.93	29.87	52.21	6 305.57	2 354.34	662.3	1 126.4	315.8	4.62
2006年	9 843.34	1 778.86	3 210.92	4 853.56	18.07	32.62	49.31	7 174.73	2 668.61	748.8	1 248.3	361.9	4.49
2007年	11 573.97	2 581.58	3 893.72	5 098.66	22.31	33.64	44.05	8 968.70	2 605.27	876.0	1 516.3	358.1	4.29
2008年	14 535.40	3 593.94	5 065.60	5 875.86	24.73	34.85	40.42	11 251.90	3 283.50	1 094.5	1 861.8	455.2	4.55
2009年	17 541.92	4 816.26	6 154.49	6 571.16	27.46	35.08	37.46	13 535.61	4 006.31	1 314.3	2 176.6	562.0	5.03
2010年	19 980.39	5 732.49	7 196.61	7 051.29	28.69	36.02	35.29	15 508.62	4 471.77	1 490.1	2 315.5	666.3	4.85
2011年	24 345.91	7 464.18	8 416.45	8 465.28	30.66	34.57	34.80	18 571.87	5 774.04	1 804.5	2 697.5	879.4	4.99

续表

年份	卫生总费用（亿元）				卫生总费用构成（%）			城乡卫生费用（亿元）		城乡人均卫生费用（元）			卫生总费用占GDP（%）
	合计	政府卫生支出	社会卫生支出	个人卫生支出	政府卫生支出	社会卫生支出	个人卫生支出	城市	农村	合计	城市	农村	
2012年	28 119.00	8 431.98	10 030.70	9 656.32	29.99	35.67	34.34	21 280.46	6 838.54	2 068.8	2 999.3	1 064.8	5.22
2013年	31 668.95	9 545.81	11 393.79	10 729.34	30.1	36.00	33.9	23 644.95	8 024.00	2 316.2	3 234.1	1 274.4	5.34
2014年	35 312.4	10 579.23	13 437.75	11 295.41	29.96	38.05	31.99	26 575.60	8 736.80	2 565.5	3 558.3	1 412.2	5.49
2015年	40 974.64	12 475.28	16 506.71	11 992.65	30.45	40.29	29.27	31 297.85	9 676.79	2 962.2	4 058.5	1 603.6	5.95
2016年	46 344.88	13 910.31	19 096.68	13 337.90	30.01	41.21	28.78	35 458.01	10 886.87	3 328.6	4 471.5	1 846.1	6.21
2017年	52 598.28	15 205.87	22 258.81	15 133.6	28.91	42.32	28.77	—	—	3 756.7	—	—	6.32
2018年	59 121.91	16 399.13	25 810.78	16 911.99	27.74	43.66	28.61	—	—	4 206.7	—	—	6.43
2019年	65 841.39	18 016.95	29 150.57	18 673.87	27.36	44.27	28.36	—	—	4 669.3	—	—	6.67
2020年	72 175.00	21 941.9	30 273.67	19 959.43	30.40	41.94	27.65	—	—	5 112.3	—	—	7.10

注：①本表系核算数，2020年为初步核算数；②按当年价格计算；③2001年起卫生总费用不含高等医学教育经费，2006年起包括城乡医疗救助经费。

数据来源：根据《中国卫生健康统计年鉴2021》整理计算而得。

　　值得关注的是，2010年世界卫生组织发布《世界卫生报告》，报告的主题为《卫生系统筹资：实现全民覆盖的道路》，报告指出："除了个别情况外，对于那些卫生费用中来自政府一般收入以及强制性保险部分不到国内生产总值（GDP）5%～6%的国家来说，不太可能实现全民覆盖。因为这些国家没有能力提供足够的资金救济穷人……如果卫生总费用中个人患者直接支付部分所占的比例低于15%～20%，灾难性医疗支出的发生率以及因病致贫发生率就非常小。"2013年在《世界卫生报告》的主题为《全民健康覆盖研究》中重申：政府卫生支出占GDP比重<5%时，贫困人群很难全部被覆盖……一般来说，当个人现金费用所占比例下降到卫生总支出的15%～20%时，经济灾难的发生率就可以忽略不计。2020年，我国卫生费用总支出中，政府、社会、个人的卫生支出比重大约为3∶4∶3，同世界卫生组织的5∶3∶2相比，我国的相关数据基本符合中高收入国家的国情，但是距离世界卫生组织提倡的这一目标仍有一定差距。

　　（2）卫生机构与医疗人员数量

　　卫生机构与医疗人员数量是衡量一个国家或地区公共卫生服务水平的一个普遍采用指标。我国2008—2020年每千人口医疗卫生机构床位数见表4-30。

表4-30　　　　　　　　每千人口医疗卫生机构床位数　　　　　　　　单位：张

年份	合计数	城市	农村	城市与农村比较	合计数与农村比较	每千农村人口乡镇卫生院床位数
2008年	3.05	5.17	2.2	2.97	0.85	0.96
2009年	3.32	5.54	2.41	3.13	0.91	1.05
2010年	3.58	5.94	2.6	3.34	0.98	1.12
2011年	3.84	6.24	2.8	3.44	1.04	1.16
2012年	4.24	6.88	3.11	3.77	1.13	1.24
2013年	4.55	7.36	3.35	4.01	1.20	1.30

续表

年份	合计数	城市	农村	城市与农村比较	合计数与农村比较	每千农村人口乡镇卫生院床位数
2014年	4.85	7.84	3.54	4.30	1.31	1.34
2015年	5.11	8.27	3.71	4.56	1.40	1.24
2016年	5.37	8.41	3.91	4.50	1.46	1.27
2017年	5.72	8.75	4.19	4.56	1.53	1.35
2018年	6.03	8.70	4.56	4.14	1.47	1.43
2019年	6.30	8.78	4.81	3.97	1.49	1.48
2020年	6.46	8.81	4.95	3.86	1.51	1.50

数据来源：根据历年《中国卫生健康统计年鉴》整理计算而得。

由表4-30可知，城市与农村每千人口医疗卫生机构床位数相差较大。2008年，城市床位数为5.17张，农村为2.2张，城市比农村多2.97张；2020年城市床位数为8.81张，农村为4.95张，城市比农村多3.86张。从合计床位数看，农村床位数始终低于城乡床位合计数，由2008年多0.85张到2020年多1.51张。虽然从每千农村人口乡镇卫生院床位数看，2008年为0.96张，2020年为1.50张，13年时间，增长率为56.25%，平均每年增长率为4.33%，但农村人口所拥有的床位数仍然处于较低的水平。

根据《2021年我国卫生健康事业发展统计公报》显示，2021年年底，全国共有县级（含县级市）医院17 294所、县级（含县级市）妇幼保健机构1 868所、县级（含县级市）疾病预防控制中心1 999所、县级（含县级市）卫生监督所1 761所，四类县级（含县级市）医疗卫生机构共有卫生人员352.1万人。2021年年底，全国2.96万个乡镇共设34 943个乡镇卫生院，床位141.7万张，卫生人员149.2万人（其中卫生技术人员128.5万人）。与上年比较，乡镇卫生院减少819个，床位增加2.7万张，人员增加1.1万人。2021年全国乡镇卫生院医疗服务情况见表4-31。

表4-31　　　　　　2021年全国乡镇卫生院医疗服务情况

指标	2020年	2021年
乡镇数（万个）	3.00	2.96
乡镇卫生院数（个）	35 762	34 943
床位数（万张）	139.0	141.7
卫生人员数（万人）	148.1	149.2
其中：卫生技术人员（万人）	126.7	128.5
执业（助理）医师（万人）	52.0	52.5
诊疗人次（亿人次）	11.0	11.6
入院人次数（万人次）	3 383.3	3 223.0
医师日均担负诊疗人次	8.5	8.9
医师日均担负住院床日	1.3	1.2
病床使用率（%）	50.4	48.2
出院者平均住院天数	6.6	6.6

数据来源：根据历年《中国卫生健康统计年鉴》整理计算而得。

（3）卫生技术人员数

卫生人力资源是卫生系统中至关重要的组成部分。卫生系统的资金、技术、信息以及机构设施等资源，最终都要由卫生人员来管理和使用，以转化成有效的卫生服务，改善人群健康。我国2008—2020年每千人口卫生技术人员数见表4-32。

表4-32　　　　　　　　每千人口卫生技术人员数　　　　　　　单位：人

年份	卫生技术人员			执业（助理）医师			注册护士		
	合计	城市	农村	合计	城市	农村	合计	城市	农村
2008年	3.90	6.68	2.80	1.66	2.68	1.26	1.27	2.54	0.76
2009年	4.15	7.15	2.94	1.75	2.83	1.31	1.39	2.82	0.81

续表

年份	卫生技术人员			执业（助理）医师			注册护士		
	合计	城市	农村	合计	城市	农村	合计	城市	农村
2010年	4.39	7.62	3.04	1.8	2.97	1.32	1.53	3.09	0.89
2011年	4.58	7.90	3.19	1.82	3.00	1.33	1.66	3.29	0.98
2012年	4.94	8.54	3.41	1.94	3.19	1.40	1.85	3.65	1.09
2013年	5.27	9.18	3.64	2.04	3.39	1.48	2.04	4.00	1.22
2014年	5.56	9.70	3.77	2.12	3.54	1.51	2.20	4.30	1.31
2015年	5.84	10.21	3.90	2.22	3.72	1.55	2.37	4.58	1.39
2016年	6.12	10.42	1.08	2.31	3.79	1.63	2.54	4.75	1.50
2017年	6.47	10.87	4.28	2.44	3.97	1.68	2.74	5，0	1.62
2018年	6.83	10.91	4.63	2.59	4.01	1.82	2.94	5.08	1.80
2019年	7.26	11.10	4.96	2.77	4.10	1.96	3.18	5.22	1.99
2020年	7.57	11.46	5.18	2.90	4.25	2.06	3.34	5.40	2.10

注：①城市包括直辖市和地级市辖区，农村包括县及县级市；②合计项的分母系常住人口数，分城乡项的分母系推算户籍人口数。

数据来源：根据历年《中国卫生健康统计年鉴》整理计算而得。

由表4-32可知，2020年卫生技术人员、执业（助理）医师、注册护士的城市和农村比率分别为2.21倍、2.06倍和2.57倍。

根据《2021年我国卫生健康事业发展统计公报》显示，2021年年底，全国49.0万个行政村共设59.9万个村卫生室。在村卫生室工作的人员136.3万人，其中：执业（助理）医师47.6万人、注册护士19.3万人、持乡村医生证的人员和卫生员69.1万人。与上年比较，村卫生室数减少1.0万个，执业（助理）医师增加1.1万人。2021年全国村卫生室及人员情况见表4-33。

表4-33	2021年全国村卫生室及人员情况	
指　标	2020年	2021年
行政村（万个）	50.2	49.0
村卫生室（万个）	60.9	59.9
人员总数（万人）	144.2	136.3
执业（助理）医师（万人）	46.5	47.6
注册护士（万人）	18.5	19.3
持乡村医生证的人员和卫生员（万人）	79.2	69.1

注：村卫生室、执业（助理）医师和注册护士包括乡镇卫生院设点的数量。

2021年，全国县级（含县级市）医院诊疗人次13.1亿，比上年增加1.5亿人次；入院人次数8 371.8万，比上年增加306.9万人次；病床使用率72.3%，比上年增加0.7个百分点。

2021年，乡镇卫生院诊疗11.6亿人次，比上年增加0.6亿人次；入院3 223.0万人次，比上年减少160.3万人次。2021年，医师日均担负诊疗8.9人次、住院1.2天，病床使用率48.2%，出院者平均住院6.6天。与上年相比，乡镇卫生院医师日均诊疗增加0.4人次，日均担负住院床日减少0.1天，病床使用率下降2.2个百分点，平均住院日无变化。

2021年村卫生室诊疗13.4亿人次，比上年减少0.9亿人次，平均每个村卫生室年诊疗2 239人次。

4.3.4　农村人力资本的发展环境现状及趋势小结

从农村人力资本的发展环境看，农业生产条件、国家财政农林水支出、农村教育条件和卫生情况等仍有较大改善空间。如果农村生产条件不继续改进，则农业现代化发展会受到影响；国家财政农林水支出是保障农业转型升级的关键，也亟须进一步增强财政支持力度；农村教育条件和卫生情况与城市相比，也存在较大差距。上述三个方面的因素是高层次农村人力资本留任本土工作的障碍，其结果势必会影响我国共同富裕目标的实现。

5 典型地区：长江三角洲地区共同富裕与农村人力资本配置的现状及趋势分析

　　2018 年 11 月 5 日，习近平总书记在首届中国国际进口博览会上宣布，"支持长江三角洲区域一体化发展并上升为国家战略"。长江三角洲区域同"一带一路"建设、京津冀协同发展、长江经济带发展、粤港澳大湾区建设相互配合，完善我国改革开放空间布局。人力资本是区域经济发展的重要推动力，也是提高城乡居民收入、缩小城乡居民收入差距以及提高城乡居民个人消费能力的根本性条件。人力资本对经济增长的促进作用取决于人力资本存量与人力资本配置的有效性。同一国家不同区域的经济发展不平衡问题是影响收入差距的重要因素，缩小区域之间收入差距和协调平衡区域经济发展水平是各国政府追求的重要目标之一。人力资本作为新一轮经济增长的源泉和根本动力，其不均衡配置逐渐成为区域经济发展不平衡的首要因素。

　　本书拟对我国典型代表地区——长江三角洲地区的共同富裕与农村人力资本配置进行分析，探讨农村人力资本配置与共同富裕之间的内在联系。

5.1　长江三角洲地区共同富裕的现状及趋势

5.1.1　农村居民人均可支配收入与城镇居民人均可支配收入的比较

共同富裕不是平均主义。不同劳动者个体之间的能力和贫富差距是一种发展中永恒的现象，在任何个体和群体之间无法完全消除收入差距，但却可以缩小收入差距。在城乡二元结构背景下，农村人口"乡—城"流动难以获得市民身份，因此，所获得的公共产品有所差异，导致包括流动人口子女教育在内的平等机会失衡。当公共服务不能被居民平等享受的时候，城乡居民收入差距则在短期内难以消除。关于长江三角洲地区城乡居民人均可支配收入和消费支出基本情况见表5-1。

5.1.1.1　上海市人均可支配收入

由表5-1可知，2000—2020年，上海市城镇居民人均可支配收入由11 718元上升到82 429元，上涨了7.03倍；同期，上海市农村居民人均可支配收入由5 596.37元上升到38 521元，上涨了6.88倍。在21年的时间里，农村居民人均可支配收入上涨得较为迅速，但是，同城镇居民相比较，农村居民的可支配收入上涨速度不及城镇居民。总体来看，城镇居民人均可支配收入远高于农村居民。例如，2000年，城镇居民人均可支配收入是农村的2.09倍，一直呈现上涨趋势；直到2007年和2008年，达到历史最高点2.33倍；而后，逐年呈现下降趋势，2021年，城镇居民人均可支配收入是农村的2.14倍。

5.1.1.2　浙江省人均可支配收入

浙江省是我国经济较早发达的省份，其农村居民同城镇居民的收入差距在本书分析的时间段内，绝对量均高于长江三角洲地区其他省（直

表5-1   2000—2021年长江三角洲地区城乡居民人均可支配收入和消费支出基本情况

单位：元

年份	上海市				浙江省				江苏省				安徽省			
	城镇居民人均可支配收入	城镇居民人均消费支出	农村居民人均可支配收入	农村居民人均消费支出	城镇居民人均可支配收入	城镇居民人均消费支出	农村居民人均可支配收入	农村居民人均消费支出	城镇居民人均可支配收入	城镇居民人均消费支出	农村居民人均可支配收入	农村居民人均消费支出	城镇居民人均可支配收入	城镇居民人均消费支出	农村居民人均可支配收入	农村居民人均消费支出
2000年	11 718	8 868.19	5 596.37	4 137.61	9 279	7 020	4 254	3 231	6 756	6 645.4	3 591	3 434.3	5 294	4 233	1 935	1 321.5
2001年	12 883.5	9 336.1	5 870.87	4 753.23	10 465	7 952	4 582	3 479	7 311	6 967.75	3 778	3 502.8	5 669	4 517.7	2 020	1 412
2002年	13 250.2	10 464	6 223.55	5 301.82	11 716	8 713	4 940	3 693	8 088	8 270.93	3 972	3 817.4	6 032	4 736.5	2 118	1 475.8
2003年	14 867.5	11 040.3	6 653.92	5 669.57	13 180	9 713	5 431	4 287	9 140	9 107.69	4 229	3 858.6	6 778	5 064	2 127	1 596.3
2004年	16 683	12 631	7 066.33	6 328.85	14 546	10 636	6 096	4 659	10 319	10 139.89	4 740	4 414.1	7 511	5 709.7	2 499	1 814
2005年	18 645	13 773.4	8 247.77	7 277.94	16 294	12 254	6 660	5 215	12 098	11 897.97	5 258	5 281.3	8 471	6 367.7	2 641	2 196
2006年	20 667.9	14 761.8	9 138.65	8 006	18 265	13 349	7 335	5 762	13 799	13 793.04	5 791	5 842.3	9 771	7 294.7	2 969	2 420.9
2007年	23 622.7	17 255.4	10 144.6	8 844.88	20 574	14 091	8 265	6 442	16 009	15 306.89	6 533	6 850.2	11 474	8 531.9	3 556	2 754
2008年	26 675	19 397.9	11 440.3	9 119.67	22 727	15 158	9 258	7 072	18 215	16 133.29	7 322	7 484.3	12 990	9 524	4 202	3 284.1
2009年	28 837.8	20 992.3	12 482.9	9 804.37	24 611	16 683	10 007	7 375	19 996	18 992.92	7 962	8 027.6	14 086	10 234	4 504	3 655
2010年	31 838	23 200.4	13 978	10 210.5	27 359	17 858	11 303	8 390	22 273	20 139	9 067	9 164	15 788	11 513	5 285	4 013
2011年	36 230	23 200.4	16 053.8	11 049.3	30 971	20 437	13 071	9 644	25 570	23 191	10 744	11 047	18 606	13 181	6 232	4 957

续表

年份	上海市				浙江省				江苏省				安徽省			
	城镇居民人均可支配收入	城镇居民人均消费支出	农村居民人均可支配收入	农村居民人均消费支出	城镇居民人均可支配收入	城镇居民人均消费支出	农村居民人均可支配收入	农村居民人均消费支出	城镇居民人均可支配收入	城镇居民人均消费支出	农村居民人均可支配收入	农村居民人均消费支出	城镇居民人均可支配收入	城镇居民人均消费支出	农村居民人均可支配收入	农村居民人均消费支出
2012年	40 188	26 253	17 401	12 096	34 550	21 545	14 552	10 208	28 808	26 129	12 133	12 397	21 024	15 012	7 160	5 556
2013年	43 851	28 155	19 595	14 234.7	37 080	25 254	17 494	12 803	31 585	26 762	13 521	13 561	23 114	16 285	8 098	5 725
2014年	47 710	35 182.4	21 192	15 291	40 393	27 242	19 373	14 498	34 346	23 476	14 958	11 820	24 839	16 107	9 916	7 981
2015年	52 962	36 946	23 205	16 152	43 714	28 661	21 125	16 108	37 173	24 966	16 257	12 883	26 936	17 234	10 821	8 975
2016年	57 692	39 857	25 520	17 071	47 237	30 068	22 866	17 359	40 152	26 433	17 606	14 428	29 156	19 606	11 720	10 287
2017年	62 596	42 304	62 596	18 089.8	51 261	31 924	24 956	18 093	43 622	27 726	19 158	15 612	31 640	20 740	12 758	11 106
2018年	68 034	46 015	68 034	19 964.7	55 574	34 598	27 302	19 707	47 200	29 462	20 845	16 567	34 393	21 523	13 996	12 748
2019年	73 615.3	48 272	73 615	22 448.9	60 182	37 508	29 876	21 352	51 056	31 329	22 675	17 716	37 540	23 782	15 416	14 546
2020年	76 437	44 839	34 911	22 095	62 699	36 197	31 930	21 555	53 102	30 882	24 198	17 022	39 442	22 683	16 620	15 024
2021年	82 429	51 300	38 521	27 205	68 487	42 193	35 247	25 415	57 743	36 558	26 791	21 130	43 009	26 495	18 368	17 163

数据来源：根据历年《上海统计年鉴》《浙江统计年鉴》《江苏统计年鉴》《安徽统计年鉴》整理计算而得。

辖市）。2000年浙江省城镇居民人均可支配收入为9 279元，农村为4 254元，城镇是农村的2.18倍；2006年，城镇居民与农村居民的人均可支配收入分别为18 265元，农村为7 335元，城镇是农村的2.49倍；2008—2021年，城镇居民与农村居民的人均可支配收入相比较，差距逐渐缩小，2021年分别为68 487元和35 247元。在22年的时间里，城镇居民平均人均可支配收入是农村居民平均人均可支配收入的2.25倍。

5.1.1.3 江苏省人均可支配收入

江苏省农村居民可支配收入与城镇居民相比较，同样存在较大差距。由表5-1可知，2000—2020年，江苏省城镇居民人均可支配收入由6 756元上升到5 7743元，上涨了8.55倍；同期，江苏省农村居民人均可支配收入由3 591元上升到26 791元，上涨了7.46倍。在22年的时间里，农村居民人均可支配收入上涨得较为迅速，但是，同城镇居民相比较，农村居民的可支配收入上涨速度不及城镇居民。从总体来看，城镇居民人均可支配收入远高于农村居民。例如，2000年，城镇居民人均可支配收入是农村的1.88倍，一直呈现上涨趋势；直到2009年，达到历史最高点2.51倍；而后，呈现逐年下降趋势，2021年城镇居民人均可支配收入是农村的2.16倍。

5.1.1.4 安徽省人均可支配收入

在长江三角洲地区，安徽省经济发达程度最低。2000年，安徽省城镇和农村居民人均可支配收入分别为5 294元和1 935元，城镇是农村的2.74倍；2006年，城镇和农村居民人均可支配收入分别为9 771元和2 969元，城镇是农村的3.29倍；2021年，城镇和农村居民人均可支配收入分别为43 009元和18 368元，城镇是农村的2.34倍。在22年的时间里，城镇居民人均可支配收入是农村居民人均可支配收入的2.81倍。在四个省（直辖市）中，安徽省的城乡居民收入差距最大。

5.1.1.5 长江三角洲地区农村居民人均可支配收入比较

从表5-1中四个省（直辖市）的农村居民收入差距看，从2000年至

2021年的22年时间里，长江三角洲地区的经济发展程度不同。如果以城镇居民收入作为比较对象，2000年城镇居民收入依次为上海市、浙江省、江苏省和安徽省，分别为11 718元、9 279元、6 756元和5 294元，四个省（直辖市）之间相比为2.21∶1.75∶1.28∶1，上海市最高，安徽省最低，上海市是安徽省的2.21倍；2000年农村居民收入，仍然依次为上海市、浙江省、江苏省和安徽省，分别为5 596.37元、4 254元、3 591元和1 935元，四个省（直辖市）之间相比为2.89∶2.20∶1.86∶1，上海市最高，安徽省最低，上海市是安徽省的2.89倍。2021年城镇居民收入依次为上海市、浙江省、江苏省和安徽省，分别为82 429元、68 487元、57 743元和43 009元，四个省（直辖市）之间相比为1.92∶1.59∶1.34∶1，上海市最高，安徽省最低，上海市是安徽省的1.92倍；2021年农村居民收入，仍然依次为上海市、浙江省、江苏省和安徽省，分别为38 521元、35 247元、26 791元和18 368元，四个省（直辖市）之间相比为2.10∶1.92∶1.46∶1，上海市最高，安徽省最低，上海市是安徽省的2.10倍。由此可见，在22年的时间里，长江三角洲地区四个省（直辖市）之间城镇居民收入差距较大，但是农村居民收入差距更大。

从四个省（直辖市）的农村居民收入差距拐点看，自2007年开始，四个地区的城镇和农村居民的收入差距大致出现逐年降低趋势。2007年上海市、浙江省、江苏省和安徽省的城镇和农村居民人均可支配收入差距分别为2.33倍、2.49倍、2.45倍和3.23倍，上海市最低，安徽省最高。从2007年开始，各地区的农村居民收入差距在逐渐缩小。

从四个省（直辖市）的城乡居民人均可支配收入差距对比来看，自2000年至2021年的22年时间里，上海市、浙江省、江苏省和安徽省的城乡居民收入差距平均为2.1倍、2.04倍、2.05倍和2.54倍。从总体来看，经济较为发达的地区，城乡居民收入差距相对较小，经济相对欠发达的地区，差距较大。

5.1.2 农村居民人均消费支出与城镇居民人均消费支出比较

学界把消费分为生存性消费、发展性消费和享受性消费。消费是生产的动力。提高消费水平和优化消费结构既关乎人民群众的高品质生活，也关系着乡村全面振兴和共同富裕。学界普遍将人力资本划分为教育程度和健康状况两大方面。研究者认为，提高人力资本水平是促进消费的有效手段，通过增加人力资本积累的渠道能够促进居民消费，人力资本配置不同的地区消费情况具有较大差异，人力资本配置高的地区人民收入情况普遍偏好，其总体消费支出方面会显著高于人力资本配置低的地区。人力资本中的受教育程度对于消费行为和消费观念的影响非常重要，而消费支出中教育支出占比提高会充分提高人力资本配置效率。此外，健康状况也是衡量人力资本水平不可或缺的因素。王弟海（2008）对于健康人力资本的研究最具有代表性，他于2008年发现健康投资对于人力资本具有正向影响；杨丽等（2013）对农村地区消费情况的作用路径进行了实证分析，发现健康型人力资本的快速积累也能促进不同地区人民的消费意愿，提高消费水平。所以，研究居民消费支出能力和消费结构既能够有效厘清当地人力资本配置的影响因素，又能够促进共同富裕尽早实现。

5.1.2.1 上海市农村居民消费支出

居民消费是我国经济扩大内需的主要来源，居民消费结构的研究是探究人力资本消费意识和自身资本积累的重要指标。由表5-2可知，上海市农村居民消费支出城乡比相差较大。以2000年为例，2000年城乡人均消费支出比为2.14倍。按消费方式分，2000年上海市农村居民人均食品烟酒支出、衣着支出、居住支出、生活用品及服务支出、交通通信支出、教育文化娱乐支出、医疗保健支出、其他用品及服务支出占上海市农村居民人均消费支出的比重为分别为44.06%、4.86%、17.50%、5.4%、6.74%、13.51%、5.05%和2.85%。

5.1.2.2 浙江省农村居民消费支出

浙江省在长江三角洲地区属于经济较为发达地区，这从其农村居民人均可支配收入可以看出。浙江省农村居民消费支出见表5-3。

表5-2

上海市农村居民消费支出

年份	城乡人均消费支出比	食品烟酒占比 (%)	衣着占比 (%)	居住占比 (%)	生活用品及服务占比 (%)	交通通信占比 (%)	教育文化娱乐占比 (%)	医疗保健占比 (%)	其他用品及服务占比 (%)
2000年	2.14	44.06	4.86	17.50	5.4	6.74	13.51	5.05	2.85
2001年	1.96	40.29	4.75	18.73	6.2	7.15	14.16	5.58	3.16
2002年	1.97	35.25	4.26	26.21	5.3	8.70	12.45	5.27	2.58
2003年	1.95	35.34	4.41	25.34	5.2	10.35	11.92	5.87	1.52
2004年	2.00	34.62	4.42	22.85	5.4	11.38	12.74	6.72	1.85
2005年	1.89	36.83	5.05	18.21	6.3	10.17	12.88	7.74	2.81
2006年	1.84	37.77	5.22	20.71	6.0	9.74	11.49	6.86	2.20
2007年	1.95	36.85	5.38	23.71	5.1	9.99	9.69	6.46	2.82
2008年	2.13	40.94	5.12	19.81	5.5	9.65	9.33	7.65	1.96
2009年	2.14	37.12	5.06	21.45	4.9	12.36	9.62	7.54	1.95
2010年	2.27	37.23	5.42	20.24	5.2	14.27	9.90	5.72	2.05

续表

年份	城乡人均消费支出比	食品烟酒占比（%）	衣着占比（%）	居住占比（%）	生活用品及服务占比（%）	交通通信占比（%）	教育文化娱乐占比（%）	医疗保健占比（%）	其他用品及服务占比（%）
2011年	2.10	40.07	5.71	16.02	5.8	11.61	10.10	8.06	2.65
2012年	2.17	39.99	5.82	15.16	5.3	14.10	8.99	8.51	2.09
2013年	1.98	39.73	5.74	16.83	5.2	12.80	7.18	8.80	3.74
2014年	2.30	40.5	5.2	17.9	4.7	12.4	6.99	8.55	3.76
2015年	2.29	35.04	5.31	25.76	4.47	12.67	5.53	9.07	2.15
2016年	2.33	33.58	5.14	24.43	4.65	13.86	6.58	10	1.75
2017年	2.34	33.8	5.12	26.11	5.17	13.08	6.74	8.05	1.94
2018年	2.30	37.21	5.69	19.8	5.70	14.49	5.88	8.71	2.52
2019年	2.15	36.41	5.76	20.34	5.88	13.4	6.24	9.37	2.58
2020年	2.03	39.1	4.9	20.1	6	15.8	4.5	7.5	2

注：此表中"食品烟酒"视同"食品"，"生活用品及服务"视同"家庭设备用品及服务"，"教育文化娱乐"视同"文教用品及服务"。

数据来源：根据历年《上海统计年鉴》整理计算而得。

表5-3

浙江省农村居民消费支出

年份	城乡人均消费支出比	食品烟酒占比(%)	衣着占比(%)	居住占比(%)	生活用品及服务占比(%)	交通通信占比(%)	教育文化娱乐占比(%)	医疗保健占比(%)	其他用品及服务占比(%)
2000年	2.17	43.54	5.18	17.97	4.52	8.53	11.39	6.19	2.70
2001年	2.29	41.64	5.23	18.17	4.48	8.62	11.83	7.24	2.80
2002年	2.36	40.82	5.60	15.62	4.61	9.73	13.63	7.22	2.76
2003年	2.27	38.19	5.35	18.08	4.82	11.57	12.39	7.15	2.45
2004年	2.28	39.46	5.55	17.15	5.20	10.66	12.83	7.00	2.15
2005年	2.35	38.56	5.94	16.16	4.97	11.35	13.02	7.65	2.32
2006年	2.32	37.16	6.28	18.19	4.76	11.02	12.55	7.90	2.15
2007年	2.19	36.43	6.19	19.59	5.25	11.81	11.43	7.22	2.10
2008年	2.14	38.04	6.24	20.15	5.01	10.99	10.36	7.24	1.99
2009年	2.26	37.37	6.26	18.52	4.80	11.74	10.89	8.34	2.09
2010年	2.13	35.48	6.32	21.39	4.76	12.72	9.54	7.77	2.03

续表

年份	城乡人均消费支出比	食品烟酒占比（%）	衣着占比（%）	居住占比（%）	生活用品及服务占比（%）	交通通信占比（%）	教育文化娱乐占比（%）	医疗保健占比（%）	其他用品及服务占比（%）
2011年	2.12	37.63	6.94	17.12	5.47	13.09	8.62	8.82	2.31
2012年	2.11	37.66	7.06	17.32	5.49	14.27	8.63	7.24	2.34
2013年	1.97	31.84	6.30	22.10	5.14	15.61	9.54	7.56	1.93
2014年	1.88	31.85	6.08	22.78	5.15	15.57	9.35	7.37	1.85
2015年	1.78	31.09	5.90	23.17	5.00	15.93	9.23	7.74	1.94
2016年	1.73	31.80	5.49	22.36	5.01	17.72	9.28	6.76	1.58
2017年	1.76	31.00	5.28	24.09	4.65	17.14	8.79	7.57	1.46
2018年	1.76	30.27	5.17	25.34	5.34	14.98	9.07	8.26	1.57
2019年	1.76	30.58	5.31	25.00	4.76	13.89	10.43	8.32	1.72
2020年	1.68	32.25	4.84	26.54	5.68	13.63	8.24	7.17	1.65
2021年	1.66	30.98	4.98	28.20	5.39	13.17	8.67	6.89	1.73

数据来源：根据历年《浙江统计年鉴》整理计算而得。

由表5-3可知，2000—2020年浙江省农村居民消费支出总体来看，食品和衣着支出总和占总支出结构比例逐年降低。此处随机抽取2020年作为分析。2020年，浙江省城乡人均消费支出比为1.68倍，农村居民人均消费支出为21 555元，其中食品烟酒支出为6 952元，衣着支出为1 043元，居住支出为5 720元，生活用品及服务支出为1 225元，交通通信支出为2 937元，教育文化娱乐支出为1 776元，医疗保健支出为1 546元，其他用品及服务支出355元。上述支出分别占浙江省农村居民消费支出的32.25%、4.84%、26.54%、5.68%、13.63%、8.24%、7.17%和1.65%。

5.1.2.3 江苏省农村居民消费支出

同前述上海市和浙江省相比较，江苏省农村居民消费支出有所不同，2000—2020年在江苏省农村居民人均消费性支出中，食品烟酒和衣着支出占比始终较低。2000年和2001年城乡人均消费支出比低于2，从2002年到2012年，城乡人均消费支出比高于2，自2013年开始，城乡人均消费支出比下降到2以下。例如，2013年江苏省城乡人均消费比为1.97，农村居民人均消费支出中食品烟酒支出、衣着支出、居住支出、生活用品及服务支出、交通通信支出、教育文化娱乐支出、医疗保健支出、其他用品及服务支出分别占江苏省农村居民消费支出的24.70 %、5.02%、16.83%、4.59%、11.78%、8.36%、5.96%和2.10%（见表5-4）。

5.1.2.4 安徽省农村居民消费支出

同上海市、浙江省和江苏省相比较，安徽省2000—2020年的农村居民消费支出城乡比最高，其中食品烟酒支出和衣着支出占居民人均消费性支出较高（见表5-5）。这表明安徽省的经济发达程度在长江三角洲地区最低。

由表5-5可知，安徽省人均消费支出城乡比分成3个阶段，2000—2007年超过3倍，2008—2014年为2~3倍之间，2015—2020年为2倍以下。人均消费城乡比最高为2002年，达到3.21倍，2002年

表5-4　江苏市农村居民消费支出

年份	城乡人均消费支出比	食品烟酒占比（%）	衣着占比（%）	居住占比（%）	生活用品及服务占比（%）	交通通信占比（%）	教育文化娱乐占比（%）	医疗保健占比（%）	其他用品及服务占比（%）
2000年	1.94	29.64	3.70	12.87	3.35	4.54	7.83	3.79	2.42
2001年	1.99	29.05	3.62	12.61	3.28	3.70	4.44	7.68	2.36
2002年	2.17	26.51	3.35	11.50	2.99	3.85	4.63	7.29	2.08
2003年	2.36	28.99	3.64	11.45	3.57	3.68	6.96	9.83	1.97
2004年	2.30	30.39	3.70	10.59	3.20	3.70	6.64	8.89	1.64
2005年	2.25	29.71	3.62	9.71	3.18	6.89	9.07	3.77	1.61
2006年	2.36	29.59	3.27	8.77	2.88	6.23	8.20	3.40	1.45
2007年	2.23	29.12	3.67	10.99	3.34	7.94	9.38	3.85	1.67
2008年	2.16	29.43	3.69	11.50	3.34	8.21	9.53	3.89	1.61
2009年	2.37	28.34	3.82	12.08	3.57	8.62	10.20	4.02	1.66
2010年	2.20	27.19	3.82	12.78	3.58	8.58	9.91	3.95	1.60

续表

年份	城乡人均消费支出比	食品烟酒占比（%）	衣着占比（%）	居住占比（%）	生活用品及服务占比（%）	交通通信占比（%）	教育文化娱乐占比（%）	医疗保健占比（%）	其他用品及服务占比（%）
2011年	2.10	26.78	3.69	11.94	3.73	8.30	9.63	4.02	1.55
2012年	2.11	26.08	3.73	11.95	3.81	8.78	9.76	4.12	1.58
2013年	1.97	24.70	5.02	16.83	4.59	11.78	8.36	5.96	2.10
2014年	1.99	31.40	6.42	20.87	6.08	15.13	10.28	7.15	2.66
2015年	1.94	31.65	6.04	20.57	5.85	14.59	10.25	8.45	2.59
2016年	1.83	29.49	5.66	22.58	6.31	16.18	9.37	7.96	2.47
2017年	1.78	28.89	5.71	21.75	6.11	16.78	9.29	8.94	2.52
2018年	1.78	26.18	4.90	24.93	5.67	17.87	9.34	9.24	1.88
2019年	1.77	26.23	4.97	24.05	6.10	17.57	9.42	9.45	2.20
2020年	1.81	30.64	4.83	22.24	5.63	16.37	8.51	10.06	1.72

数据来源：根据历年《江苏统计年鉴》整理计算而得。

表5-5　　安徽省农村居民消费支出

年份	城乡人均消费支出比（%）	食品烟酒占比（%）	衣着占比（%）	居住占比（%）	生活用品及服务占比（%）	交通通信占比（%）	教育文化娱乐占比（%）	医疗保健占比（%）	其他用品及服务占比（%）
2000年	3.20	52.45	5.38	14.9	4.36	4.39	4.42	11.01	3.09
2001年	3.20	49.75	4.97	16.58	4.21	5.74	10.65	4.88	3.22
2002年	3.21	47.46	5.12	18.44	4.42	6.14	10.78	4.95	2.68
2003年	3.17	46.03	4.98	17.62	4.7	5.46	7.9	11.57	1.75
2004年	3.15	47.49	4.79	16.53	4.19	5.07	9.04	11.02	1.87
2005年	2.90	45.52	5.35	15.7	4.84	6.09	8.96	11.69	1.85
2006年	3.01	43.17	5.72	15.64	4.82	6.82	9.8	12.01	2.02
2007年	3.10	43.3	6.04	17.41	5.24	6.43	9.38	10.28	1.92
2008年	2.90	44.28	5.48	19.81	5.04	6.07	8.55	8.98	1.79
2009年	2.80	40.88	5.56	22.25	6.28	6.21	8.27	8.54	2.01
2010年	2.87	40.7	5.78	21.62	5.76	6.58	8.45	9.07	2.04

年份	城乡人均消费支出比（%）	食品烟酒占比（%）	衣着占比（%）	居住占比（%）	生活用品及服务占比（%）	交通通信占比（%）	教育文化娱乐占比（%）	医疗保健占比（%）	其他用品及服务占比（%）
2011年	2.66	41.46	5.99	17.86	6.14	8.89	9.59	7.59	2.5
2012年	2.70	39.25	5.97	20.51	6.24	9.18	9.3	6.95	2.59
2013年	2.84	39.65	5.86	19.9	6.82	9.64	9.45	6.58	2.11
2014年	2.02	35.61	5.94	21.13	6.25	10.17	9.21	9.76	1.93
2015年	1.92	35.79	5.61	21.17	5.55	11.77	9.3	9	1.81
2016年	1.91	34.25	5.24	21.86	6.25	12.41	9.23	9.06	1.72
2017年	1.87	33.55	5.09	23.57	5.3	12.12	9.68	9.07	1.62
2018年	1.69	33.01	4.98	23.64	6.06	12.21	9.97	8.13	2
2019年	1.63	32.7	5.8	22.8	11.8	5.8	10.1	9.1	2
2020年	1.51	34.3	5.8	22.6	11.1	5.7	9.5	9.7	1.5

数据来源：根据历年《安徽统计年鉴》整理计算而得。

农村居民人均消费支出为 1 475.8 元，其中食品烟酒和衣着支出占比为 52.58%，从恩格尔系数角度看，食品烟酒和衣着支出占总支出的 50%～60% 属于温饱阶段。人均消费城乡比最高为 2020 年，达到 1.51 倍，2020 年农村居民人均消费支出为 15 024 元，其中食品烟酒和衣着支出占比为 40.1%，从恩格尔系数角度看，食品烟酒和衣着支出占总支出的 40%～50% 属于小康阶段。教育文化娱乐支出占比平均在 9% 左右，医疗保健支出占比基本上处于逐年下降态势，其中 2020 年占比小幅波动，主要是受到新型冠状肺炎疫情影响。

5.1.2.5 长江三角洲地区农村居民人均消费支出比较

由前述分析，长江三角洲地区农村居民人均消费支出结构明显不同。安徽省农村居民人均消费支出总数最低，消费结构基本处于由温饱向小康过渡。经济最发达的上海市在长江三角洲地区的农村居民人均可支配收入从绝对量看较高，其人均消费支出也较高。浙江省的经济发达程度仅次于上海市，农村居民基本达到小康水平，但是同城市居民人均消费支出相比，浙江省的农村居民消费支出仍落后于城市居民。江苏省农村居民消费支出同浙江省相似。综上所述，长江三角洲地区农村居民人均消费支出的特点是：一是城乡居民消费支出差距较大；二是农村居民消费支出中的食品烟酒、衣着、教育文化娱乐、生活用品及服务支出呈现缓慢上升趋势；三是农村居民逐渐开始注重网上购物和线上交流，用于交通通信支出占比逐年上升。

5.2 长江三角洲地区农村人力资本配置的现状及趋势

5.2.1 农村从业人员数量分析

5.2.1.1 上海市第一产业从业人数

由表 5-6 可知，受数据来源限制，此处仅列出了 2003 年到 2019 年的三次产业就业人数。自 2003 年到 2019 年，第一产业就业人数占比始终低于 10%，到 2019 年第一产业就业人数下降到总就业人数的 2.96%。

表5-6　　　　上海市按三次产业分析就业人员比重（年底数）　　　单位：%

年　份	第一产业	第二产业	第三产业	第一产业占 GDP 比重
2003 年	9.07	39.00	51.93	1.2
2004 年	8.04	37.76	54.20	1
2005 年	7.07	37.33	55.60	1
2006 年	6.25	37	56.75	0.9
2007 年	5.24	41.25	53.51	0.8
2008 年	4.69	40.27	55.04	0.7
2009 年	4.56	39.74	55.7	0.7
2010 年	3.4	40.68	55.92	0.66
2011 年	3.38	40.3	56.32	0.65
2012 年	4.1	39.44	56.46	0.6
2013 年	4.08	39.22	56.7	0.6
2014 年	3.28	34.92	61.8	0.5
2015 年	3.38	33.77	62.85	0.5
2016 年	3.33	32.85	63.82	0.4
2017 年	3.09	31.36	65.55	0.4
2018 年	2.97	30.74	66.29	0.3
2019 年	2.96	24.39	72.65	0.3

数据来源：《上海统计年鉴 2021》。

5.2.1.2　浙江省第一产业从业人数

由表5-7可知，2000—2021年浙江省第一产业就业人数占总就业人数由 35.6% 下降到 5.3%，呈现逐年下降趋势。这种变化与经济发展的能力是呈现正向变化的。随着城市工业发展的不断进步及城市化进程加快，加之第二、第三产业的收入高于第一产业，因此，从事第一产业的人员逐渐转移到第二、第三产业，其结果必然是从事第一产业的就业人员总数越来越少。我们再把目光转向第一产业占GDP的比重。2000—2021年，第一产业占GDP的比重由10.2%下降到2021年的3.0%，在三次产业发展中，第二、第三产业的比重总和高达90%以上。

表5-7　　　　浙江省按三次产业分析就业人员比重（年底数）　　　单位：%

年　份	第一产业	第二产业	第三产业	第一产业占GDP比重
2000年	35.6	35.4	29	10.2
2001年	33.4	36.1	30.5	9.5
2002年	31	37.4	31.6	8.5
2003年	28.3	41.2	30.5	7.4
2004年	26.1	43.6	30.3	7.0
2005年	24.5	45.1	30.4	6.8
2006年	22.6	45.8	31.6	6.0
2007年	21.1	45.5	33.4	5.2
2008年	19.8	45.5	34.7	5.0
2009年	18.6	45.4	36.0	5.0
2010年	17.1	45.0	37.9	4.8
2011年	15.8	45.0	39.2	4.8
2012年	14.7	45.2	40.1	4.7
2013年	13.4	45.2	41.4	4.6
2014年	12.3	45.4	42.3	4.3
2015年	11.1	45.3	43.6	4.1
2016年	9.9	45.3	44.8	4.0
2017年	8.8	45.1	46.1	3.7
2018年	7.5	44.7	47.8	3.4
2019年	6.5	44.4	49.1	3.3
2020年	5.4	43.9	50.7	3.4
2021年	5.3	44.3	50.4	3.0

数据来源：《浙江统计年鉴2022》。

5.2.1.3 江苏省第一产业从业人数

由表5-8可知，2000—2021年，江苏省第一产业就业人数占总就业人数由42.8%下降到13.0%，呈现逐年下降趋势。第一产业占GDP的比重，由2000年的12.3%下降到2021年的4.1%。

表5-8　　江苏省按三次产业分析就业人员比重（年底数）　　单位：%

年份	第一产业	第二产业	第三产业	第一产业占GDP比重
2000年	42.8	30.2	27.0	12.3
2001年	41.3	31.0	27.7	11.6
2002年	39.0	32.5	28.5	10.5
2003年	35.9	34.4	29.7	9.3
2004年	33.2	36.0	30.8	8.8
2005年	30.9	37.2	31.9	7.7
2006年	28.6	38.4	33.0	6.9
2007年	26.3	39.7	34.0	6.6
2008年	25.1	40.2	34.7	6.4
2009年	23.7	41.1	35.2	6.2
2010年	21.8	42.3	35.9	5.8
2011年	20.9	42.5	36.6	6.0
2012年	20.1	42.6	37.3	6.0
2013年	19.4	42.6	38.0	5.8
2014年	18.5	42.5	39.0	5.6
2015年	17.5	42.1	40.4	5.5
2016年	16.8	41.8	41.4	5.2
2017年	15.8	41.3	42.9	4.7
2018年	15.1	40.8	44.1	4.4
2019年	14.4	40.0	45.6	4.4
2020年	13.8	39.7	46.5	4.4
2021年	13.0	40.2	46.8	4.1

数据来源：《江苏统计年鉴2022》。

5.2.1.4 安徽省第一产业从业人数

由表5-9可知，2000—2021年安徽省第一产业就业人数占总就业人数由58.51%下降到24.2%，呈现逐年下降趋势。第一产业占GDP的比重，由2000年的23.7%下降到2021年的7.8%。

表5-9 安徽省按三次产业分析就业人员比重（年底数）   单位：%

年 份	第一产业就业人数	第二产业就业人数	第三产业就业人数	第一产业占GDP比重
2000年	58.51	16.95	24.55	23.7
2001年	57.52	17.27	25.21	21.7
2002年	55.65	18.06	26.29	20.5
2003年	52.99	19.54	27.48	17.4
2004年	50.85	20.36	28.79	18.5
2005年	48.60	21.36	30.04	17.0
2006年	46.54	22.34	31.12	15.6
2007年	42.95	23.70	33.35	14.0
2008年	40.67	24.74	34.59	13.8
2009年	39.27	24.97	35.75	12.7
2010年	39.10	25.10	35.80	12.1
2011年	38.80	25.20	36.00	11.5
2012年	36.40	26.32	37.28	11.0
2013年	34.37	27.34	38.28	10.6
2014年	32.83	28.09	39.08	10.2
2015年	32.15	28.38	39.47	10.0
2016年	31.72	28.56	39.72	9.5
2017年	31.14	28.77	40.09	8.7
2018年	30.87	28.81	40.33	7.8
2019年	30.72	28.76	40.51	7.9
2020年	25.13	31.45	43.42	8.4
2021年	24.2	31.9	43.9	7.8

数据来源：《安徽统计年鉴2022》。

5.2.2　农村居民受教育水平分析

5.2.2.1　上海市农村居民平均受教育年限

由表 5-10 可知，2010—2020 年上海市农村居民平均受教育年限由 7.88 年上升到 8.68 年，多数为初中学历。其中，男性平均受教育年限由 2010 年的 8.31 年上升到 2020 年的 9.11 年，总体呈现高中学历趋势；女性平均受教育年限由 2010 年的 7.39 年上升到 2020 年的 8.11 年，总体呈现初中学历趋势。值得注意的是，在 11 年的时间里，女性平均受教育年限全部低于男性平均受教育年限 1 年左右。

表5-10　　2010—2020年上海市农村居民平均受教育年限

年份	平均受教育年限	男性平均受教育年限	女性平均受教育年限
2010年	7.88	8.31	7.39
2011年	7.79	8.18	7.35
2012年	8.38	8.56	8.18
2013年	7.09	7.57	6.56
2014年	7.78	8.22	7.25
2015年	7.20	7.68	6.64
2016年	8.34	8.85	7.79
2017年	8.31	8.74	7.83
2018年	8.42	8.82	7.90
2019年	8.51	8.95	7.96
2020年	8.68	9.11	8.11

数据来源：根据历年《中国人口和就业统计年鉴》数据计算而得。

5.2.2.2　浙江省农村居民平均受教育年限

由表 5-11 可知，2010—2020 年浙江省农村居民平均受教育年限由 7.05 年上升到 9.40 年，总体呈现高中学历。其中，男性平均受教育年限由2010年的7.48年上升到2020年的9.88年，总体呈现高中学历趋势；女性平均受教育年限由2010年的6.60年上升到2020年的8.86年，总体呈现初中学历趋势。值得注意的是，在11年的时间里，女性平均受教育年限全部低于男性平均受教育年限1年左右。

表5-11　　　2010—2020年浙江省农村居民平均受教育年限

年份	平均受教育年限	男性平均受教育年限	女性平均受教育年限
2010年	7.05	7.48	6.60
2011年	7.00	7.48	6.51
2012年	7.32	7.69	6.93
2013年	7.42	7.82	7.00
2014年	7.30	7.71	6.86
2015年	6.68	7.12	6.19
2016年	7.35	7.80	6.88
2017年	7.63	8.09	7.14
2018年	7.63	8.05	7.18
2019年	8.33	8.78	7.85
2020年	9.40	9.88	8.86

数据来源：根据历年《中国人口和就业统计年鉴》数据计算而得。

5.2.2.3　江苏省农村居民平均受教育年限

由表5-12可知，2010—2020年江苏省农村居民平均受教育年限由7.44年上升到9.67年，总体呈现高中学历趋势。其中，男性平均受教育年限由2010年的7.89年上升到2020年的10.15年，总体呈现高中学历趋势；女性平均受教育年限由2010年的7.00年上升到2020年的9.16年，总体呈现高中学历趋势。值得注意的是，在11年的时间里，女性平均受教育年限全部低于男性平均受教育年限1年左右。

表5-12　　　　2010—2020年江苏省农村居民平均受教育年限

年　份	平均受教育年限	男性平均受教育年限	女性平均受教育年限
2010年	7.44	7.89	7.00
2011年	7.39	7.82	6.96
2012年	7.41	7.79	7.04
2013年	7.65	8.03	7.28
2014年	7.46	7.99	6.93
2015年	6.96	7.41	6.52
2016年	7.65	8.13	7.16
2017年	7.67	8.24	7.09
2018年	7.70	8.26	7.15
2019年	8.98	9.51	8.44
2020年	9.67	10.15	9.16

数据来源：根据历年《中国人口和就业统计年鉴》数据计算而得。

5.2.2.4　安徽省农村居民平均受教育年限

由表5-13可知，2010—2020年安徽省农村居民平均受教育年限由6.62年上升到9.18年，总体呈现高中学历趋势。其中，男性平均受教育年限由2010年的7.08年上升到2020年的9.70年，总体呈现高中学历趋势；女性平均受教育年限由2010年的6.14年上升到2020年的8.61年，总体呈现初中学历趋势。值得注意的是，在11年的时间里，女性平均受教育年限全部低于男性平均受教育年限1年左右。

由表5-10至表5-13可知，2010—2020年长江三角洲地区农村平均受教育年限呈现总体上升趋势。其中，江苏省的农村平均受教育年限、农村男性平均受教育年限、农村女性平均受教育年限均为最长；上海市则最短。最为明显的是，长江三角洲地区农村男性平均受

表5-13　　　2010—2020年安徽省农村居民平均受教育年限

年份	平均受教育年限	男性平均受教育年限	女性平均受教育年限
2010年	6.62	7.08	6.14
2011年	6.71	7.16	6.24
2012年	6.65	7.10	6.18
2013年	6.80	7.13	6.46
2014年	7.01	7.38	6.62
2015年	6.60	6.92	6.26
2016年	6.98	7.39	6.56
2017年	6.90	7.28	6.50
2018年	7.02	7.42	6.59
2019年	7.97	8.60	7.32
2020年	9.18	9.70	8.61

数据来源：根据历年《中国人口和就业统计年鉴》数据计算而得。

教育年限均高于农村女性平均受教育年限，平均高出1年左右。但是令人遗憾的是，长江三角洲地区的农村平均受教育年限基本保持在初中毕业及以下，只有2020年长江三角洲地区呈现出高中毕业学历状态。

5.2.3　农村人力资本配置的现状及趋势小结

综上所述，本书此处得出3个结论。第一，长江三角洲地区农村人口数量在逐年减少，农村就业人员以女性劳动力为主，从事第一产业的人员也是以女性劳动力为主；第二，长江三角洲地区农村平均受教育年限比国内其他地区长，呈现高中学历状态的趋势较为明显，但农村女性受教育年限近10年均平均低于男性；第三，长江三角洲地区城乡居民的区域人力资本差距较为明显。这些结论表明长江三角洲地区作为我国经济最为发达的地区之一，农村人力资本质量也亟须提高。

5.3 长江三角洲地区农村人力资本的发展环境

5.3.1 农业生产条件

5.3.1.1 主要农业机械年末拥有量及增长情况

（1）上海市主要农业机械年末拥有量

由表5-14可知，2011—2020年上海市农用机械总动力增长不是十分稳定，尤其是2018年下降幅度非常大，比上年减少22.82%；大中型拖拉机台数稳步上升，小型拖拉机、大中型拖拉机配套农具和联合收割机均呈现稳步下降，且幅度不大。2018年上海市农用机械总动力下降幅度较大的主要原因是国四排放升级。

表5-14　　　　2011—2020年上海市主要农业机械年末拥有量

年份	农用机械总动力（万千瓦）	比去年增长率（%）	大中型拖拉机（万台）	小型拖拉机（万台）	大中型拖拉机配套农具（万部）	联合收割机（台）
2011年	105.7	—	0.61	0.52	1.58	0.24
2012年	112.7	6.62	0.65	0.45	1.68	0.26
2013年	113.2	0.44	0.67	0.36	1.8	0.28
2014年	117.8	4.06	0.72	0.33	1.91	0.28
2015年	119	1.02	0.75	0.3	2.05	0.27
2016年	122.3	2.77	0.77	0.28	2.13	0.27
2017年	121.8	-0.41	0.8	0.2	2.2	0.2
2018年	94	-22.82	0.7	0.3	0.4	0.2
2019年	98	4.26	0.8	0.2	0.4	0.2
2020年	102.1	4.18	0.7	0.2	0.4	0.2

数据来源：根据历年《中国农村统计年鉴》整理计算而得。

（2）浙江省主要农业机械年末拥有量

由表5-15可知，2011—2020年浙江省农用机械总动力总体呈现下降趋势，尤其是2016年下降幅度最大，比上年减少9.49%；大中型拖拉机台数稳步上升，小型拖拉机台数稳步下降；大中型拖拉机配套农具从2011年1.38万部稳步上升至2017年2.4万部，2018年下降到0.6万部，下降幅度为75%，2020年上升到1.2万部；联合收割机基本保持不变。浙江省农用机械总动力下降的主要原因是小型拖拉机台数减少。

表5-15　　　2011—2020年浙江省主要农业机械年末拥有量

年份	农用机械总动力（万千瓦）	比去年增长（%）	大中型拖拉机（万台）	小型拖拉机（万台）	大中型拖拉机配套农具（万部）	联合收割机（台）
2011年	2 461.2	—	0.9583	16.8081	1.38	1.8399
2012年	2 489.4	1.15	1.07	16.27	1.61	1.88
2013年	2 462.2	-1.09	1.17	13.93	1.74	1.84
2014年	2 420.1	-1.71	1.2	12.97	1.84	1.81
2015年	2 360.7	-2.45	1.26	11.86	1.99	1.78
2016年	2 136.7	-9.49	1.4	11.72	2.23	1.81
2017年	2 072.3	-3.01	26	10.9	2.4	1.8
2018年	2 009.3	-3.04	22.8	10.3	0.6	1.8
2019年	1 908	-5.04	16.8	5.6	0.8	1.7
2020年	1 813.2	-4.97	17.2	5	1.2	1.7

数据来源：根据历年《中国农村统计年鉴》整理计算而得。

（3）江苏省主要农业机械年末拥有量

由表5-16可知，2011—2020年江苏省农用机械总动力总体呈现下降趋势，年平均增长率为2.7%左右，下降趋势不明显；大中型拖拉机台数稳步上升，小型拖拉机台数稳步下降；大中型拖拉机配套农具从2011年19.17万部稳步上升至2017年35.3万部，2018年至2020年稳步上升，上升幅度不大；联合收割机稳步上升。2011—2020年江苏省主要农业机械年末拥有量表明江苏省农业稳步发展和增长。

表5-16　　　2011—2020年江苏省主要农业机械年末拥有量

年份	农用机械总动力（万千瓦）	比去年增长（%）	大中型拖拉机（万台）	小型拖拉机（万台）	大中型拖拉机配套农具（万部）	联合收割机（台）
2011年	4 106.1	—	10.68	123.41	19.17	10.35
2012年	4 214.6	2.64	11.59	98.71	19.83	11.81
2013年	4 405.6	4.53	13.13	92.54	22.28	13.66
2014年	4 650.0	5.55	15.12	88.16	26.53	14.95
2015年	4 825.5	3.77	16.76	81.86	30.25	15.91
2016年	4 906.6	1.68	17.99	76.05	33.71	16.96
2017年	4 991.4	1.73	18	71.2	35.3	17.5
2018年	5 017.7	0.53	16.5	67.4	25.8	17.7
2019年	5 112	1.88	16.8	62.6	27.2	18.4
2020年	5 213.8	1.99	16.7	58.8	28.9	18.5

数据来源：根据历年《中国农村统计年鉴》整理计算而得。

（4）安徽省主要农业机械年末拥有量

由表5-17可知，2011—2020年安徽省农用机械总动力年平均增长率为2.14%，其中，2017年下降幅度较大，比上年下降8.08个百分点，其原因可能是小型拖拉机台数减少了2.25万台；大中型拖拉机台数稳步上升，小型拖拉机台数稳步下降；大中型拖拉机配套农具从2011年的37.6958万部稳步上升至2017年的59.7万部，2018年下降到40.2万部，下降率为32.66%，2019年至2020年又稳步上升；联合收割机台数稳步上升。

表5-17　　　2011—2020年安徽省主要农业机械年末拥有量

年份	农用机械总动力（万千瓦）	比去年增长（%）	大中型拖拉机（万台）	小型拖拉机（万台）	大中型拖拉机配套农具（万部）	联合收割机（台）
2011年	5 657.1	—	14.532	238.0554	37.6958	12.85
2012年	5 902.8	4.34	16.45	232.78	32.61	11.8047
2013年	6 140.3	4.02	17.99	224.97	37.75	14.5
2014年	6 365.8	3.67	19.93	218.9	44.21	15.93
2015年	6 581	3.38	22.01	214.67	51.51	17.42
2016年	6 867.5	4.35	24.65	209.45	56.95	19.58
2017年	6 312.9	-8.08	26	207.2	59.7	20.6
2018年	6 543.8	3.66	22.8	207.9	40.2	21.5
2019年	6 650.5	1.63	24.4	204.5	42	22.1
2020年	6 799.5	2.24	26.3	200.5	44.1	22.8

数据来源：根据历年《中国农村统计年鉴》整理计算而得。

由表5-14至表5-17可知，2010—2020年长江三角洲地区的主要农业机械年末拥有量的差异性较大，其中，安徽省最高，江苏省第二，浙江省第三，上海市最少。究其原因，主要是由于安徽省是我国传统农业大省，农业资源丰富，但是农业发展依然存在资源利用率偏低、碳排放水平较高等问题。

5.3.1.2　农用化肥、农膜、柴油和农药使用量

（1）上海市化肥施用量、农用塑料薄膜使用量、农用柴油使用量和农药使用量

由表5-18可知，2011—2020年上海市化肥使用量、农用塑料薄膜

使用量和农药使用量均呈现下降趋势，且每年的降价幅度均较大；农用柴油使用量出现上升和下降并行的趋势，年均增长率为1.09%。

表5-18　　　　上海市化肥施用量、农用塑料薄膜使用量、农用柴油使用量和农药使用量

年份	化肥施用量（折纯量）		农用塑料薄膜使用量		农用柴油使用量		农药使用量	
	增长量（万吨）	同比增长（%）	增长量（万吨）	同比增长（%）	增长量（万吨）	同比增长（%）	增长量（万吨）	同比增长（%）
2011年	12	—	2.0489	—	13.6	—	0.6295	—
2012年	11	−8.33	1.93	−5.80	12	−11.76	0.5817	−7.59
2013年	10.8	−1.82	1.9436	0.70	13	8.33	0.5019	−13.72
2014年	10.2	−5.56	1.9287	−0.77	12.6	−3.08	0.4666	−7.03
2015年	9.9	−2.94	1.803	−6.52	13.4	6.35	0.4415	−5.38
2016年	9.2	−7.07	1.7062	−5.37	13.7	2.24	0.3913	−11.37
2017年	8.9	−3.26	1.5664	−8.19	14.5	5.84	0.3523	−9.97
2018年	8.4	−5.62	1.4781	−5.64	13.1	−9.66	0.3177	−9.82
2019年	7.5	−10.71	1.3213	−10.61	13	−0.76	0.2771	−12.78
2020年	6.9	−8.00	1.2864	−2.64	14.6	12.31	0.2644	−4.58

数据来源：根据历年《中国农村统计年鉴》整理计算而得。

（2）浙江省化肥施用量、农用塑料薄膜使用量、农用柴油使用量和农药使用量

由表5-19可知，2011—2020年浙江省化肥使用量、农用塑料薄膜使用量和农药使用量均呈现下降趋势，且每年的降价幅度均较大；农用柴油使用量出现上升和下降并行的趋势，年均增长率为−0.36%。

表5-19　浙江省化肥施用量、农用塑料薄膜使用量、农用柴油使用量和农药使用量

年份	化肥施用量（折纯量）		农用塑料薄膜使用量		农用柴油使用量		农药使用量	
	增长量（万吨）	同比增长（%）	增长量（万吨）	同比增长（%）	增长量（万吨）	同比增长（%）	增长量（万吨）	同比增长（%）
2011年	92.1	—	5.8416	—	195.1	—	6.3854	—
2012年	92.2	0.11	6.2287	6.63	196.2	0.56	6.2874	-1.53
2013年	92.4	0.22	6.4663	3.81	198.8	1.33	6.2198	-1.08
2014年	89.6	-3.03	6.5677	1.57	200.7	0.96	5.8748	-5.55
2015年	87.5	-2.34	6.7458	2.71	203.2	1.25	5.6458	-3.90
2016年	84.5	-3.43	6.73	-0.23	203.2	0.00	4.9482	-12.36
2017年	82.6	-2.25	6.7891	0.88	201.6	-0.79	4.6303	-6.42
2018年	77.8	-5.81	6.8731	1.24	198.8	-1.39	4.3725	-5.57
2019年	72.5	-6.81	6.6737	-2.90	190.5	-4.18	3.8572	-11.79
2020年	69.6	-4.00	6.6892	0.23	188.6	-1.00	3.6561	-5.21

数据来源：根据历年《中国农村统计年鉴》整理计算而得。

（3）江苏省化肥施用量、农用塑料薄膜使用量、农用柴油使用量和农药使月量

由表5-20可知，2011—2020年江苏省化肥使用量、农用塑料薄膜使用量和农药使用量均呈现下降趋势，且每年的降价幅度均较大；农用柴油使用量出现上升和下降并行的趋势，年均增长率为0.93%。

（4）安徽省化肥施用量、农用塑料薄膜使用量、农用柴油使用量和农药使用量

由表5-21可知，2011—2020年安徽省化肥使用量、农用塑料薄膜使用量和农药使用量均呈现下降趋势，且每年的降价幅度均较大；农用柴油使用量出现上升和下降并行的趋势，年均增长率为0.74%。

5.3.2 国家财政用于农林水各项支出

由表5-22可知，上海市每年国家财政农林水支出最低，这跟上海的经济发展规划关联性比较高，上海市主要以第二产业和第三产业为主；江苏省每年国家财政农林水支出最高，这表明江苏省种植业结构、林牧渔业以及现代农业发展较快，对农林水支出需求较高；浙江省每年的财政农林水支出居于长江三角洲地区第二位，这表明浙江省农业现代化效果显现，对农林水支出的需求也较高；安徽省虽然是农业大省，但是主要发展的是传统农业，对于现代农业的发展需要加强谋划。

5.3.3 农村卫生情况

5.3.3.1 上海市每千人口卫生技术人员数

由表5-23可知，上海市每千人口卫生技术人员数量中，城市和农村相差比较悬殊。根据2011—2022年《中国卫生健康统计年鉴》，自2010年到2021年上海市城市每千人口卫生技术人员数比同期农村高出约30%左右，其中，2018年城市每千人口卫生技术人员数比农村高

表5-20　江苏省化肥施用量、农用塑料薄膜使用量、农用柴油使用量和农药使用量

年份	化肥施用量（折纯量）		农用塑料薄膜使用量		农用柴油使用量		农药使用量	
	增长量（万吨）	同比增长（%）	增长量（万吨）	同比增长（%）	增长量（万吨）	同比增长（%）	增长量（万吨）	同比增长（%）
2011年	337.2	—	10.644	—	100	—	8.65	—
2012年	331	-1.84	11.255	5.74	103	3.00	8.3675	-3.27
2013年	326.8	-1.27	11.6846	3.82	106.8	3.69	8.1157	-3.01
2014年	323.6	-0.98	11.9846	2.57	107.5	0.66	7.9531	-2.00
2015年	320	-1.11	11.3243	-5.51	108.6	1.02	7.81	-1.80
2016年	312.5	-2.34	11.3941	0.62	108.7	0.09	7.6184	-2.45
2017年	303.9	-2.75	11.5085	1.00	109	0.28	7.3167	-3.96
2018年	292.5	-3.75	11.6064	0.85	109.4	0.37	6.96	-4.88
2019年	286.2	-2.15	11.4153	-1.65	108.9	-0.46	6.7396	-3.17
2020年	280.8	-1.89	11.1776	-2.08	108.6	-0.28	6.5703	-2.51

数据来源：根据历年《中国农村统计年鉴》整理计算而得。

表5-21　　　安徽省化肥施用量、农用塑料薄膜使用量、农用柴油使用量和农药使用量

年份	化肥施用量（折纯量）		农用塑料薄膜使用量		农用柴油使用量		农药使用量	
	增长量（万吨）	同比增长（%）	增长量（万吨）	同比增长（%）	增长量（万吨）	同比增长（%）	增长量（万吨）	同比增长·（%）
2011年	329.7	—	8.6114	—	70.4	—	11.7475	
2012年	333.5	1.15	9.1171	5.87	72	2.27	11.6741	-0.62
2013年	338.4	1.47	9.4882	4.07	73.4	1.94	11.7774	0.88
2014年	341.4	0.89	9.6155	1.34	73.4	0.00	11.3974	-3.23
2015年	338.7	-0.79	9.7943	1.86	75.7	3.13	11.1048	-2.57
2016年	327	-3.45	9.6966	-1.00	75.7	0.00	10.5704	-4.81
2017年	318.7	-2.54	9.7601	0.65	75.5	-0.26	9.9394	-5.97
2018年	311.8	-2.17	9.7828	0.23	75.5	0.00	9.4177	-5.25
2019年	298	-4.43	10.3735	6.04	74.7	-1.06	8.8271	-6.27
2020年	289.9	-2.72	10.3299	-0.42	75.2	0.67	8.3294	-5.64

数据来源：根据历年《中国农村统计年鉴》整理计算而得。

表5-22　　　　　　　　　国家财政农林水支出　　　　　　　单位：亿元

年份	上海市	浙江省	江苏省	安徽省
2010年	151.93	290.37	489.16	292.52
2011年	161.54	373.32	618.13	351.87
2012年	217.97	408.2	754.09	430.47
2013年	187.25	513.03	868.34	478.17
2014年	202.34	524.59	899.31	502.69
2015年	267.37	1 008.6	739.08	577.74
2016年	327.41	722.41	985.62	624.83
2017年	456.53	696.69	918.22	681.91
2018年	469.88	724.46	996.67	704.86
2019年	523.1	744.24	1032.37	736.27
2020年	473.8	764.89	1091.25	924.29

数据来源：根据历年《中国统计年鉴》整理计算而得。

出83.78%。较为显著的是，城市每千人口执业医师数量远超过农村，自2015年至2021年，城市每千人口执业医师数量是农村的2倍之多。城市每千人口注册护士的人数一直远远高于农村。根据国家卫生健康委员会的要求，到2025年，我国卫生健康人员总量达到1 600万人，每千人口执业（助理）医师数到3.2人，每千人口注册护士数达到3.8人，每千人口药师（士）数达到0.54人。可见，上海市每千人口卫生技术人员数、执业医师、注册护士等的人数均较低。

表5-23　　　　　　　上海市每千人口卫生健康人员情况一览表　　　　　　　单位：人

年份	卫生技术人员			执业（助理）医师			其中：执业医师			注册护士		
	合计	城市	农村	合计	城市	农村	合计	城市	农村	合计	城市	农村
2010年	9.71	9.81	7.67	3.75	3.71	4.62	3.44	3.52	2.00	3.96	4.06	1.88
2011年	9.92	10.03	7.71	3.79	3.75	4.55	3.49	3.56	2.05	4.15	4.25	2.07
2012年	6.21	10.50	7.57	2.34	3.89	4.32	2.17	3.71	2.02	2.66	4.55	2.18
2013年	10.97	11.13	7.66	4.05	4.03	4.28	3.77	3.86	2.07	4.74	4.87	2.29
2014年	6.76	11.58	7.58	2.52	4.25	4.20	2.37	4.08	2.07	2.96	5.13	2.33
2015年	7.0	12.0	7.7	2.6	4.4	4.1	2.5	4.2	2.1	3.1	5.4	2.5
2016年	7.4	12.5	7.6	2.7	4.5	3.9	2.6	4.4	2	3.3	5.6	2.4
2017年	7.7	13.1	7.7	2.8	4.7	3.9	2.7	4.5	2.1	3.5	5.9	2.5
2018年	8.1	13.6	7.4	3	4.9	3.7	2.8	4.7	2	3.6	6.2	2.4
2019年	8.4	14.5	—	3.1	5.3	—	2.9	5.1	—	3.8	6.6	—
2020年	8.62	15.12	—	3.15	5.5	0.86	3.01	5.28	—	3.91	6.87	—
2021年	9.2	9.2	—	3.38	3.38	—	3.22	3.22	—	4.17	4.17	—

注：①城市包括直辖市和地级市，农村包括县及县级市；②合计项的分母系推算户籍人口数，分城乡项的分母系常住人口数。

数据来源：根据历年《中国卫生健康统计年鉴》整理计算而得。

5.3.3.2　浙江省每千人口卫生技术人员数

由表5-24可知，2010—2021年，在浙江省每千人口卫生技术人员数中，城市和农村之间的差距逐渐缩小。2010年，每千人口卫生技术人员数量，城市为8.84人，农村为4.80人，城市高于农村84.17%；每千人口执业医师数量，城市为3.15人，农村为1.61人，城市高于农村95.65%；每千人口注册护士数量，城市为3.48人，农村为1.46人，城市高于农村138.36%。2015年，每千人口卫生技术人员、执业医师、注册护士的数量，城市高于农村分别为106.56%、120%和140.91%。自2016年开始，城市和农村的差距逐渐缩小，到2021年，每千人口卫生技术人员、执业医师、注册护士的数量，城市高于农村分别为48.19%、52.17%和58%。

5.3.3.3　江苏省每千人口卫生技术人员数

由表5-25可知，自2010年至2021年，江苏省每千人口卫生技术人员数量，城市和农村之间的差距也呈现逐渐缩小态势。2010年，每千人口卫生技术人员数量，城市为6.61人，农村为3.26人，城市高于农村102.76%；每千人口执业医师数量，城市为2.34人，农村为1.14人，城市高于农村105.26%；每千人口注册护士数量，城市为2.71人，农村为1.09人，城市高于农村148.62%。2015年，每千人口卫生技术人员、执业医师、注册护士的数量，城市高于农村分别为132.56%、161.54%和181.25%。自2016年开始，城市和农村的差距逐渐缩小，到2021年，每千人口卫生技术人员、执业医师、注册护士的数量，城市高于农村分别为36.34%、49.30%和47.22%。

5.3.3.4　安徽省每千人口卫生技术人员数

由表5-26可知，自2010年至2021年，安徽省每千人口卫生技术人员数量，城市和农村之间的差距同上海市、浙江省、江苏省类似，呈现逐渐缩小态势。2010年，安徽省每千人口卫生技术人员数量，城市为5.26人，农村为2.23人，城市高于农村135.87%；每千人口执业医师数量，城市为1.81人，农村为0.62人，城市高于农村191.94%；每千人口注册护士数量，城市为2.32人，农村为0.65人，城市高于农村256.92%。2013年，

表5-24

浙江省每千人口卫生健康人员情况一览表

单位：人

年份	卫生技术人员			执业（助理）医师			其中：执业医师			注册护士		
	合计	城市	农村	合计	城市	农村	合计	城市	农村	合计	城市	农村
2010年	6.08	8.84	4.80	2.54	3.46	2.11	2.09	3.15	1.61	2.10	3.48	1.46
2011年	6.42	9.58	4.96	2.60	3.66	2.11	2.17	3.32	1.63	2.29	3.78	1.59
2012年	6.02	10.14	5.34	2.37	3.77	2.21	2.00	3.47	1.73	2.21	4.14	1.78
2013年	7.30	10.30	5.69	2.86	3.83	2.34	2.43	3.55	1.83	2.75	4.24	1.95
2014年	6.82	11.59	5.82	2.65	4.29	2.36	2.26	3.98	1.86	2.64	4.87	2.05
2015年	7.3	12.6	6.1	2.9	4.7	2.5	2.5	4.4	2.0	2.9	5.3	2.2
2016年	7.7	12.2	6.7	3	4.5	2.7	2.6	4.2	2.2	3.1	5.2	2.5
2017年	8.1	13	6.9	3.2	4.9	2.8	2.7	4.5	2.2	3.3	5.6	2.6
2018年	8.5	12.9	7.4	3.3	4.9	3	2.9	4.6	2.4	3.5	5.6	2.9
2019年	8.9	13.2	7.9	3.5	5	3.2	3.1	4.7	2.6	3.8	5.8	3.1
2020年	8.49	14.24	8.11	3.37	5.43	3.38	2.97	5.07	2.77	3.61	6.34	3.25
2021年	8.85	10.67	7.2	3.56	4.17	3	3.16	3.85	2.53	3.83	4.74	3

注：①城市包括直辖市和地级市，农村包括县及县级市；②合计项的分母系常住人口数，分城乡项的分母系推算户籍人口数。

数据来源：根据历年《中国卫生健康统计年鉴》整理计算而得。

表5-25　江苏省每千人口卫生健康人员情况一览表　　　单位：人

年份	卫生技术人员			执业（助理）医师			其中：执业医师			注册护士		
	合计	城市	农村	合计	城市	农村	合计	城市	农村	合计	城市	农村
2010年	4.40	6.61	3.26	1.73	2.49	1.34	1.54	2.34	1.14	1.64	2.71	1.09
2011年	4.67	6.48	3.61	1.79	2.38	1.45	1.60	2.24	1.23	1.80	2.74	1.26
2012年	5.00	7.90	3.87	1.99	2.89	1.68	1.70	2.72	1.30	1.96	3.42	1.35
2013年	5.63	8.90	3.94	2.23	3.24	1.70	1.89	3.06	1.28	2.29	3.95	1.42
2014年	5.76	8.98	4.29	2.24	3.22	1.82	1.88	3.04	1.34	2.37	4.02	1.58
2015年	6.1	10.0	4.3	2.4	3.6	1.9	2.0	3.4	1.3	2.6	4.5	1.6
2016年	6.5	9.8	4.7	2.6	3.6	2.1	2.1	3.4	1.5	2.8	4.6	1.8
2017年	6.8	10.1	5	2.7	3.7	2.2	2.3	3.5	1.5	3	4.7	1.9
2018年	7.8	10.1	5.7	2.9	3.7	2.4	2.4	3.5	1.7	3.2	4.8	2.3
2019年	7.8	10.3	6.2	3.2	3.9	2.7	2.6	3.6	1.9	3.5	4.9	2.5
2020年	7.85	10.26	6.61	3.16	3.83	2.91	2.64	3.62	2.09	3.47	4.83	2.68
2021年	8.13	9.23	6.77	3.21	3.52	2.82	2.71	3.18	2.13	3.63	4.24	2.88

注：①城市包括直辖市和地级市，农村包括县及县级市；②合计项的分母系推算户籍人口数，分城乡项的分母系常住人口数，合计项的分母系推算常住人口数，分城乡项的分母系推算户籍人口数。

数据来源：根据历年《中国卫生健康统计年鉴》整理计算而得。

表5-26

安徽省每千人口卫生健康人员情况一览表

单位：人

年份	卫生技术人员			其中：执业（助理）医师			其中：执业医师			注册护士		
	合计	城市	农村	合计	城市	农村	合计	城市	农村	合计	城市	农村
2010年	3.10	5.26	2.23	1.27	2.00	0.97	0.96	1.81	0.62	1.13	2.32	0.65
2011年	3.16	5.55	2.25	1.23	2.01	0.93	0.94	1.82	0.61	1.23	2.52	0.74
2012年	3.94	5.54	2.51	1.54	2.00	1.04	1.19	1.83	0.69	1.59	2.57	0.86
2013年	3.66	6.28	2.63	1.42	2.23	1.10	1.10	2.04	0.72	1.49	2.96	0.91
2014年	4.41	6.64	2.78	1.71	2.34	1.17	1.32	2.15	0.77	1.83	3.18	0.99
2015年	4.6	6.9	2.9	1.8	2.4	1.2	1.4	2.2	0.8	1.9	3.3	1.1
2016年	4.7	6.9	3	1.8	2.4	1.2	1.5	2.3	0.9	2	3.4	1.1
2017年	5	7.3	3.2	1.9	2.6	1.3	1.6	2.4	0.9	2.2	3.6	1.2
2018年	5.3	7.7	3.4	2	2.7	1.4	1.6	2.5	1	2.4	3.8	1.4
2019年	5.7	8.3	3.6	2.2	2.9	1.5	1.8	2.7	1.1	2.6	4.1	1.5
2020年	6.75	9.01	4.28	2.69	3.34	1.82	2.18	3.11	1.3	3.08	4.44	1.81
2021年	7.12	9.54	5.54	2.82	3.64	2.29	2.3	3.24	1.69	3.29	4.58	2.44

注：①城市包括直辖市和地级市，农村包括县及县级市；②合计项的分母系推算户籍人口数，分城乡项的分母系常住人口数。

数据来源：根据历年《中国卫生健康统计年鉴》整理计算而得。

每千人口卫生技术人员、执业医师、注册护士的数量，城市高于农村分别为 138.78%、183.33% 和 225.27%。自 2014 年开始，城市和农村的差距逐渐缩小，到 2021 年，每千人口卫生技术人员、执业医师、注册护士的数量，城市高于农村分别为 72.20%、91.72% 和 87.70%。

5.3.4 农村人力资本的发展环境现状及趋势小结

长江三角洲地区农村居民人均可支配收入、人均消费支出、农村医疗卫生保健、农村正规学历教育、农业生产条件等农村人力资本的发展环境分析显示，长江三角洲地区农村居民人均可支配收入和消费支出明显低于长江三角洲地区城市居民。其中，安徽省在整个长江三角洲地区的农村人力资本发展环境处于相对较低水平，上海市和浙江省则处于相对较高水平。

5.3.4.1 长江三角洲地区农村人力资本医疗卫生保健条件亟待改善

上海市、浙江省、江苏省和安徽省地处长江三角洲地区，总体而言，长江三角洲地区是我国较为发达的地区之一。从区域内部看，安徽省的农村卫生保健条件，如每千人口卫生技术人员的数量连续 10 年均为最低，而且城市明显高于农村。受其影响，农村地区高级人力资本出现"乡—城"流动，尤其是医疗卫生保健条件较好的地区能够给患病人员提供良好的公共卫生基础设施、各级疾病预防控制体系保障、基层医疗卫生机构预防保健等功能，这些进一步加快了农村人力资本追求更优质量的医疗卫生保健条件的"以足投票"速度。

5.3.4.2 长江三角洲地区农村人力资本教学培训重视程度需要提高

长江三角洲地区农村女性平均受教育年限明显低于男性，但是即使是男性，其平均受教育年限也明显低于城市。据中央财经大学《中国人力资本报告 2021》显示，2019 年全国劳动力人口的平均受教育年限是 10.5 年。平均教育程度最高的前五个省（自治区、直辖市）是北京、上海、天津、江苏、辽宁；平均教育程度最低的五个省（自治区、直辖市）是甘肃、贵州、云南、青海、西藏。2019 年全国劳动力人口中高中及以上受教育程度人口占比是41.6%，其中农村占比为21.6%，城市占比为54.6%。2019年，全国劳动力人口中大专及以上受教育程度人口占比是20.6%，其中农村占比为5.6%，城市占比为30.4%。2019年长江三角洲地区的安徽省农村男性平均受教育年限为8.6年，即使是江苏省，其农村男性平均受教育年限也仅为10.15年，比全国劳动力人口的平均受教育年限10.5年少0.35年。如果正规学历教育受到诸多因素制约，则可以选择增加技术技能培训弥补受教育年限的不足。因此，需要加大对长江三角洲地区农村人力资本教育或培训的宣传力度，便于引起高度重视。

5.3.4.3　长江三角洲地区农村人力资本生产条件仍需改善

作为减轻农业劳作强度、提升农业技术投入水平、提高生产效率和经济效益的农业机械化水平，长江三角洲地区的平均水平高于全国东北、西北、西南等地区。当然，这同各地区是否以农业生产为发展目标具有一定相关性。2020年全国农业机械总动力105 622.1万千瓦，大中型拖拉机477.3万台，大中型拖拉机配套农具459.4万部，小型拖拉机1 727.6万台，农用水泵2 300万台，谷物联合收割机219.5万台。与全国其他地区相同，长江三角洲地区农业生产经营以小型农机具为主，大中型农机具所占比例较低，但增速比小型农机具快。农业机械化水平不高，限制了长江三角洲地区农村经济发展，进而导致乡土人才流失、高层次人力资本不愿回流。因此，政府需提高对长江三角洲地区的农业机械化运用程度，有效改善农业现代化水平，进而吸引高层次人力资本流入农村。

6　农村人力资本配置现状导致的全体人民共同富裕困境

共同富裕是发展生产力与完善生产关系的统一，其强调生产与分配的结合。然而，由于我国农村人力资本配置存在高级人力资本转向非农就业、培育积累存量不足、发展环境不佳等问题，引发收入水平不高、公共服务体系不健全、社会心理嬗变等现实困境，在市场机制无法化解的情况下，全体人民共同富裕的目标难以实现。需要说明一点，本书对具有异质性农村人力资本进行了分类，分成初级、中级和高级，其中，高级指的是至少接受过大专以上的教育。

6.1　农村老龄化与高素质人力资本转向非农就业加剧了农业弱质性

6.1.1　农村劳动力供给与人口老龄化加速

6.1.1.1　各区域外出农民工数量均有所增长

根据《中国统计年鉴2021》显示，2020年我国农村65岁以上老年人口 90 352 876 人，占比达到 17.72%，其中男性人口 43 526 849 人，女性人口 46 826 027 人，占比分别为 8.53% 和 9.19%。同期，城市老年人口 73 996 706 人，占比仅为 10.78%，其中男性人口 28 812 976 人，女性 45 183 730 人，占比分别为 5.01% 和 5.77%。根据国家统计局发布的《2021 年农民工监测调查报告》显示，2021 年全国农民工总量 29 251 万人，比 2020 年增加 691 万人，增长 2.42%。其中：外出农民工 17 172 万人，比 2020 年增加 213 万人，增长 1.26%；本地农民工 12 079 万人，比 2020 年增加 478 万人，增长 4.12%。2021 年年末在城镇居住的进城农民工 13 309 万人，比 2020 年增加 208 万人，增长 1.59%。除了 2020 年受到新型冠状肺炎疫情影响减少之外，农民工数量的变化从总体看，绝对量呈现逐年增长态势。本地农民工增速高于外出农民工，外出农民工地区分布及构成见表 6-1，农民工地区分布见表 6-2。

表6-1　　　　　2021年外出农民工地区分布及构成　　　单位：万人、%

按输出地分	规模			构成		
	外出农民工	跨省流动	省内流动	外出农民工	跨省流动	省内流动
合计	17 172	7 130	10 042	100	41.5	58.5
东部地区	4 636	700	3 936	100	15.1	84.9
中部地区	6 320	3 578	2 742	100	56.6	43.4
西部地区	5 582	2 669	2 913	100	47.8	52.2
东北地区	634	183	451	100	28.9	71.1

数据来源：国家统计局《2021年农民工监测调查报告》。

表6-2　　　　　　　农民工地区分布　　　　　　单位：万人、%

地区	2020年	2021年	增量	增速
按输出地分				
东部地区	10 124	10 282	158	1.6
中部地区	9 447	9 726	279	3.0
西部地区	8 034	8 248	214	2.7
东北地区	955	995	40	4.2

地区	2020年	2021年	增量	增速
按输入地分				
东部地区	15 132	15 438	306	2.0
中部地区	6 227	6 571	344	5.5
西部地区	6 279	6 280	1	0.0
东北地区	853	894	41	4.8
其他地区	69	68	-1	-1.4

数据来源：国家统计局《2021年农民工监测调查报告》。

由表6-1可知，外出农民工中，跨省流动7 130万人，占外出农民工的41.5%；从输出地看，中部地区跨省流动农民工占外出农民工的56.6%；东部地区和东北地区，农民工主要以省内流动为主，省内流动占比为84.9%和71.1%。由表6-2可知，从输入地看，2021年东部地区就业的农民工15 438万人，比上年增加306万人，增长2.0%。其中，在京津冀地区就业的农民工2 125万人，比上年增加49万人，增长2.4%；在江浙沪地区就业的农民工5 339万人，比上年增加160万人，增长3.1%；在珠三角地区就业的农民工4 219万人，比上年减少4万人，下降0.1%。在中部地区就业的农民工6 571万人，比上年增加344万人，增长5.5%。在西部地区就业的农民工6 280万人，与上年基本持平。在东北地区就业的农民工894万人，比上年增加41万人，增长4.8%。在中部地区就业的农民工增量占全国农民工增量的49.8%。

对外出农民工就业进行分析，发现外出农民工月均收入增速快于本地农民工。2021年，农民工月均收入为4 432元，比2020年增加360元，增长8.8%。其中，外出农民工月均收入5 013元，比2020年增加464元，增长10.2%；本地农民工月均收入3 878元，比2020年增加272元，增长7.5%。分区域看，在东部地区就业的农民工月均收入4 787元，比上年增加436元，增长10.0%；在中部地区就业的农民工月均收入4 205元，比上年增加339元，增长8.8%；在西部地区就业的农民工月均收入4 078元，比上年增加270元，增长7.1%；在东北地区就业的农民工月均收入3 813元，比上年增加239元，增长6.7%。分行业看，农民工就业集中的六大行业月均收入持续增长。其中，从事制造业农民工月均收入4 508元，比上年增加412元，增长10.1%；从事居民服务修理和其他服务业农民工月均收入3 710元，比上年增加323元，增长9.5%；从事建筑业农民工月均收入5 141元，比上年增加442元，增长9.4%；从事住宿餐饮业农民工月均收入3 638元，比上年增加280元，增长8.3%；从事批发和零售业农民工月均收入3 796元，比上年增加264元，增长7.5%；从事交通运输仓储和邮政业农民工月均收入5 151元，比上年增加337元，增长7.0%。

值得一提的是，进城农民工人均居住面积有所增加，2021年进城农民工人均居住面积21.7平方米，比上年增加0.2平方米。其中，在500万人以上城市人均居住面积17.0平方米，比上年增加0.1平方米；在50万人以下城市人均居住面积25.5平方米，比上年增加0.2平方米。

同时，进城农民工的生活条件持续改善，2021年住房中有取暖设施的比重比2020年提高2.7个百分点；有电冰箱、洗衣机和洗澡设施的分别占68.9%、70.8%和86.5%，分别比上年提高1.9个、2.7个和1.1个百分点；有独用厕所的占71.7%，比上年提高0.2个百分点；能上网的占95.6%，比上年提高0.8个百分点；拥有汽车（包括经营用车）的占34.1%，比上年提高3.3个百分点。

对2021年进城农民工随迁儿童教育情况进行分析，发现3~5岁儿童入园率（含学前班）有所提高，达到88.2%，比2020年提高2.1个百分点，其中61.6%在公办幼儿园或普惠性民办幼儿园。义务教育阶段儿童在校率持续提高，达到99.6%，比2020年提高0.2个百分点。从就读学校类型看，小学年龄段随迁儿童在公办学校就读比2020年提高2.9个百分点；10.5%在由政府资助的民办学校就读，比2020年降低1.9个百分点；初中年龄段随迁儿童88.2%在公办学校就读，比2020年提高1.2个百分点；7.3%在由政府资助的民办学校就读，比2020年提高0.2个百分点。

从 2021 年进城农民工社会融合情况看，41.5% 的进城农民工认为自己是所居住城市的本地人，比 2020 年提高 0.1 个百分点。农民工的归属感越来越强，尤其是规模较小的城市，农民工的归属感最强。对是否适应本地生活的调研表明，83% 的农民工表示非常适应和比较适应。对于社区组织的活动，30.4% 的进城农民工参加过，其中 4% 的人经常参加，加入工会组织的农民工也已经占到进城农民工的 14.5%。

综上，外出进城农民工的数量在逐年增加，且农民工的城市归属感逐渐增强，尤其是随迁儿童能够进入学校就读更是解决了农民工子女的求学问题。进城农民工已有 2.92 亿人，而那些返乡的农民工中，绝大多数是因为年龄偏大或者身体状况不佳。这可以初步判定，农村中大量技能较低的人员外出务工，虽然很多外出农民工选择外卖、快递、建筑等技术含量偏低的工种，但是其结果造成农村劳动力年龄老化。

6.1.1.2 农村劳动力老龄化情况加剧

按照国际标准划分，当一个地区的 60 岁以上人口占比超过总人口 10% 或者 65 岁及以上人口占比超过总人口的 7% 以上时，可以判定该地区人口进入老龄化状态。第七次全国人口普查公报数据显示，我国农业人口总计 5.1 亿人，其中 60 岁及以上人口约有 1.21 亿人，占全国农村人口的比重为 23.81%。第六次全国人口普查公报数据显示，我国农业人口总计 66 280 万人，其中 60 岁及以上人口约有 9 930 万人，占全国农村人口的比重为 14.98%。可见，随着时间的推移，农村人口老龄化程度逐渐加深，并且呈现持续增长的趋势。根据第七次人口普查数据，农村 60 岁及以上和 65 岁及以上的老年人口分别占比 23.81% 和 17.72%，比城镇老年人口比重分别高出 7.99% 和 6.61%，农村未富先老，老龄化"城乡倒置"，说明我国农业人口老龄化形势严峻。

根据国际劳工组织的定义，45 岁及以上的劳动力为老年劳动力，当老年劳动力人口在劳动年龄人口中占比超过 15% 时，劳动力出现老龄化现象。第二次全国农业普查数据显示，农业生产经营人员的数量为 34 246 万人（见表 6-3）。

表6-3　　　　　第二次全国农业普查的农业生产经营人员数量　　　　单位：万人

人员分类	人员数量
农业生产经营人员	34 246
男性	16 041
女性	18 205
41～50岁	7 899
51～60岁	7 283
60岁以上	3 848

数据来源：国家统计局《第二次全国农业普查》。

　　由表6-3可知，第二次全国农业普查的农业生产经营人员总数为34 246万人，41～50岁人口7 899万人，占全国农业生产经营人员总数的23.07%；51～60岁人口7 283万人，占全国农业生产经营人员总数的21.27%；60岁以上人口3 848万人，占全国农业生产经营人员总数的11.24%。

　　表6-4是第三次全国农业普查的农业生产经营人员数量。农业生产经营人员数量为31 422万人，我国农业劳动力年龄在35岁及以下人数占全国农业生产经营人员的19.17%，年龄在36～54岁占全国农业生产经营人员的47.25%，55岁及以上的，占全国农业生产经营人员的33.58%。同第二次全国农业普查的农业生产经营人员相比较，农业劳动力总量减少，老年劳动力占比明显增加，这表明，从事农业生产的农业劳动力老龄化速度明显加快。

表6-4　　　　第三次全国农业普查的农业生产经营人员数量　　　　单位：万人

人员分类	全国	东部地区	中部地区	西部地区	东北地区
农业生产经营人员	31 422	8 746	9 809	10 734	2 133
规模农业经营户农业生产经营人员	1 289	382	280	411	217
农业经营单位农业生产经营人员	1 092	341	265	358	128
按性别划分农业生产经营人员数量					
男性	16 494	4 581	5 162	5 593	1 158
女性	14 927	4 165	4 647	5 140	975
按年龄划分农业生产经营人员数量					
35岁及以下	6 023	1 537	1 765	2 347	375
36～54岁	14 848	3 894	4 674	5 217	1 063
55岁及以上	10 551	3 315	3 370	3 170	695

数据来源：国家统计局《第三次全国农业普查》。

除了农业劳动力老龄化速度明显加快之外，地区之间的农业劳动力老龄化程度也出现了明显的地区差异。全国55岁及以上农业生产经营人员数量为10 551万人，占全国农业生产经营人口数量的33.58%，其中东部地区为3 315万人、中部地区为3 370万人、西部地区为3 170万人和东北地区为695万人，占55岁及以上农业生产经营人口数量分别为37.9%、34.4%、29.5%和32.6%。显然，我国西部地区农业劳动力占比与东部地区相比较相差8.4个百分点。由此可见，我国地区之间的农业劳动力老龄化程度也明显不同，东部地区比西部地区的老龄化形势更加严峻，农业劳动力老龄化给地方农业经济发展带来重要的影响。

6.1.1.3　农村女性生育意愿影响社会抚养比

农村女性生育意愿对于我国农村人力资本的影响较为广泛，最典型的表现是生育率下降导致养老压力加剧。目前，我国农村人口占全部人口的35.28%，因此，有必要关注农村女性生育意愿，其目的是防止未来可持续的老龄化出现。生育意愿和生育水平持续下降，由此产生包括老龄化加剧、适婚年龄人口性别比失调以及年轻劳动力供给短缺等问题。农村女性生育率下降的一个可能原因是我国产业结构调整导致的农村劳动力从农业部门转移至非农部门。通过研究发现，我国老年抚养比逐年提高，从2001年10.1%上升到2020年19.7%，这表明劳动力人均承担的抚养人数逐年增多，也就意味着劳动力的抚养负担变得沉重。老龄人口抚养比更为直接地度量劳动力的养老负担。

由于我国人口基数大、增长快，长期以来一直认为我国人口自然增长率应该较高。但是，根据我国2020年11月人口发展研究中心的报告显示：我国人口自然增长率已降至年均1.76%，如果人口总数增长长期低速，则2027年我国总人口将进入负增长阶段。纵观我国历次普查人口年平均增长率（如图6-1所示），2020年人口增长率为0.53%。

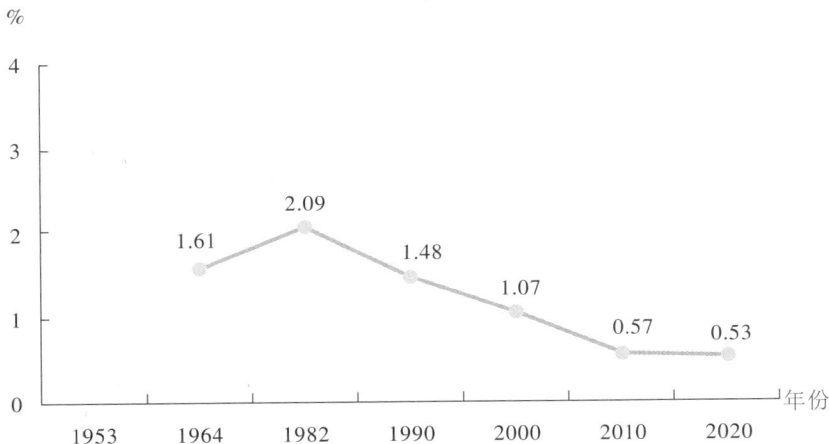

图6-1　历次普查人口年平均增长率

数据来源：《第七次全国人口普查公报》。

　　人口增长率的逐年降低表明女性的生育意愿降低，女性增加了参加非农就业的机会，非农就业一般要求上班时间固定和劳动强度较高，缺乏灵活的时间，非农就业的较高个人收入水平导致农村女性生育意愿降低。因此，农村人力资本的状况总体表现为老龄化、受教育程度低等不足。

6.1.2　农村高素质人力资本转向非农就业

6.1.2.1　农村劳动力人力资本明显低于城镇

　　根据姚旭兵等（2020）的论述，我国高级农村人力资本在三种（初级、中级、高级）农村人力资本中占比最低。《第七次全国人口普查公报》数据显示，我国2020年15岁及以上人口的平均受教育年限由9.08年提高至9.91年。31个省（自治区、直辖市）中，平均受教育年限在10年以上的有13个，在9—10年的有14个，在9年以下的有4个，排在前三位的是北京、上海、天津；文盲率由2010年4.08%下降为2020年的2.67%，下降1.41个百分点。我国城镇化率64.72%。农、林、牧、渔业就业人员年平均工资54 682元。目前，我国农村人力资本的平均受教育年限集中于初中程度，这些劳动力人力资本中的一部分外溢性流出，也必然会导致第一产业的实际劳动力人力资本低于第二产业和第三产业。

为了说明问题，本书采用赵爽的研究结论。赵爽通过运用AOKI提出的模型测度人力资本的错配程度指出，"第一产业的人力资本错配情况在2008年到2016年之间得到缓解，大批企业兴起带来对劳动力需求的增加，政府也开始放松人口管制，农村闲置劳动力得以有效转移"。在农村劳动力的转移中，年轻或掌握一定技能水平的青壮年劳动力逐渐流向城市，在农村留下儿童、妇女和老人从事第一产业。此处引用中央财经大学《中国人力资本报告2021》中2019年劳动力人口平均年龄数据做以说明（见表6-5）。

表6-5　　　2019年各省（自治区、直辖市）总劳动力人口及
分城乡劳动力人口平均年龄　　　　　　　　单位：岁

排名	省（自治区、直辖市）	平均年龄		
		总劳动力人口	城镇劳动力人口	农村劳动力人口
1	黑龙江	40.47	40.36	40.64
2	辽　宁	40.30	40.25	40.39
3	吉　林	40.15	39.99	40.38
4	内蒙古	39.59	39.15	40.39
5	浙　江	39.48	38.95	40.69
6	湖　南	39.46	39.56	39.34
7	山　东	39.40	38.77	40.40
8	重　庆	39.39	39.55	39.03
9	江　苏	39.19	38.89	39.93
10	湖　北	39.19	38.72	39.91
11	四　川	39.02	38.47	39.65
12	河　北	38.97	38.75	39.22

续表

排名	省（自治区、直辖市）	平均年龄		
		总劳动力人口	城镇劳动力人口	农村劳动力人口
13	上 海	38.75	38.75	-
14	天 津	38.68	38.59	39.16
15	福 建	38.58	38.31	39.13
16	江 西	38.46	38.51	38.40
17	安 徽	38.37	38.18	38.59
18	山 西	38.36	38.42	38.28
19	广 西	38.23	37.82	38.69
20	陕 西	38.10	37.35	39.12
21	青 海	38.07	38.43	37.63
22	北 京	38.05	37.87	39.27
23	甘 肃	37.99	37.73	38.22
24	河 南	37.98	37.93	38.02
25	云 南	37.96	37.58	38.30
26	新 疆	37.67	38.05	37.33
27	宁 夏	37.55	38.03	36.88
28	广 东	37.27	37.29	37.19
29	海 南	37.03	36.81	37.36
30	贵 州	36.68	36.46	36.89
31	西 藏	36.47	32.77	38.93
32	全 国	38.80	38.63	39.05

数据来源：中央财经大学《中国人力资本报告2021》。

表6-5是将各省（自治区、直辖市）的劳动力人口及分城乡的劳动力人口的平均年龄进行横向比较，按总劳动人口的平均年龄由高到低进行排名。总体来看，各省（自治区、直辖市）的劳动力平均年龄分布从33岁到41岁，其中，黑龙江、吉林、辽宁三省的劳动力人口平均年龄最大，西藏的劳动力人口平均年龄最小。从全国范围看，农村劳动力人力资本基本都低于城镇（见表6-6）。

表6-6 全国分城乡劳动力人力资本

年份	名义劳动力人力资本（十亿元）			实际劳动力人力资本（十亿元，1985年为基年）		
	全国	城镇	农村	全国	城镇	农村
1990年	39 075	17 228	21 847	23 643	10 407	13 236
1991年	44 291	19 672	24 619	25 887	11 307	14 580
1992年	49 783	22 201	27 582	27 351	11 750	15 602
1993年	55 608	24 832	30 776	26 631	11 320	15 311
1994年	62 106	27 627	34 480	23 976	10 075	13 900
1995年	69 395	31 064	38 331	22 851	9 699	13 152
1996年	79 474	37 433	42 041	24 111	10 742	13 368
1997年	91 250	45 127	46 123	26 870	12 561	14 309
1998年	104 509	53 762	50 747	30 957	15 055	15 902
1999年	118 651	62 929	55 722	35 581	17 854	17 727
2000年	134 511	73 479	61 033	40 118	20 682	19 436
2001年	147 865	82 771	65 094	43 700	23 135	20 565
2002年	161 581	93 280	68 301	48 001	26 336	21 665
2003年	177 148	104 762	72 386	51 913	29 314	22 599
2004年	194 060	118 365	75 695	54 612	32 062	22 550
2005年	214 210	134 414	79 795	59 095	35 836	23 259
2006年	252 699	162 415	90 284	68 589	42 661	25 928

续表

年份	名义劳动力人力资本（十亿元）			实际劳动力人力资本（十亿元，1985年为基年）		
	全国	城镇	农村	全国	城镇	农村
2007年	290 998	189 835	101 162	75 280	47 716	27 564
2008年	330 029	217 715	112 314	80 556	51 822	28 734
2009年	379 967	255 297	124 670	93 286	61 291	31 995
2010年	435 688	298 561	137 127	103 424	69 455	33 970
2011年	492 601	350 105	142 496	110 716	77 346	33 369
2012年	552 134	403 716	148 418	120 754	86 845	33 909
2013年	605 308	451 002	154 306	131 417	97 119	34 298
2014年	665 069	504 043	161 025	140 949	105 791	35 158
2015年	726 899	556 945	169 954	151 798	115 167	36 632
2016年	801 944	623 663	178 281	164 020	126 310	37 710
2017年	881 491	694 630	186 861	177 349	138 331	39 018
2018年	973 690	778 982	194 708	191 759	151 939	39 820
2019年	1 067 005	864 140	202 864	204 160	163 958	40 201

资料来源：中央财经大学《中国人力资本报告2021》。

由表6-6可知，1999年之前，我国农村实际劳动力人力资本存量高于城镇；1999年之后，城镇的实际劳动力人力资本高速增长，农村却一直保持低速增长，逐渐地城镇与农村实际劳动力人力资本的差距拉大。差距拉大的主要原因是城镇化、劳动力从农村向城镇迁移以及城乡教育差异。同时，我国城镇劳动力人力资本的变动趋势同全国的实际劳动力人力资本的变动趋势形状相似，这就意味着，我国实际劳动力人力资本的变动取决于城镇实际劳动力人力资本存量的变动。

6.1.2.2 乡土人才和精英流出，参加非农化就业

工业化和城市化带来我国经济高速发展，这个过程必然伴随农村

人口的非农化，而非农化的主要表现为农村中的青壮年劳动力、乡土人才和精英等不断流出。受到农业弱质性的影响，农民收入水平低。在我国城乡融合和乡村振兴的背景下，农村劳动力资本受到劳动力市场供求规律影响，教育文化水平高的、受过非农培训的家庭，倾向于主动选择非农生计，其结果造成农村教育型人力资本和企业家型人力资本的流失，大量农村青壮年劳动力、乡土人才和精英流失带来的农村人力资本下降，进一步强化了农业的弱质性，导致农村发展主体和内生发展动能的缺失，农村居民收入整体水平不高。因此，农村居民明显偏低的收入进一步加快了人员流出，更多的流出人员选择了第二产业和第三产业。根据国家统计局发布的《2021年农民工监测调查报告》，分析农民工年龄构成和农民工从业行业分布占比情况（见表6-7和表6-8）。

表6-7　　　　　　　　　　　农民工年龄构成　　　　　　　　　　单位：%

年龄组	2017年	2018年	2019年	2020年	2021年
16～20岁	2.6	2.4	2	1.6	1.6
21～30岁	27.3	25.2	23.1	21.1	19.6
31～40岁	22.5	24.5	25.5	26.7	27
41～50岁	26.3	25.5	24.8	24.2	24.5
50岁以上	21.3	22.4	24.6	26.4	27.3

数据来源：国家统计局《2021年农民工监测调查报告》。

表6-8　　　　　　　　　农民工从业行业分布占比情况　　　　　　单位：%

行业	2016年	2017年	2018年	2019年	2020年	2021年
第一产业	0.4	0.5	0.4	0.4	0.4	0.5
第二产业	52.9	51.5	49.1	48.6	48.1	48.6
其中：制造业	30.5	29.9	27.9	27.4	27.3	27.1
建筑业	19.7	18.9	18.6	18.7	18.3	19

续表

行业	2016年	2017年	2018年	2019年	2020年	2021年
第三产业	46.7	48	50.5	51	51.5	50.9
其中：批发和零售业	12.3	12.3	12.1	12	12.2	12.1
交通运输仓储和邮政业	6.4	6.6	6.6	6.9	6.9	6.9
住宿餐饮业	5.9	6.2	6.7	6.9	6.5	6.4
居民服务修理和其他服务业	11.1	11.3	12.2	12.3	12.4	11.8
其他	11	11.6	12.9	12.9	13.5	13.7

数据来源：国家统计局历年《农民工监测调查报告》。

由表6-7、表6-8和《2021年农民工监测调查报告》可知，40岁以下农民工占比接近50%；在全部农民工中，以2021年为例，未上过学的占0.8%，小学文化程度占13.7%，初中文化程度占56.0%，高中文化程度占17.0%，大专及以上占12.6%。大专及以上文化程度农民工所占比重比2020年年提高0.4个百分点。在外出农民工中，大专及以上文化程度的占17.1%，比2020年提高0.6个百分点；在本地农民工中，大专及以上文化程度的占8.5%，比2020年提高0.4个百分点。从事第三产业的农民工比重为50.9%，比上年下降0.6个百分点。其中，从事居民服务修理和其他服务业的农民工比重为11.8%，比上年下降0.6个百分点；从事批发和零售业的农民工比重为12.1%，比上年下降0.1个百分点；从事住宿餐饮业的农民工比重为6.4%，比上年下降0.1个百分点。从事第二产业的农民工比重为48.6%，比上年提高0.5个百分点。其中，从事制造业的农民工比重为27.1%，比上年下降0.2个百分点；从事建筑业的农民工比重为19.0%，比上年提高0.7个百分点。

6.1.2.3 返乡劳动力和留村劳动力进行非农就业

外出劳动力通常会根据自己的人力资本比较优势决定是否返乡从事非农就业，如果返乡劳动力的人力资本不足以支持他们进行自主创业，则绝大多数的返乡劳动力会回到传统的农业生产中去。由于返乡劳动力在城市接受更多的职业培训与技术培训，有助于他们在返乡之后进行自主创业，实现生产方式的转变，因此，那些在一线城市高房价压力下的流动劳动力会选择返乡工作，并且运用在城市接受的培训和技能进行非农就业。反观留村劳动力群体，会发现农村男性劳动力的非农就业充分度高于女性，并且受教育程度越高，劳动力的非农就业意愿就越强烈。留村女性劳动力受到接受教育程度的影响，非农工作的意愿低于男性。

非农就业通过劳动力流动促进农民收入提高，成为农民增收的主要渠道。但是，农村劳动力外出导致农村家庭"空巢化"，"留守儿童"和"留守老人"成为农村劳动力流动带来收入提高背景下的弱势群体，"留守儿童"的身心健康和科技文化素质、"留守老人"的积劳成疾、健康状况恶化以及"老无所依"等负面影响，直接影响我国未来的人口素质、农村经济的发展及农业现代化的实现。

6.1.3 农业弱质性导致农民收入水平低

6.1.3.1 农业资源的弱质性

农业具有天然的弱质性特征，对自然资源具有天然的依赖性，农业弱质性还表现为生产要素的弱质性。2022 年公布的数据显示，我国人均耕地面积约 1.37 亩，居世界第 67 位。我国已有 664 个市县的人均耕地面积在联合国确定的人均耕地面积 0.8 亩的警戒线以下，全国耕地面积为 18 亿亩。同世界上其他国家相比，我国的农业资源相对缺乏。

6.1.3.2 农业生产的弱质性

农产品是一种需求价格弹性小于供给价格弹性的特殊商品，当农产品价格波动时，供给会早于需求作出反应，需求却不能立即作出调整，农产品的价格、产量与供求处于不稳定的状态，而且波动的幅度可能会越来越大，无法实现供需平衡。另外，宏观经济条件的变化会对农业造成冲击。例如，农产品贸易自由化会导致国内农业生产出现较大的波动；当工业化和城市化快速发展时，农业资金需求、劳动力高素质需求以及土地资源均会流向非农产业和城市，农业发展缺乏后劲。

6.1.3.3 高级人力资本缺失导致农业生产弱质性

人力资本的投入量和质量是影响人力资本积累的主要因素。农村劳动力男性平均受教育年限为9年左右，女性平均受教育年限比男性少1~2年。我国经济增长方式由劳动密集型向资本密集型转变，甚至延伸至技术密集型、知识密集型，对普通劳动力的需求降低，对掌握高等技能和科学技术的劳动力的需求加大。同城市相比，农村的文化、信息及学习氛围远落后于集中各种高等教育资源的城市，因此，农村人力资本的不均等和农村缺乏受教育程度高的劳动力，导致农业生产的弱质性。

6.1.4 总结：农民收入水平低影响全体人民共同富裕

农村人口老龄化、高级人力资本非农就业以及农业生产的弱质性等导致农民收入水平不高。农村总体富裕程度不高以及城乡居民收入差距的存在，与我国共同富裕"是全体人民共同富裕""不是少数人的富裕"的思想不一致。我们党充分认识到农村居民收入水平偏低是共同富裕道路上必须从分配起点解决城乡二元结构下群体收入差距的重要性，在党的十九大报告中，习近平总书记明确指出，"必须坚持以人民为中心的发展思想，不断促进人的全面发展、全体人民共同富裕"。在实现第二个百年奋斗目标的"两步走"战略安排中，习近平总书记对促进共同富裕提出明确要求：到2035年"全体人民共同富裕迈出坚实步伐"，到本世纪中叶"全体人民共同富裕基本实现"。确保从2035年到本世纪中叶，把我国建设成为社会主义现代化强国，基本实现全体人民共同富裕。

6.2 农村人力资本培育积累存量不足加剧了农村公共服务体系不完善性

6.2.1 农村人力资本积累存量不足，分布不均

6.2.1.1 农村劳动力文化水平不高

通过前文所述，农村劳动力总体文化水平不高，其中，农业劳动力文化程度更低，青壮年劳动力文化程度相对较高，妇女劳动力文化程度相对较低，与国外发达国家相比有一定差距。例如，美国农民受教育年限平均为 12 年，日本 1975 年农业劳动力平均受教育年限就达到了 11.7 年（戴家干，1998），荷兰农民大部分是高级中等专业农校毕业（每年有近 20% 的从业农民进入各类职业教育学校接受专业性继续教育），德国农业劳动力中有 54% 接受过至少 3 年的职业培训（程序，1997）。

2020 年，我国农村平均受教育年限为 7.50 年，其中，男性为 7.84 年，女性为 7.12 年。前文中，已经对农村劳动力分省（自治区、直辖市）分地区进行了阐述。中央财经大学《中国人力资本报告 2021》数据显示，2019 年全国劳动力人口中高中及以上受教育程度人口占比 41.6%，其中农村占比 21.6%，城市占比 54.6%。2019 年全国劳动力人口中大专及以上受教育程度人口占比 20.6%，其中农村占比 5.6%，城市占比 30.4%。

1985—2019 年，中国人力资本总量增长 11.5 倍，人力资本总量的年均增长率为 7.9%。2010—2019 年，人力资本总量的年均增长率为 8.0%。1985—2019 年，农村人力资本总量的年均增长率为 3.2%，城镇这一指标为 10.4%。2010—2019 年，农村人力资本总量的年均增长率为 0.7%，城镇这一指标为 9.8%。由此可见，农村劳动力文化水平总体不高。

6.2.1.2 农村劳动力文化水平地区差异较大

我国地域辽阔，农村教育发展存在一定的不平衡性，加之区域间经济发展的不平衡，导致各地区农村劳动力文化水平的地区差异。为了说明问题方便，此处采用中央财经大学《中国人力资本报告 2021》中的结论："人口基数对于人力资本总量起到了决定性的作用。人口基数较大的省份（如广东、山东、河南、江苏）排在总量的前列，由此可见，尽管存在各省教育水平、年龄结构、收入水平等差异，人口数仍在人力资本总量的决定因素中占主导地位。人均人力资本排名靠前的省份（如北京、上海），人力资本总量排名亦属前列。"

2020 年农村男性平均受教育年限排名前五位的省份依次是北京、上海、山西、天津、海南，分别为 9.63 年、9.13 年、8.63 年、8.44 年和 8.39 年；农村男性平均受教育年限排名后五位的省份依次是甘肃、云南、贵州、青海和西藏，分别为 7.34 年、7.12 年、7.03 年、6.61 年和 5.5 年；北京和西藏相差 4.13 年。2020 年，农村女性平均受教育年限排名前五位的省份依次是北京、上海、山西、黑龙江、天津，分别为 9.23 年、8.21 年、8.08 年、7.92 年和 7.91 年；农村女性平均受教育年限排名后五位的省份依次是云南、甘肃、贵州、青海和西藏，分别为 6.4 年、6.19 年、5.98 年、5.69 年和 4.56 年；北京和西藏相差 4.67 年。

6.2.1.3 农村医疗保健条件落后

改革开放以来，农村经济发展取得了长足的进步，农产品日益丰富，农村基础设施相对于计划经济时代有了根本性变革和实质性突破。虽然农村的基础设施得到很大改观，包括水通、电通、路通等，但是农村的医疗保健条件还存在较大改善空间。在很多经济发展好的农村地区，也存在着忽视医疗卫生条件的现象。"东西部发展不平衡以及城乡差别的尖锐性"，导致农村医疗保健条件一直不及城市。

根据表 4-29 可知，2015 年城乡人均卫生费用的比例为 2.5∶1。2020 年，每千人口医疗卫生机构床位数农村是 4.95 张，城市是 8.81 张，每千人口农村比城市少 3.86 张；值得深思的是，每千农村人口乡镇卫生院床位数是1.5张。2021年,全国乡镇共计2.96万个,乡镇卫生院34 943个,床位数141.7万张,卫生人员数149.2万人。2021年全国农村人口49 835万人,平均床位数为0.003张,平均卫生人员数0.003人。可见,农村医疗保健条件比较落后。

6.2.2 农村人力资本积累速度缓慢,投资不足

6.2.2.1 农村人力资本向外流动降低农业全要素生产率

党的十九大报告提出乡村振兴战略,要求培育新型农业经营主体,指出人口、资本等要素不能在空间上非均衡流动。2020年我国居住在乡村的人口为5.1亿人,占36.11%。与2010年第六次全国人口普查相比,2020年我国乡村人口减少1.6亿人,减少了13.94个百分点。2020年年末,全国就业人员7.47亿人,其中农村就业人员2.79亿人,占全国就业人员比重为37.35%,第一产业就业人员1.71亿人;全国农民工总量2.9亿人,比2020年增长2.4%,其中,外出农民工1.72亿人,增长1.3%。在各地农村就业人口中,多数以农村劳动女性和老龄人口为主,由于女性平均受教育年限不高,还需要抚养孩子和赡养老人,这极大地降低了农业全要素生产率整体水平。

6.2.2.2 农村职业教育和成人教育难以保证供需平衡

农村职业教育和成人教育在培育劳动技术人才,促进社会经济健康发展中具有重大的责任与重要的价值。在乡村振兴过程中,农村教育、职业教育与成人教育具有直接面向农村、农业和农民,对农民进行文化教育和技术技能培训的特点,其能够有效促进农业现代化发展、提高农村生活水平和完善农村基础设施。育人价值、经济价值、文化价值起到"扶贫先扶志,扶贫必扶智"的作用,也起到实现农业现代化、促进农村经济发展和提高农民收入的作用。

经过20多年的职业教育改革探索,2020年我国共计拥有成人高等学校265所,成人中专学校991所。虽然我国农村职业教育改革与发展取得了前所未有的成就,但是发展较为缓慢。农村成人文化技术培训学校基本情况见表6-9。

表6-9

2020年农村成人文化技术培训学校基本情况

地区	学校（所）	教学班（点）（个）	培训时间（学时）	结业生（人）总计	其中：女	注册学生（人）合计	其中：女	教职工（人）合计	其中：专任教师	聘请校外教师（人）
总 计	44 519	157 416	328 496 597	21 321 976	10 735 448	19 235 510	9 298 951	103 185	53 010	114 957
北 京	1 884	7 504	1 153 727	508 202	345 072	394 214	267 491	1 166	503	1 714
天 津	2 402	5 361	622 503	324 044	168 163	196 169	92 698	994	671	1 773
河 北	2 033	7 686	1 021 316	715 170	348 788	555 866	222 518	4 132	2 709	3 431
山 西	783	2 361	2 260 079	333 849	137 587	740 375	178 433	2 019	1 101	1 073
内蒙古	4	31	10 072	4 352	1 767	4 345	1 680	10	8	26
辽 宁	67	324	197 544	44 513	21 361	16 575	7 503	113	49	67
吉 林	128	160	144 908	16 825	5 773	18 897	6 803	354	214	108
黑龙江	531	480	18 059	31 665	13 042	27 765	11 270	1 066	670	729
上 海	108	5 377	42 258 844	559 404	317 690	555 807	320 343	1 023	742	2 542
江 苏	5 120	21 467	93 733 530	4 277 558	2 113 794	3 319 211	1 623 425	14 640	8 804	44 120
浙 江	2 571	29 196	44 131 259	4 516 685	2 404 019	3 655 717	1 952 312	8 448	5 647	19 420
安 徽	150	934	249 599	84 984	32 346	79 784	31 400	819	454	3 233
福 建	999	2 707	2 163 846	409 180	172 773	272 031	116 915	1 940	472	1 320
江 西	30	79	137 728	2 794	1 508	2 814	1 517	60	40	81
山 东	824	3 246	10 061 501	420 540	210 004	346 070	170 860	5 425	3 914	2 607

续表

地区	学校（所）	教学班（点）（个）	培训时间（学时）	结业生（人）		注册学生（人）		教职工（人）		聘请校外教师（人）
				总计	其中：女	合计	其中：女	合计	其中：专任教师	
河南	4 339	7 263	5 142 444	591 857	261 869	571 372	283 410	5 942	3 478	4 312
湖北	52	680	1 698 060	86 831	45 512	83 208	43 550	753	608	569
湖南	436	1 055	139 987	92 492	47 504	100 454	55 412	883	457	1 001
广东	542	13 799	11 955 581	1 608 312	776 806	1 388 565	676 021	6 570	4 050	3 061
广西	0	0	0	0	0	0	0	0	0	0
海南	224	2 057	0	0	0	0	0	1 629	68	0
重庆	2 196	4 242	4 231 292	458 079	238 964	440 553	225 589	3 889	1 799	1 301
四川	3 043	11 510	11 881 441	1 078 781	544 656	1 223 662	577 435	10 190	4 541	5 074
贵州	3 575	4 236	5 216 032	586 010	307 947	585 601	330 128	6 105	2 379	3 105
云南	7 698	18 549	82 909 411	3 868 713	1 890 774	3 952 822	1 756 921	8 388	3 570	8 144
西藏	0	0	0	0	0	0	0	0	0	0
陕西	3 675	4 697	3 046 272	447 236	214 584	390 244	190 259	10 989	5 293	5 110
甘肃	328	1 016	18 700	5 520	2 206	5 760	2 408	750	403	20
青海	245	310	103 501	68 624	31 205	64 863	42 958	274	132	192
宁夏	0	0	0	0	0	0	0	0	0	0
新疆	532	1 089	3 989 361	179 756	79 734	242 766	109 692	4 614	234	824

数据来源：《中国教育统计年鉴2020》。

由表6-9可知，2020年全国共计拥有农村成人文化技术培训学校44 519所，教学班（点）157 416个，培训时间3.28亿学时；结业学生数2 132.2万人，其中女性学生1 073.54万人；注册学生数1 923.55万人，其中女性学生929.9万人；教职工共计10.32万人，其中专任教师5.3万人；聘请校外教师11.5万人。

从地区分布来看，没有农村成人文化技术培训学校的省份有3个，即广西、西藏和宁夏，学校数排名前5位的省份依次是云南7 698所、江苏5 120所、河南4 339所、陕西3 675所和贵州3 575所，排名后几位的省份依次是辽宁、湖北、江西和内蒙古；教学班（点）数排名前5位的省份依次是浙江29 196个、江苏21 467个、云南18 549个、广东13 799个和四川11 510个，排名后几位的省份依次是辽宁324个、青海310个、吉林160个、江西79个和内蒙古31个；培训时间排名前5位的省份依次是江苏9 373.35万学时、云南8 290.94万学时、浙江4 413.13万学时、上海4 225.88万学时、广东1 195.56万学时和四川1 188.14万学时，排名后几位的省份依次是江西13.77万学时、青海10.35万学时、甘肃1.87万学时、黑龙江1.81万学时、内蒙古1万学时、海南省0学时。由此可见，农村成人文化技术培训地区差异较为明显。

6.2.2.3 农村教育经费投入显著增加，绝对量不足

以农村职业高中教育经费投入为例进行说明。由表6-10可知，2011—2019年我国农村职业高中教育经费呈现逐年递增的趋势。从2013—2014年，农村职业高中教育经费投入从902 630万元上升到3 219 278万元，增长率为256.66%。其中，国家财政性教育经费从811 198万元上升到2 949 197万元，增长率为263.56%，在国家财政性教育经费中，一般公共预算安排的教育经费从643 982万元增长到2 789 386万元，增长率为333.15%；政府性基金预算安排的教育经费从13 924万元增长到157 000万元，增长率为1 027.55%。除了国家财政性教育经费增长速度较快之外，民办学校中举办者投入、捐赠收入、事业收入和其他教育经费投入也有明显增长。

表6-10　农村职业高中教育经费投入（千元）

年份	总计	国家财政性教育经费 总计	一般公共预算安排的教育经费 总计	一般公共预算教育经费 总计	一般公共预算教育经费 教育事业费	一般公共预算教育经费 基本建设经费	教育费附加	科研经费	其他	政府性基金安排的教育经费	国有及国有控股企业办学中的企业拨款	校办产业和社会服务收入中用于教育的经费	其他属于国家财政性教育经费	民办学校中举办者投入	捐赠收入	事业收入	其他教育经费
2011年	7 354 556	5 815 815	4 705 380	5 398 985	4 234 837	209 778	954 370		260 765	146 766	1 217	2 208	5 874	152 433	13 367	1 164 530	208 411
2012年	9 387 987	8 021 802	6 647 209	7 660 651	6 018 399	396 816	1 245 436		231 994	98 442	10 265	548	19 902	60 394	6 666	1 134 686	164 439
2013年	9 026 302	8 111 976	6 439 815	5 804 905	316 574	316 574	1 512 881		318 336	139 242		559	17 629	36 565	6 453	689 064	182 244
2014年	32 192 782	29 491 969	27 893 861	26 751 958	22 249 869	970 664	3 551 425		1 141 903	1 570 000		25 589	2 519	107 265	21 279	2 130 197	442 072
2015年	34 746 017	31 881 468	31 678 866	30 240 860	26 383 344	709 048	3 148 468		1 438 007	178 573	22 594	1 434		139 491	43 082	1 945 292	736 684
2016年	35 954 949	33 210 010	32 942 932	30 776 210	26 741 745	1 027 890	3 006 575		2 166 722	239 276	21 217	6 585		114 070	15 644	1 931 834	683 391
2017年	36 593 038	33 582 224	33 193 635	30 821 548	27 646 337	673 040	2 502 171		2 372 087	362 809	18 439	7 341		166 771	40 854	2 082 729	720 459
2018年	38 614 652	35 530 148	34 368 809	31 807 520	28 411 062	443 064	2 953 394		2 561 289	1 140 366	16 021	4 952		337 669	18 853	2 178 180	549 801
2019年	39 207 896	36 178 721	35 887 519	33 165 267	29 767 043	561 944	2 836 279	4 332	2 717 920	275 009	14 272	1 920		231 232	23 839	2 336 570	437 534

数据来源：历年《中国教育经费统计年鉴》。

2015—2019年，虽然我国农村职业高中的国家财政性教育经费呈现逐年平稳增长态势（见表6-10），但是增长趋势有所缓慢，由7.93%到1.54%，总量由3 474 601.7万元增长到3 920 789.6万元。从绝对量看，我国农村职业高中的教育经费的总量仍然处于世界不发达国家水平。由于我国GDP总量低，人口数量大，财政性教育经费投入比例较低，所以教育经费投入不仅表现为绝对量低，而且人均投入量更低。

6.2.3 农村公共服务体系不完善

从农村人力资本培育积累存量看，显然是缺少教育型和企业家型人力资本，其原因之一是农村人力资本流动，尤其是农村人力资本较高的流动性影响着农村公共服务体系的建立，农村人力资本流出地区的地方政府缺乏提供高质量公共服务的能力，导致行政区主导的公共服务均等化模式无效率。人力资本存量越高，公共服务需求越大，质量要求越高，公共服务供给的人力资本要求也越高；反之，公共服务需求和供给水平就越低。政府财力是公共服务均等化进程的硬约束。农村人力资本培育积累存量不足带来地方经济发展水平较低。受到经济发展水平的影响，全球人口只有27%享有综合的保障、73%享有不充分的保障或没有任何保障。也就是说，农村人力资本培育积累匮乏的地区，公共服务体系建立不完善。因此，低收入地区着重解决低水平的公共服务均等化问题。

6.2.3.1 农村健康投资总量难以满足人力资本个性化需求

医疗保健支出是确保劳动力健康的重要条件之一。农村医疗保健投资是农村人力资本健康储备的主要来源之一。虽然我国医疗卫生总费用快速增长（见表4-29），但是单纯的医疗费用总量增长难以解决医疗卫生领域存在的问题。多年以来，在我国医疗卫生领域存在以下现象：

一是城乡居民医疗服务的差异带来农村高级人力资本农业就业意

愿不强。基于本人偏好及社会制度因素，城市地区具备更为便捷的医疗服务设施，促进了居民健康观念及健康相关行为的改变。相较于城市，我国农村居民在疾病发展到较为严重时才就诊，对住院的需求较高。农村地区普遍不高的医疗服务资源配置水平，对老年人的身体、心理等都产生不利影响。从就医的距离可及性、经济可及性、资源可及性[①]等各方面看，农村老年人就医的难度系数非常大，对于医疗服务的利用，始终处于同城市老年人相差较大的状态。对于农村高级人力资本而言，父母的医疗服务利用条件的困境，促使其采用外流方式就业，进而带来农村高级人力资本的流失。农村职业高中教育经费投入见表6-10。

二是农村老年人医疗服务利用不足导致农村高级人力资本选择非农就业。对于我国东北、西北、西南等地区的农村老年人而言，经济因素仍然是部分农村老年人医疗服务利月不足的主要原因。对于部分脱贫地区而言，因病返贫的可能性目前仍然存在。国家统计局公布的数据显示（见表6-11），2021年全国城镇私营单位就业人员年平均工资为62 884元，比上年增加5 157元，名义增长8.9%，增速比2020年提高1.2个百分点。扣除价格因素，2021年全国城镇私营单位就业人员年平均工资实际增长7.8%。从行业来看，年平均工资最高的3个行业分别为信息传输、软件和信息技术服务业114 618元，金融业95 416元，科学研究和技术服务业77 708元，分别为全国平均水平的1.82倍、1.52倍和1.24倍。年平均工资最低的3个行业分则是农、林、牧、渔业41 442元，水利、环境和公共设施管理业43 366元，住宿和餐饮业46 817元，分别为全国平均水平的66%、69%和74%。由此可见，农、林、牧、渔业的工资水平在所有行业中处于最低。因比，农村高级人力资本受其教育程度和能力的影响，会选择非农就业。

---

① 高翔. 老年基本医疗服务可及性城乡差异研究——以湖北省11市州为例［D］. 武汉：华中科技大学，2017.范文君. 不同基本医疗保险的老年居民卫生服务利用研究［D］. 上海：复旦大学，2014.崔汪汪. 安徽省农村老年人医疗卫生服务可及性及影响因素研究［D］. 合肥：安徽医科大学，2017.Lau D T, Kirb J B.The Relationship Between Living Arrangement and Preventive Care Use Among Community-Dwelling Elderly Persons［J］. American Journal of Public Health，2009（7）：1315-1321.

表6-11　　2021年城镇私营单位分行业就业人员年平均工资

行业	2021年（元）	2020年（元）	增长速度（%）
合计	62 884	57 727	8.9
农、林、牧、渔业	41 442	38 956	6.4
采矿业	62 665	54 563	14.8
制造业	63 946	57 910	10.4
电力、热力、燃气及水生产和供应业	59 271	54 268	9.2
建筑业	60 430	57 309	5.4
批发和零售业	58 071	53 018	9.5
交通运输、仓储和邮政业	62 411	57 313	8.9
住宿和餐饮业	46 817	42 258	10.8
信息传输、软件和信息技术服务业	114 618	101 281	13.2
金融业	95 416	82 930	15.1
房地产业	58 288	55 759	4.5
租赁和商务服务业	64 490	58 155	10.9
科学研究和技术服务业	77 708	72 233	7.6
水利、环境和公共设施管理业	43 366	43 287	0.2
居民服务、修理和其他服务业	47 193	44 536	6.0
教育	52 579	48 443	8.5
卫生和社会工作	67 750	60 689	11.6
文化、体育和娱乐业	56 171	51 300	9.5

数据来源：国家统计局《2021年城镇私营单位就业人员年平均工资62 884元》。

三是城乡医疗保险类型差异导致农村居民改变就业倾向。自1980年以来，我国农村医疗保健支出有了较大幅度的提高。由表6-12可知，2001—2020年，我国农村医疗保健支出由绝对量96.6元/人上升到1 417.5元/人，占农村居民生活消费支出比重由5.55%上升到10.3%。相对于城镇职工基本医疗保险制度，农村合作医疗的保障水平显然不能够满足农村老年人的门诊就诊需求，同时，农村合作医疗的异地就医报销比例低于城镇职工，这也显著降低了老年人就医的可能性[①]。因此，农村居民如果在城镇具有稳定工作岗位，则可直接纳入城镇职工基本医疗保险；灵活就业的农村居民，可以按照灵活就业人员参保办法参加基本医疗保险。具备一定技能或接受教育程度稍高的农村居民会倾向于选择城镇就业。

表6-12 我国农村医疗保健支出的变化

年份	生活消费支出（元/人）	医疗保健支出（元/人）	医疗支出占生活消费支出的比重（%）
2001 年	1 741.1	96.6	5.55
2002 年	1 834.3	103.9	5.66
2003 年	1 943.3	115.8	5.96
2004 年	2 184.7	130.6	5.98
2005 年	2 555.4	168.1	6.58
2006 年	2 829.0	191.5	6.77
2007 年	3 223.9	210.2	6.52
2008 年	3 660.7	246.0	6.72
2009 年	3 993.5	287.5	7.20
2010 年	4 381.8	326.0	7.44
2011 年	5 221.1	436.8	8.37
2012 年	5 908.0	513.8	8.70
2013 年	7 485.1	668.2	8.93
2014 年	8 382.6	753.9	9.0
2015 年	9 222.6	846	9.2
2016 年	10 129.8	929.2	9.2
2017 年	10 954.5	1 058.7	9.7
2018 年	12 124.3	1 240.1	10.2
2019 年	13 327.7	1 420.8	10.7
2020 年	13 713.4	1 417.5	10.3

数据来源：历年《中国农村统计年鉴》。

① 张丽，童星. 农村老年居民住院服务利用及其影响因素研究：基于CHARLS数据的实证分析 [J]. 南京社会科学，2014（04）：67-75.肖营营. 医疗保险对城乡老年人就医行为选择及医疗负担的影响 [D]. 济南：山东大学，2016.

6.2.3.2 农村基础教育投资难以满足个人及其子女学习需求

人力资本投资中最基本也是最重要的投资方式之一是农村教育投资。这可以从以下两个视角进行分析。

一方面，对于劳动者本人的农村教育投资。这种投资包括正规的学校学历教育，也包括技术技能培训和拜师学艺等非学历教育。通过教育投资，可以有效提高农村居民的从业知识、技术技能等智力水平，还可以提高道德、文化、艺术等方面的认知能力、审美能力、社交能力等，提升农村居民的个人素养，进而使农村居民具备更强的生存技能和抗风险能力。

另一方面，也是最为重要的一个方面，子女接受教育资源的优劣和可获得性是农村人力资本关注的重要问题。对于社会变迁来说，农村家庭经济资本对子女教育资源获得的限制作用日益削弱，如何提升农村教育质量和农村学生的教育获得，推动城乡一体化发展是当前国家政策的重要内容，也成为农村家庭重点关注的问题之一。一般而言，较高层次教育的城乡差距依然存在，尤其是在 1999 年高校扩招之后，城乡教育不平等依然存在甚至加剧。虽然有研究发现我国民众接受教育的机会在增加，但是教育资源向城镇倾斜、农村学校办学经费不足以及优秀教师流失严重等问题，导致城乡居民接受优质教育资源和高等教育质量机会的差距逐渐加剧。特别是经济发展方式从劳动密集型转向技术密集型，农村居民越来越意识到教育的重要性，如果子女没有机会接触更高层次的优质教育资源，缺乏优质教育资源的可获得性机会，则会心存愧疚。基于以上两点，城镇地区较高的教育回报提高了外出务工农村居民的教育期望，农村居民在从事生计活动时更倾向于前往教育资源优质的城镇，以此满足子女对优质教育资源的可获得性需求。

6.2.3.3 农村交通运输成本难以满足人力资本的自我提升需求

将 2020 年我国农村居民人均可支配收入按照五等份进行划分，最高等级的高收入组人均可支配收入为 38 520.3 元，最低等级的低收入者人均可支配收入仅有 4 681.5 元，高收入组的人均可支配收入是低收入组的 8.23 倍。如果对东、中、西部及东北地区分组的人均可支配收入（见表6-13）进行分析，会发现农村地区间的收入差距逐年扩大。

表6-13　　　　农村居民按东、中、西部及东北地区分组的

人均可支配收入　　　　　　　　单位：元

组别	2014年	2015年	2016年	2017年	2018年	2019年	2020年
东部地区	13 144.6	14 297.4	15 498.3	16 822.1	18 285.7	19 988.6	21 286.0
中部地区	10 011.1	10 919.0	11 794.3	12 805.8	13 954.1	15 290.5	16 213.2
西部地区	8 295.0	9 093.4	9 918.4	10 828.6	11 831.4	13 035.3	14 110.8
东北地区	10 802.1	11 490.1	12 274.6	13 115.8	14 080.4	15 356.7	16 581.5

数据来源：《中国统计年鉴2021》。

从交通基础设施对农村居民收入的影响看，交通基础设施的发展会提高农村居民跨区域流动的便利性，降低劳动力的转移成本，满足农村居民离开农业转向非农就业的工作意愿。同时，交通基础设施改善带来产业集聚，农村劳动力可以提升自身能力及综合素质，也可以获得更多就业机会。信息传递也因为交通基础设施改变而变得完备，农村居民可以获得更多的就业信息，进而选择经济收益和社会收益最大化的就业岗位。但是，从目前我国农村交通基础设施看，由于大多数铁路基本是远离农村居民居住地，因此，农村地区多不平坦、狭窄的公路，造成农村居民出行不便，交通运输成本上升，其结果势必带来地区之间的收入差异。

根据王贵东（2018）运用经济增长模型得出的结论：运输成本显著负向影响了（综合）人力资本。通常来说，偏远地区的运输成本一般较高，聚集的人力资本较低；沿海地区、平原地区的运输成本一般较低，聚集的人力资本较高。本书同意王贵东（2018）的阐述，也就是说，即使偏远地区出现了部分高级人力资本，在该地区也是一种人力资本的"浪费"，高级人力资本群体会向沿海地区、平原地区流动。因此，农村交通运输成本难以满足人力资本的自我提升需求，也必然带来农村高级人力资本的外流。

6.2.4　总结：农村公共服务体系不健全影响农村群体消费能力提高

公共服务体系包括教育、培训、防疫、环境等，基于人力资本积累变现的区位决策，一方面影响公共服务需求规模和公共服务供给水平，另一方面人力资本积累变现能力提高也影响公共服务需求增长，形成累积性因果循环。如果从公共福利角度理解公共服务，那么公共服务就是一种消费，但是我们不能单纯地将公共服务理解成一般意义上的消费，认为消费就是消耗，而是应该运用马克思主义政治经济学，将公共服务中的"消费"理解为人口和劳动力生产、再生产的过程，也就是人力资本积累、人力资本发展的过程。人力资本积累需要通过公共服务或者公共消费得到保障[20]，"共同富裕的充分必要条件是保障所有人获得基本能力"，能力提升来自社会消费过程。农村公共服务体系不完善，人力资本生产、再生产的消费可及性较低，而消费的不可获得性与"共同富裕强调保障所有人获得基本能力"相悖。

根据刘尚希、蔡昉关于共同富裕的阐释，物质生活的共同富裕可以从收入和财富两个方面衡量。从现实生活看，消费差距是一个能够体现共同富裕水平和贫富差距的维度。消费是人的能力提升和人力资本积累的过程，也是为经济提供目的和创造条件的过程。消费包括私人消费和公共消费，两者形成合力以满足包括基本营养、基本教育、基本医疗、基本住房等需要在内的基本消费，以此保障每个人都有平等机会获得基本能力，实现起点和机会的公平。在农村社会保障体系中，健康投资、基础教育投资和交通运输等生活和生产保障体系均不健全，因此，农村高级人力资本外流现象严重，其结果导致农村人力资本积累存量中的初级和中级居多，这些进一步加剧了政府和社会对农村社会保障体系投资的难度，而农村社会保障体系的完善和健全是影响农村居民消费的可及性的重要因素之一。

6.3 城乡人力资本积累差异导致社会心理嬗变

6.3.1 农村居民产生"仇富"心理

6.3.1.1 教育和健康机会不均等导致农村居民认为改革不公平

教育和健康是人力资本的两个重要组成部分。接受一定程度的教育特别是高等教育机会不均等是农村人力资本面临的一个重要问题。教育长期以来被不断制度化，通过自身特有的标准、规则、规范，构筑起安全的壁垒，从而树立对其他系统、其他实体、其他过程的排他性特征，导致正规教育"十分狭隘"。以"筛选"为主要形式的考试制度进一步在现代学校体系规则中，被进一步谱系化、阶层化，教育资源的不平等分配和排斥性更加隐蔽化。卢梭认为，教育资源分配不平等的原因在正式教育出现之前就存在了，例如家庭的经济社会地位、学前教育等。在现实领域中，经济资本、文化资本等构成的社会经济地位对教育资源分配的不平等也渗入教育领域的公共资源分配。与城市相比，农村人力资本面对的教育资源分配具有较大的不平等性。健康不平等是农村人力资本面临的另一个重要问题。虽然自2010年到2018年我国健康亲富现象逐渐变少，但是社会经济地位的不同导致不同群体所处的环境差异和医疗资源分配差异共同带来了健康不平等。农村人力资本发展面对的健康不平等，导致部分农村居民认为经济改革不公平。

6.3.1.2 收入分配差距导致农村居民的贫富阶层对立感增强

收入分配差距过大，导致高收入人群掌握的社会资源越来越多，进而凭借其在财富上的绝对优势左右市场局势，导致低收入农村居民群体处于越来越不利的位置，进一步带来其各方面的状况恶化，引起社会出现贫富阶层对立。受"马太效应""强者愈强、弱者愈弱"两极分化效应影响，导致低收入农村居民阶层固化，在自尊心、自信心和自立能力方面受到困扰，贫富阶层对立感越来越强。

当农村居民认为出现贫富阶层对立的时候，其对国家的政策方针理解会出现偏差。在政府安排的财政性资金支持的技能培训，或者其他接受教育和再教育的机会时，很难有动力、有意愿、有获得感地去接受，甚至对未来丧失希望，导致个人精神萎靡不振、健康不佳、营养不良的低生活质量，进而影响他们的劳动效率和社会生产力的发展。

6.3.1.3　收入分配不均导致农村居民对生活满意度和信心度降低

农村居民对生活的满意度和信心度降低，主要源于农村人力资本积累不足带来的收入分配差距。收入分配差距会导致农村居民产生"仇富"心理。从历史经验来看，20世纪70年代以来西方发达国家财富不平等引发了诸多社会问题。例如，2008年金融危机、2011年主要资本主义国家的"占领华尔街"运动、2018年法国爆发的"黄马甲"社会运动、2021年美国出现的社会正义运动等，这些社会冲突及群体性事件的显著增加，表明收入分配不均等可能加剧社会矛盾。

作为人力资本积累不高的农村，居民收入出现城乡收入差别或地区内收入差别，均会带来农村居民对生活的获得感降低，进而对生活的满意度和信心度降低，随即有可能引发村民集体上访、仇恨社会。部分富人生活奢靡、"炫富"，不思回报社会，或者利用权钱交易破坏社会规则，引发腐败行为，导致其他农村居民对生活的满意度降低，也对其他群体的信任度降低。

农村居民可以接受贫富差距，但不能接受因为不公平竞争引发的贫富差距。对贫困家庭测度发现，教育贫困、健康恶化、工作性质等构成人力资本积累的重要阻碍性因素，也是产生农村居民贫困的因素。由于农村劳动者自身的人力资本匮乏也对其贫困脆弱性的形成起到了关键作用，因此，当遇到不公平竞争时，容易产生"厌世情绪"，进而导致"仇富"心理，对生活满意度和信心度降低。

6.3.2 城乡关系不和谐

6.3.2.1 农村居民难以接受生活设施低于城市居民

从农村人力资本发展环境看，教育、健康不平等容易引发社会心理嬗变。在初级农村人力资本占大多数的农村，农民对于改革过程中的教育、健康不平等极为反对，其严重后果是在社会关系上表现为城乡关系不和谐。初级农村人力资本在接受教育、医疗、住房等优惠政策时，会"主观"认为低于城市居民，心理的获得感、幸福感会被不平衡感、相对剥夺感所代替。因此，在初级农村人力资本占据主导地位的农村，农民这个群体的利益"碎片化"和社会阶层"分化"将会带来共创和共享的内生动力不足。

6.3.2.2 农村居民资源融合和产业融合积极性不足

城乡二元结构带来城乡发展不平衡，严重影响了我国共同富裕的实现。针对我国城乡发展不平衡，党的十九大报告提出要"建立健全城乡融合发展体制机制和政策体系"，而后于2022年3月国家发展和改革委员会印发了《2022年新型城镇化和城乡融合发展重点任务》，突出强调了城乡融合发展的6个方面28条任务。城乡融合包括空间融合、资源融合和产业融合。此处重点介绍农村居民在资源融合和产业融合两方面的积极性不足。在资源融合方面，很多地方政府没有在城乡利益相关点上达成基本共识，导致城乡公共资源配置失衡，部分农村居民认为政府仍然执行"以乡哺城"政策，农村的土地、农作物、地上附着物等仍继续以低价哺育城镇，尤其是城市中的人才、资本、技术等要素资源较少向农村流动，这些均进一步带来农村居民对于土地、农作物以及地上附着物的保护，不愿意信任资源融合政策。

在产业融合方面，城市的二三产业入驻农村意愿不强。为追求规模效益、集聚效应和知识扩散效应，大多数城市的第二三产业的布局仍然选择在城市或者城郊的产业园区，距离农村居民居住地较远，交通不够便利。更为重要的是，依赖土地生存的农村居民认为在城乡产业融合发展中，农村特色产业发展极不充分，农产品的产业链条较短，尤其是农村生态价值开发程度较低，没有形成乡村旅游、生态康养等产业项目的城乡联动，因此，农村居民在主观意愿上难以尽快进行城乡产业融合。

6.3.2.3 农村居民心理压力较大

从贫富差距视角看待共同富裕，不仅需要考虑收入、财富等物质生活，还需要从更广阔的视角看待个体差异，强调平等内涵的多样性，关注居民在心理上产生的压力。城乡贫富差距分化，加大了低收入者的心理压力，这种压力可能通过内分泌触发生理系统疾病，进而降低幸福感（Easterlin，1974；陆铭等，2014；马万超等，2018；万广华和张彤进，2021）。心理压力加大，有可能产生心理疾病，也有可能导致个别人员出现偷盗、抢劫等社会犯罪现象。

6.3.3 总结：社会心理嬗变影响共创和共享相统一

共同富裕是人人共创和共享发展相统一。在推进共同富裕过程中，坚持以人民为中心，以人本逻辑为主导，注重人本逻辑（人的发展—物质发展—人的发展）替代原来的物本逻辑（物质发展—人的发展—物质发展），体现为"人人参与、人人尽力、人人享有"。党的十九大对共同富裕的阐释，进一步拓宽和突显共同富裕同我国现阶段社会主要矛盾的内在联动性。解决现阶段"人民日益增长的美好生活需要和不平衡不充分的发展之间的矛盾"，与共同富裕基本路径"共建共享共富"高度契合。因此，农村人力资本发展环境不同于城市，会造成社会保障水平低，进而影响从共创和共享发展相统一。

教育、健康等基本权利不平等导致机会不平等，机会不平等使得群体能力普遍偏弱，而能力普遍偏弱又会导致教育和健康进入非良性循环。收入差距使农村居民认为自己是弱势群体，降低对其他群体的信任度，信任度降低又会导致贫富阶层对立越来越严重，农村居民的生活幸福感、获得感、满意度和信心度逐渐减弱甚至失去。共创共享需要"人人努力"，"人人努力"的前提是"人人参与"，群体能力的普遍偏弱影响了"人人参与""人人努力"，影响了全体人民共同富裕、共同创建。

共同富裕不是劫富济贫式的财富分配，是全体人民共同创造出来的，不是分配出来的。城乡公平发展，城镇化更加规范，也就意味着"人人参与"的就业更加正规化，也就意味着工资有保障，就业稳定，社会保障健全，进而可以改善农村人力资本的收入、社会流动和消费，逐步达到中等收入群体水平。

7 研究结论及推进共同富裕的财政政策选择

7.1 研究结论

本书对我国各地区农村人力资本配置进行分析,得出以下结论:

首先,对我国农村总体而言,农村人力资本配置受到农村从业人员数量、农村受教育水平、农业生产条件等因素影响。其中,农村居民受教育年限对农村人力资本存量和流量影响最为显著,平均受教育年限在大专及以上的农村劳动力,被称为高级人力资本,其会选择流出原始居住地,流入公共服务体系相对完善的地区从事非农就业。

其次,对于按区域选择的典型地区——长江三角洲地区而言,有两个结论:第一个结论是农村人力资本存量和农村物质资本投入对农村经济增长都有促进作用。调研结果显示:长江三角洲地区农村人口数量逐年减少,农村就业人员以女性劳动力为主;江苏省、浙江省、上海市的男性平均受教育年限普遍高于全国其他地区,安徽省的平均受教育年限则低于全国平均水平,也就是说,作为我国经济发达的长江三角洲地区同样存在农村人力资本程度的区域差别性；上海市、浙江省、江苏省的农村人力资本医疗卫生保健条件、教学培训重视程度、生产条件明显高于全国其他地区，安徽省对长江三角洲地区的医疗卫生保健条件和教学培训重视程度略低。长江三角洲地区的农村经济增长水平显著高于国内其他地区。第二个结论是农村居民人均可支配收入和人均消费支出总体高于全国其他地区，但是城乡差距仍然存在。调研结果显示：上海市、浙江省、江苏省和安徽省的人均可支配收入依次排序，上海市是安徽省的1.92倍，但是这四个地区的城乡收入差距呈现缩小态势；上海市、浙江省、江苏省三个地区的农村居民人均消费支出普遍高于全国其他地区，只有安徽省略低，但是安徽省的消费结构基本处于由温饱向小康过渡。总体而言，长江三角洲地区的农村居民人均可支配收入总体居于全国前列，且城乡居民收入差距逐渐缩小，人均消费支出能力也显著增强。

最后，对于农村人力资本积累对共同富裕的影响。共同富裕是共享发展成果，是从强调分配结果到重视消费过程。重视消费过程，前提是做大蛋糕，而分好蛋糕是为了支撑做大蛋糕，从而更好地分蛋糕，这是良性循环的必要条件。生产、分配及再生产、再分配，都离不开人力资本配置。人力资本是经济增长和个人收入提高的重要基础，也是影响农村居民可支配收入水平和人均消费支出的关键因素，深入研究农村人力资本配置与共同富裕的关系具有重要的理论和现实意义。本书正是在这一背景下，从宏观和微观、整体和局部视角对农村人力资本配置与共同富裕关系进行了理论分析，并查阅了历年的《中国统计年鉴》《中国农村统计年鉴》《中国教育统计年鉴》《中国教育经费统计年鉴》《中国卫生健康统计年鉴》《中国人口和就业统计年鉴》《中国民政统计年鉴》《上海市统计年鉴》《浙江省统计年鉴》《江苏省统计年鉴》《安徽省统计年鉴》等，查阅了历年的《国民经济和社会发展统计公报》《上海市国民经济和社会发展统计公报》《浙江省国民经济和社会发展统计公报》《江苏省国民经济和社会发展统计公报》《安徽省国民经济和社会发展统计公报》等，查阅了历年《农民工监测报告》和中央财经大学《中国人力资本报告》等，运用数据进行横向和纵向比较分析，认为提高农村劳动力教育年限、改善农村劳动力就业创业环境可以带来劳动力人均收入水平较快速度增加，从而促进整体农民收入水平和消费水平的提高，尽早实现共同富裕。

特别说明：在优化农村人力资本配置时，涵盖儿童人力资本、初级人力资本、中级人力资本、高级人力资本以及困难群体人力资本。后文在进行阐述时，将上述人力资本融于一体进行。

7.2 以农村人力资本提升推进共同富裕实现的财政政策选择

7.2.1 通过收入再分配加强农村人力资本积累，实现社会财富分配兼顾公平与效率

初次分配强调坚持"效率优先，兼顾公平"的原则，个体之间能力不同带来收入不同，进而出现收入差距，个体之间的能力和收入差距是一种发展中的永恒现象。个人的能力可以通过自身努力得到改善和提高，或能够缩小同其他人的差距。但是，当这种差距转变为群体性现象时，就很难再通过个人努力去改变。此时，城乡居民之间的收入差距缩小，必须通过再分配方式，解决农村人力资本积累难题，进而改变农民致富和家庭条件改善的群体性面临处境，才能实现财富分配兼顾公平与效率的目标[24]。

7.2.1.1 加大对农村教育的财政投入力度

（1）改革农村教育投资体制，满足农村教育经费短缺需求
①厘清教育属性和农业生产特点
一是教育具有公共物品属性。从教育的属性看，其具有"非排他性"和"非竞争性"的显著特点，高等教育具有排他性和非竞争性，属于准公共产品。教育的外溢性和正的外部效应非常高，因此，如何投资农村教育增加农村居民平均受教育年限就显得非常重要。基础教育是面

向全体学生的国民素质教育，对于提高中华民族素质，培养各级各类人才，促进社会主义现代化建设具有全局性、基础性和先导性的作用。基础教育具备典型的非排他性和非竞争性。高等教育是在完成基础教育和中等教育基础上进行的专业教育和职业教育，是培养高级专门人才和职业人员的主要社会活动。教育培训能够给普通农户带来较大的收益，但是最终知识成果却不能被有效保护。在农业生产领域，接受农业知识成果的农村居民，可以将获得的培训技能进行示范推广，进而让更多的人受益。

二是农业生产具有特殊性。同先进制造业和高新技术等产业相比较，农业生产活动的从业者即使平均受教育年限不长也能够从事生产经营。农业生产通常是在自然条件下农户通过模仿、仿制或复制就可以从事，农民在田间地头相互交流分享经验也非常便利。但是，农业现代化、农业科学化、农业规范化等现代农业发展除了需要保障基本粮食生产外，还需要推出科技农业、观光农业等附加值较高的农业形式，这些农业形式需要农民具备一定的知识、视野和创造力，而知识是农业教育投资的主要产出品，农业生产知识和技术能够通过高等教育和职业培训获得，农民获得之后也极易传播，这带来农村教育投资的空间溢出，对于加快农村经济发展起到促进作用。

三是农村教育投资具有非经济属性。从教育属性可知，农村教育投资具有关系到农民素质、农村人力资本形成、农村经济发展以及农民收入水平和消费水平提高等社会性问题，其作用超过可以获得经济效益的盈利性。但是，农村教育投资即人力资本投资具有滞后性，一般来说是在教育投资当年和之后的连续几年能够持久收效和受益。虽然教育投资属于资本要素的一种，其"趋利性"本质特征会使教育资源集中流入经济回报率高的区域、产业和行业，但是政府如果作为投资主体的话，则会遵循公平性原则促进教育资本流入邻近区域，这也是经济发展分成经济带、经济圈的主要原因之一，这可以极大地产生正的外部性，带动邻域经济发展。

②厘清农村教育投资范围

一是基础教育投资：投资主体是政府。注重分析农村教育的特殊性，避免城乡教育投资雷同。农村基础教育投资不能遵循城乡统一的教育体制，因为相较于城镇学生，农村学生的发展途径较窄，农村教育落后将会导致农村学生升学压力大于城市学生，大量农村学生是留守儿童，缺少父母陪伴和教育，有些农村学生迫于升学压力、经济压力、精神压力等选择辍学。基础教育是纯公共产品，因此，农村基础教育投资的主体应当是政府，投资主要内容包括教学硬件和教学软件，如丰富的线上教育教学资源、实践动手操作实验室设备等。其中，最为重要的是投资师资队伍建设和课程建设。师资队伍建设包括教师的工资、教师上升通道、教师专业知识提升、教师核心能力培养、教师激励机制等；课程建设包括先进的教育理念、教学方法、教学评价指标建设等，还包括培养德育美育和劳育品德的课程和家校沟通课程等。值得关注的是，对于那些没有机会或者没有继续教育希望的学生而言，投资的课程内容还需要考虑学生学习的知识和技能能否满足未来社会生活的实际需求。

二是高等教育投资：投资主体多元化。注重分析农村教育的异质性，避免各区域之间产业同质。加强对农村居民子女、农民工子女、失地农民子女的高等教育投资，可以提高他们的人力资本水平。但是，促进农村经济发展必须要提高农村人力资本水平，而提高农村人力资本水平就要突出强调农村高等教育投资。高等教育属于准公共产品，因此，投资的主体应当是政府、企业和社会机构等，投资的主要内容除了教学硬件和软件外，还应包括关乎农业经济发展的植物生产类、自然保护与环境生态类、动物生产类、林学类、水产类以及草学类等农业专业。农学是农业科学领域的传统学科，以解决人类的"吃饭穿衣"为首要己任。随着农业科技创新速度的不断加快，生物技术和信息技术的飞速发展及其在农业中的广泛应用，农学专业的建设和发展能够提高农村人力资本质量、促进农村经济发展水平、提高农村居民收入水平和消费支出能力。值得关注的是，高等教育学校地处不同地区应具有不同的办学特色和特点，不能出现同质的农村教育投资领域，避免出现农业生产的同质性而降低农业产品的竞争性。

三是职业技能培训投资：投资主体多元化。注重分析农村教育的滞后性，避免过于强调短期投资绩效。农村劳动力分为外出务工和在本地从事农业、务工等两类。在本地从事农业的农村劳动力主要从事农业、手工业和简单加工业，接受职业培训的比例低于20%，其技能取得和提高主要通过老少相传、工友交流，较难获得适应新形势下农业产业结构升级和产业市场化运营的需要。如果按照产业发展规划情况进行分类，农村区域可以划分为产业发展规划地区和零散自由经营地区。前者由发展规划部门根据农业发展规划需要，组织专家有针对性地进行职业培训，如家庭农场、家庭生产合作社等新型职业农民培育；对于零散自由经营地区，由于没有可行性的长远发展规划，较少接受合适的职业技能培训。因此，农业职业技能培训投资主体是政府、企业和社会机构等多元化主体。投资的主要内容应该包括围绕各地农村产业发展规划，根据劳动力就业和产业发展需要，培训农业种植、林果、畜牧、水产养殖及加工等能够提高劳动力产业经营与管理技能、公民素质和乡村文化水平的内容。必须强调的是，各地方相关机构和政府部门需要统筹进行职业技能培训，避免出现重复或者投资不足的现象。同时，可以请专家指导，编写具有区域性农业发展特点的培训教材，也可以组织农业从业者前往地方职业学校或技工学校，开展短期新技术实践实训培训，搭建农业职业技能培训平台。

综上所述，农村教育投资范围需要深入把握我国城乡之间、区域之间的不平衡性，以财政专项拨款为主，以税收优惠、财政补贴引导企业参与农村职业教育投资为辅，以农业生产物资补贴引导个人教育投资为补充，形成政府、企业和个人三方共同投资教育多元化投资制度。

（2）开展农村职业技能培训，满足现代农业发展技能需求

①注重顶层设计培训内容

一是创新教育理念，发展农村职业教育教学。各地区政府及相关职能部门要统筹安排本地培训内容，多机构联动，组织职业技术学校开设具有本土化特色的农业技能培训班，分别培训农业管理、农业种植和养殖、农业销售、农业转型升级等方面的内容。根据培训内容，由国家、地方政府、高校、研究机构等根据我国农业主要指标（见表7-1和表7-2），编写具有全国性或大区域性需求的项目化实操指导手册，拍摄并制

作通俗易懂的音频视频等立体化图、文、声、像并茂的教学资源；地方政府组织编写具有本地特色或独特性资源优势的项目化实操指导手册，依据各地区主要农作物播种面积（见表7-3），发挥地区性优势。教育、农业等管理部门统筹编写的项目化实操指导手册，所有权归国家和各级地方政府所有，对培训机构和学校采取公开使用的原则，让农村劳动力按照注册原则获取资料进行学习，发挥现代信息技术的教学优势，线上线下相结合开展具有高实用性的农业技能培训。

表7-1　　　　　　我国农业主要指标居世界的位次

指标	1978年	1980年	1990年	2000年	2005年	2010年	2019年
农村人口	—	—	1	1	1	1	2
耕地面积	4	4	4	3	3	4	—
谷物产量	2	1	1	1	1	1	1
小麦产量	2	3	2	1	1	1	1
稻谷产量	1	1	1	1	1	1	1
玉米产量	2	2	2	2	2	2	1
大豆产量	3	3	3	4	4	4	4
油菜籽产量	2	2	1	1	1	1	2
花生产量	2	2	2	1	1	1	1
籽棉产量	2	2	1	1	1	1	1
甘蔗产量	7	5	4	3	3	3	3
茶叶产量	2	2	2	2	1	1	1
肉类产量	3	3	1	1	1	1	1
牛奶产量	34	35	20	17	5	3	5
羊毛产量	5	4	4	2	2	1	1

注：表中后三项指标在1990年以前分别是猪肉产量、牛肉产量和羊肉产量。

数据来源：联合国FAO数据库。

表7-2 我国农业主要指标占世界的比重 单位：%

指 标	1978年	1980年	1990年	2000年	2005年	2010年	2019年
农村人口	30.1	29.7	28.5	25.3	23.0	20.8	15.4
耕地面积	7.2	7.2	8.8	8.8	8.5	8.0	—
谷物产量	17.3	18.1	20.7	19.8	18.9	20.5	20.6
小麦产量	12.1	12.5	16.6	17.0	15.6	17.7	17.4
稻谷产量	36.4	36.0	37.0	31.7	28.7	29.4	27.7
玉米产量	14.2	15.8	20.1	17.9	19.6	21.0	22.7
大豆产量	10.1	9.8	10.2	9.6	7.6	6.6	5.4
油菜籽产量	17.7	22.2	28.5	28.8	26.1	22.2	19.1
花生产量	13.4	21.8	27.9	41.8	37.4	41.7	35.9
籽棉产量	16.8	19.7	25.0	25.0	24.6	26.2	28.5
甘蔗产量	3.8	4.4	6.0	5.5	6.7	6.6	5.6
茶叶产量	16.3	17.3	22.3	23.8	26.3	32.5	42.7
肉类产量	8.7	10.8	16.9	26.6	27.4	27.6	23.0
牛奶产量	0.3	0.3	0.9	1.8	5.1	5.7	4.5

注：表中后三项指标在1990年以前分别是猪肉产量、牛肉产量和羊肉产量。

数据来源：联合国FAO数据库。

表7-3 2020年我国各地区主要农作物播种面积构成 单位：%

地区	粮食	棉花	油料	糖料	烟叶	蔬菜	瓜果类
全 国	69.7	1.9	7.8	0.9	0.6	12.8	1.3
北 京	49.8	0.0	1.2	—	0.0	37.3	3.2
天 津	83.5	1.9	0.2	0.0	—	12.6	1.2
河 北	79.0	23	4.4	0.2	0.0	9.9	0.9
山 西	88.4	0.0	2.5	0.0	0.0	5.3	0.4
内蒙古	76.9	0.0	10.2	1.4	0.0	2.2	0.6
辽 宁	82.3	0.0	7.2	0.0	0.1	7.6	1.1
吉 林	92.4	—	4.2	0.0	0.1	2.1	0.6

续表

地区	粮食	棉花	油料	糖料	烟叶	蔬菜	瓜果类
黑龙江	96.8	—	0.3	0.0	0.1	1.0	0.3
上 海	44.8	0.0	0.9	0.0	—	33.0	2.0
江 苏	72.3	0.1	3.7	0.0	—	193	2.1
浙 江	49.3	0.2	6.8	0.4	0.0	32.7	4.8
安 徽	82.7	0.6	5.9	0.0	0.1	8.1	1.1
福 建	51.2	0.0	4.9	0.3	2.9	36.6	1.2
江 西	66.8	0.6	12.0	0.2	0.2	11.7	1.5
山 东	76.1	13	6.1	0.0	0.2	13.7	1.9
河 南	73.1	0.1	10.9	0.0	0.5	11.9	2.0
湖 北	58.3	1.6	17.3	0.1	0.5	16.1	1.2
湖 南	56.6	0.7	17.3	0.1	1.0	16.1	1.7
广 东	49.5	—	8.0	3.6	0.4	30.6	1.0
广 西	45.9	0.0	43	14.3	0.2	25.1	2.0
海 南	40.0		4.5	2.6	0.0	38.3	5.8
重 庆	59.4	—	9.9	0.1	0.8	22.9	0.8
四 川	64.1	0.0	16.1	0.1	0.7	14.7	0.5
贵 州	50.3	0.0	10.6	0.2	2.4	27.6	0.5
云 南	59.6	0.0	4.5	3.4	5.8	17.5	0.5
西 藏	67.0	—	7.4	0.0	0.0	9.5	0.2
陕 西	72.1	0.0	6.4	0.0	0.5	12.6	1.8
甘 肃	67.1	0.4	7.0	0.1	0.0	10.2	1.8
青 海	50.8	—	25.1	—	0.0	7.6	0.1
宁 夏	57.8	—	2.8	—	0.0	11.5	5.4
新 疆	35.5	39.8	2.8	1.0	—	5.1	1.9

数据来源：《中国农村统计年鉴2021》。

　　二是精准识别需求，开展差异化分类培训。开展农村职业技能培训需要将农业从业人员进行精准分类，精准识别不同类别从业人员的技能培训需求。对于农业企业家的培训，要重点培养其在产品营销、企业经营管理等方面的知识，将其培养成农业经营主体的管理者、领头羊；对于家庭农场、乡土人员普通就业者的培训，要重点培养其在零散经营的种植业、养殖业、水产加工业等方面的技术技能，将其培养成具有示范效应的劳动能手、技能大师；对于返乡农民工的培训，要重点培养其基本的农业生产技能，同时发挥其在非农就业领域的技术技能优势，将其培养成具有较强实践动手操作能力的农村实用型人才；对于创业大学生的培训，要重点培养其在所学专业领域的技术技能，帮助其完成理论到实践的转变，将其培养成具有新型农业业态且具有示范和带头作用的创新型人才。

　　三是吸引职业教育，培育新型职业农民。发挥本土区位优势，整合区域内各类教育教学资源，发挥农业职业教育学校、科研院所、社会机构等的作用，组织具有生产意愿的农村居民参加农业职业教育，将其培养成新型职业农民。此处以江苏省为例进行说明。江苏省按照"优质、高产、高效、生态、安全"的要求，大力发展种苗业、设施园艺业、规模畜禽业、特色水产业和休闲观光农业。农业结构调整促进了农业产业结构由单一发展向农、林、牧、渔业协调发展转变，围绕农业农村现代化建设展开创新性、引领性探索，着力提升粮食等重要农产品综合产能、乡村产业高质量发展水平，重点打造8个产值千亿元级产业，培育25个现代农业产业技术体系，建设70个地方特色种子种苗服务中心（园区），700个特色种苗龙头企业。例如，江苏无锡锡山现代农业产业园围绕两大基础产业"优质稻米"和"精细蔬菜"，形成"翠竹茶叶""特种水产""景观苗木"和"时令果品"等四大特色产业，发展高科技农业示范园（台湾农民创业园）、太湖水稻示范园、斗山农业生态园、精细蔬菜及食用生物特色农业园、红豆杉高科技产业园、绿羊花卉苗木园以及鹅湖渔业休闲示范园等乡村振兴七大现代农业园区。

　　同时，为贯彻落实《国务院关于促进乡村产业振兴的指导意见》精神，加快促进乡村产业振兴，推动农村一、二、三产业融合发展，江苏省政府在新常态下借助良好的乡村基础与传统的农业优势，提出了一系列有利于乡村建设与农业融合发展的示范模式（见表7-4）。5种示范模式均以农业产业为基础，系在本地区已有乡村经济、文化、产业等特色前提下，采纳政府指导性意见，增强政府政策支持力度，扶植培养农村实用人才，将其培养成发展新业态的新型职业农民。同时，多元主体参与示范模式，拓宽了示范模式的经营思路，避免了不同模式的同质化发展。

表7-4 江苏省乡村建设与农业融合发展示范模式基本情况一览表

示范模式	指导部门	建设规模	运作方式	核心体系	重点内容	空间分布	示范典型
主题创意农园	江苏省农委	农园区域	集体经济组织整体运作、经营主体与农户联合经营	农业+旅游+创意	农业拓展发展	相对均衡分散	共100个。典型代表：南京市溧水区的秦淮梅廉洁文化博览园
休闲观光农业示范村	江苏省农委	行政村	村委会整体规划运作、经营主体自主或联合经营	农业+农村+农民	乡村休闲农业发展	苏南偏多	共121个。典型代表：钱家坞农家乐、耕岛农事体验区
农业特色小镇	江苏省农委	非建制镇	特色产业骨干企业或行业协会商会牵头，多元化、公司化	农业产业延伸	农业产业发展	苏北偏多	共105个，其中苏北45个。典型代表：盐城市郭墅瓜蒌康养小镇
特色田园乡村	江苏省住建厅	自然村	政府主导、村民主体、市场参与	农业+农村+农民	乡村内生发展	苏南偏多	共70个，苏南32个、苏北24个、苏中14个。典型代表：苏南无锡市桃园村的冯巷、朱村和前寺舍作为组团入选首批试点
田园综合体	农业农村部、财政部	自然村落、特色片区	政府引导、企业参与、市场化运作	农业+文旅+地产	乡村综合旅游	苏南、苏北各1个	典型代表：江宁横溪街道的溪田田园综合体与兴化市缸顾乡千垛田园综合体

资料来源：朱琳，姜卫兵，魏家星.江苏农业农村融合发展示范模式与思考[J].湖南农业科学，2019（3）：97-100.

②构建长效经费保障机制

一是政府投资作为长期有效支持。首先，保障财政资金投入总量。继续加强对技能培训的财政资金投入，通过构建长效机制保障财政资金投入具有地方特色的培训。其次，保障财政资金投入结构。为推进具有弱质性的"三农"发展，必须拓展财政资金投入领域，包括农村教育、农村医疗卫生、保障农民就业等，进一步强化对贫困地区、贫困人口的技能培训支持。最后，保障财政资金投入效应。政府主要承担投入责任，学校和培训机构负责规范教育经费的使用，本着公开、透明的原则，避免发生贪污腐败行为，提高经费的使用效率。

二是社会捐赠作为补充可持续性发展。鼓励支持涉农企业积极投入农村职业技能培训，积极发动本土企业家、成功人士、社会知名人士、县域单位或其他社会团体对职业技能培训的关心和支持意愿，鼓励社会力量自愿无偿地为提高本地区农民技能水平、促进农村经济发展、提高居民收入水平和消费支出水平，缩小城乡居民收入差距，实现城乡融合发展提供资金和技能培训专家支持所需的捐赠活动。更为重要的是，可以通过设立农村职业技能培训的共同富裕引导资金，也可以通过资本回报吸引社会力量投入农村职业技能培训；同时，采取政策引导方式，鼓励农户和新型农业经营主体在得到财政贴息支持时，从其获得的收益中，捐赠资金进行农业技能培训。

三是加强资金使用效率监管。在形成政府为主体、社会力量为补充的资金投入体系基础上，增加对资金使用效率的监管。一方面，要健全资金使用流程，包括资金申领、使用和审计等，通过健全的资金使用流程，完善资金使用全过程的监督审核方式，进而形成有约束性的资金有效利用；另一方面，要充分利用传统媒体和新兴媒体，加强对资金使用政策和制度的宣传，尤其是对培训主题、培训内容、培训补贴、培训考核等方面，提升政策的透明度，实现群众共同监督。

③提高师资质量

一是教师根据农民学习特点开展培训。农村劳动力长期从事农业生产，扎根农村，平时工作和生活依靠以往形成的经验或同村邻居的指导。对于已经形成的经验，农村劳动力往往以经验作为判断标准，不愿意作出太多改变，但是，这显然不能满足新型职业农民的技能需求。因此，参加培训的教师需要了解农村劳动力的兴趣，按照其兴趣选择引导方式，激发其学习积极性。在培训时间的选择上，应当根据农业生产周期选择非农忙时段，给予农村劳动力充足的思考和实践时间；在培训方式的选择上，应当采用理论培训与实践培训相结合的方式，先讲授理论知识和现场演示，再带领其前往农业基地、企业基地进行实地参观，引导农村劳动力将培训中学到的技能应用到生产实践；在培训地点的选择上，应当开展田野教学，农业技术专家、农机部门负责人等应当到田间地头，深入农业生产一线，让农村劳动力感受熟悉亲切的劳动场面；在培训授课方法的选择上，针对农村劳动力比较集中的若干农村，可以设置流动课堂，邀请农业种植或养殖大户，在专家指导下进行现场演示，并请参加培训的农民现场模仿操作，起到提高其兴趣和感知培训效果的良好作用；在培训媒介的选择上，可以依托微信小程序、QQ群、直播平台等传授农业生产技能，拓宽农民学习新技能的渠道。

二是教师挖掘市场需求引导培训。农业职业技能培训需要充分挖掘市场需求，调研当地的产业状况和发展趋势，尤其是农业发展趋势、农业现代化进程、三产的产业链延伸、新农村服务业等。首先，教师需要具备挖掘市场需求的能力，政府、高校、农技站可以针对农业技能培训，在开发适合于本土的课程之后，培训一批稳定的师资团队，并要求师资团队长期跟踪本地具有优势和特色的农业种植业或养殖业的技术更新迭代，不时完善技能培训内容，做好长期记录；其次，教师需要到田间地头设置试验田，检验教科研成果转化效果，以极高的热情投入农业技能培训工作；最后，教师的发展受到经济、社会、文化等因素的影响，也受到学习资源匮乏的自身条件的制约，政府、高校、农技站等部门可以提供外出培训和学习的机会，在专家引导下，多做经验交流和实践操作，按照市场需求引导农业技能培训的方向。

三是提高师资薪酬待遇。农业技能培训的地点往往在田间地头，风吹日晒，比较辛苦，极易造成愿意参加农业技能培训的教师数量减少。因此，政府应该制定相关的制度，提高师资薪酬待遇，吸引优秀人才从事农业技能培训工作，并能够给予农村劳动力发展的可持续性指导，尤其是对地处偏远落后地区的农业技能培训显得更为重要。交通不便、信息闭塞、自然资源条件较差等因素会导致技能培训在短期内很难看到效果，教师会打退堂鼓。通过设置薪资待遇、职称评定、轮岗交流制度等，逐步提高教师的工资待遇和福利水平，既能调动教师参加农业技能培训的热情，又能吸引优秀人才长期扎根田间地头开展农业技能培训。

（3）调整农村基础教育资源，满足人力资本子女求学需求

①加强农村基础教育的功能定位

一是农村基础教育具有为学生终身发展打好根基的作用。基础教育是学生在读规模最大、学习时间最长的教育，是为学生终身发展打下良好基础的教育。农村基础教育的功能不同于城市，因为城市的经济业态较为丰富，而农村的经济业态主要以第一产业为主，农村剩余劳动力的转移只能采取外出务工的方式，因此，考学仍是许多农村劳动力的子女向上流动的一个重要途径。如果农村高级人力资本或者中级人力资本转移到城镇工作，则可以为子女提供更好的学习机会和学习条件，可以获得更好的教育资源。

二是农村基础教育可以为农村经济发展起到很好的积累作用。特别是中专教育，以学习技术性的知识为主，主要目的是就业。从入学的门槛看，只要是愿意和想要继续学习的学生就可以报名进入中专学习；在就业方面，中专学生的实际应用能力可以尽早进入所学专业领域。基础教育中除了中专教育外的其他教育，随着接受教育的平均年限增加，其未来从事农村经济发展的能力越强，接受农村种植业或养殖业等农业产业就业的技能就越高。因此，夯实农村基础教育，对于不具备升学意愿或没有升学能力的农村人力资本子女来说，可以提高其从业技能，为农村经济发展积累人才。

三是农村基础教育具有为农村人力资本做好支持的作用。乡土人才和精英的子女教育机会的公平与否，是决定农村人力资本流动的关键性要素。由于城乡教育资源配置严重失衡、教育机会不均等，为防止机会不平等的代际传递，高素质农村人力资本会选择"乡—城"流动。一部

分"乡—城"流动产生的乡土人才和精英虽然深爱农村但是由于生产环境不理想导致离开。因此，改善农村基础教育，加强农村基础教育的软硬件建设，培养更多的尽可能接受教育年限较长的农村从业者，可以为农村高级人力资本创造更好的工作环境，配备具有共同爱好、志同道合并致力于农村经济发展的伙伴。因此，提高农村基础教育质量，带动更多的农村居民参加学习，可以培养具有一定思想、肯于奉献、真抓实干和脚踏实地从事农业生产的人才。

②组建农村基础教育的教学团队

一是加强农村教师专业发展顶层设计。农村教育的落后与师资力量有着直接关系。优先发展农村教育，必须运用政策把优秀教师留在农村，政府部门既要合理分配和调整农村教师资源，又要做好农村教师能力提升培训的顶层设计。政府鼓励高校坚持以项目需求为主，兼顾各县教师队伍的培训需求，除了考虑共性需求的专业发展内容外，还要兼顾各县教师的个性化专业需求，按照"集中研修——跟岗实践——返岗实践——总结提升——集中研修"的专业能力提升流程，统筹各级各类培训资源，实施送教下乡的专业发展项目规划，设计跨年度、有梯次、多样性的符合农村教师需求的专业发展项目，并且严格跟进每个专业发展培训环节。

二是培养农村教师教学科研能力。以办好人民满意的教育和满足高质量教育需要为战略高度，结合农村基础教育发展总目标和阶段目标，以教学与教研能力提升、培训与指导能力提升为两大主题，帮助教师从宏观上把握教学设计、教学实施、教学创新和教学反思，提升教师的教学能力；开展主题研讨、成果分享、成果应用等教研活动，提升教师在某一学科或专业的教研能力。

三是建立农村教师轮岗制度。农村教师轮岗制度可以解决师资分配不均，进而获得较好师资资源的问题。首先，行政及教育主管部门需要优化对轮岗交流教师的经济支持，给予城乡之间、区域内的轮岗教师相同的绩效工资标准，甚至是向农村教师倾斜，使得轮岗教师在轮岗期间可以获得相对应的绩效报酬；也可以设立专项补偿津贴，保障轮岗教师的生活，提高轮岗教师的积极性。其次，教育主管部门需要优化城乡交流制度，由县里统一行使轮岗教师的人事领导权，统一教师岗位身份差异，实行"用""聘"分离，由"县聘校用"。最后，建立完善的监督考核机制，由轮岗目标学校、县级教育行政部门进行直接监管和间接监管，对教师进行轮岗前、轮岗中和轮岗后考核，全面掌握轮岗教师的轮岗效果。

③搭建农村基础教育的上升通道

一是设置针对农村特技岗的定向培养招生制度。为提升代际农村人力资本质量，各省可以根据本省具体情况，按照现代农业发展需要，设置农学、水产养殖技术等农村特技岗，可以实施中高本一贯制的现代职业教育体系，也可以实施普通教育，由初中生、高中生、普通类本科生到普通类研究生。由于农村特技岗重点在于培养实践应用与操作能力、实践应用与创新能力、技术应用与创新创业能力、技术创新—发现改进—创新创业能力，因此，建议按照现代职业教育体系，由初中生、中职生、高职生、职业类本科生到职业类研究生教育，进行农村特技岗人才的培养。毕业后，由生源所在县（市、区）农业农村局会同人力资源和社会保障部门采取直接考核的方式进行招聘，确保到有岗有编的乡镇农机推广机构工作，这样，既可以逐渐构建农村乡土人才梯队，又可以发挥本土特色农业资源的竞争优势。

二是设置针对农村教师岗位的定向培养招生制度。2018年2月，教育部等五部门印发了《教师教育振兴行动计划（2018—2022年）》（教师〔2018〕2号），提出"改善教师资源供给，促进教育公平发展。加强中西部地区和乡村学校教师培养，重点为边远、贫困、民族地区教育精准扶贫提供师资保障"，"推进本土化培养，面向师资补充困难地区逐步扩大乡村教师公费定向培养规模，为乡村学校培养'下得去、留得住、教得好、有发展'的合格教师"。定向培养教师已经成为农村教师队伍补充的重要组成部分，除了由初中生接受定向培养成为农村教师，毕业之后直接回到原籍的乡村学校任教外，各地方也在积极探索公费师范生培养模式和培养力度，初步形成与国家免费师范生相衔接，成为农村基础教育师资队伍的重要补充渠道。

7.2.1.2 加大对农村产业发展的财政投入力度

（1）构建财政资金投入长效机制以健全乡村治理

①保障财政资金投入"三农"的稳定性与可持续性

首先，保障财政资金投入总量。继续加强对新型农业经营主体的财政资金投入，通过构建长效机制保障财政资金投入农业、农村、农民发展。其次，保障财政资金投入结构。为推进具有弱质性的"三农"发展，必须拓展财政资金投入领域，包括农村教育、农村医疗卫生、保障农民就业等，进一步强化对贫困地区、贫困人口的支持，健全城乡、地域之间的生态利益补偿机制。最后，保障财政资金投入效应。通过有效的、科学的、合理的财政资金投入，依托财政政策乘数发挥财政资金投入效应，扩大财政资金服务范围。

②明确中央和地方政府财权和事权责任

财政支农资金来源于中央政府和省级及以下地方政府。因此，必须要明确中央政府和省级及以下地方政府部门的基本公共服务事权和支出责任。由于县级及以下基层政府对农村产业发展和乡村振兴需求的了解程度较深，因此，需要通过中央或省级财政重点增强县级及以下基层政府财力，通过转移支付或其他途径向基层政府拨付财政支农资金，从而保障基层政府能够稳定发挥乡村治理作用。

③提高财政治理程序的透明度

首先，加快财政法治化建设进程。通过积极推进财政法治化建设，逐步形成公开、透明的乡村治理程序、治理规则和乡村利益分配格局。其次，加快人们对财政治理透明度的认知度。通过各种媒体加强财政治理程序的宣传，让农业经营主体知晓并熟知乡村治理的必要性和科学性。最后，加快财政治理的透明度。通过依法规范、保障乡村振兴参与主体权利，构建韧性、可控的利益协同和稳定的乡村治理机制，带动农业经营主体主动参与财政治理。

④健全村级乡村治理组织

同城市社区治理的规范化和标准化相比较，乡村基层治理充满了不规则性和突发性，而财政支农资金是通过支农政策的行政化和科层化去考核基层组织特别是基层干部的工作成效，强调"花钱必问效，无效必问责"，运用定量、定性以及约束性指标考核支农项目的成效，需要基层干部主要是村支两委耗费大量时间和精力去做文本和数字工作，使得村支两委不能全力以赴处理那些农业产业发展的项目。因此，必须健全村级组织运转经费保障制度、一事一议制度，必须拓宽新型经营主体培育方式，通过财政政策实现公共利益、组织利益与个人利益的协同发展。

（2）构建财政资金整合机制以形成财政政策合力

①规范财政支农资金投入

编制本地区农业发展规划，将财政资金细化到每个镇、村、组、户，分步实施、有序推进。结合项目规划合理编制财政预算，统筹整合资金，减少"滴水漫灌"和"撒胡椒面"形式，按照"职能不变、渠道不乱、各记其功、统筹安排"的原则，以政府为主导整合农业、林业、交通、水利、国土等专项支农资金，实行集中投放。

②推进年度资金整合使用方案

为有效解决同一主体的财政支农资金投向趋同或碎片化问题，需要强化对资金的统筹安排，提高财政支农资金的集约使用效率。一是按照风险决策、风险分担和风险匹配原则，中央政府负责全国性的公共支农支出政策与重大支农项目资金整合，省级政府负责省域范围内的跨地市支出政策和项目，以及跨部门间的支农政策与项目资金整合，相关预算部门的项目主体负责省级及以下部门的项目资金整合。二是明确各级政府和预算部门的事权和财权，加快对各级政府财政支农资金或涉农资金整合，确保财政资金分权和分责使用，只有这样，才能通过明确的财权和事权去明确地方政府的资金使用。三是维护年度资金整合方案的权威性，通过一定的法律法规或规章条例，明确省级以下地方政府在财政支农资金整合实施方案获得批准后，必须严格按照该方案实施，其他部门不得干预，从而有利于将权力真正下放到县一级基层政府。

③赋予地方政府涉农资金统筹使用权力

在原有"大专项＋任务清单"管理模式基础上，通过法律法规或规章制度赋予地方政府必要的、差异化的涉农资金统筹使用权力。根据中央政府和地方政府在任务清单划定、实施等环节的调整、反馈，逐步厘清中央政府和地方政府各自承担的各项支农事权与支出责任边界。同时，也要通过建立任务清单的差别化管理、落实、动态调整和绩效评价机制，推动形成合理授权、依法规范、运转高效的财政支农事权和支出责任划分模式。

（3）构建预算绩效管理机制以确保农村产业高质量发展

①构建科学的绩效考核标准

从财政支农资金使用看，政府作为多元治理主体的主要力量，其在农村中的财政支农资金成效居于多元乡村振兴主体之首，在农业经营主体中认可度最高。政府通过行政命令，分配、指导和考核财政支农资金是否送达农业产业发展项目，基层组织（主要是村支两委）作为主要实施者去完成资源到户和公共服务提供工作。农业产业发展主要通过基础设施配套，公共服务保障，务工补贴，种植养殖补贴，医疗、社会保障兜底等扶贫资金进行补贴。政府拥有扶贫资源整合的强大权力和扶贫资金的强大财力，可以有效促使财政支农资金效益最大化。但乡村振兴绝非政府单一主体可以完成，社会组织、公司、企业、公民的多元治理相结合才能尽早实现。因此，必须改变单一压力型体制的政绩考核指标和财政支农资金绩效的单一量化考核标准。

②设定与管理涉农资金绩效目标

依据乡村振兴战略整体规划目标、财政资金投入绩效目标和"三农"社会需求绩效目标，各级政府设定预算绩效管理目标和预算目标管理。同时，按照各目标间的协调、匹配与统一原则，有效解决预算部门绩效目标、财政资金绩效目标与社会需求相匹配现状。

③建立合理的财政支农资金绩效评价指标体系

为实现事前、事中和事后相结合的绩效评价目标，需要建立合理的与乡村振兴战略相匹配的财政支农资金绩效评价指标体系。例如，在保障财政支农资金使用符合规定的前提下，引起对财政支农资金经济性、效率性和效果性等指标的重视；又如，展开分行业、分区域、分时间的多维度资金绩效评价；再如，强化财政支农资金的预算约束，重点解决财政支农项目中突出的"重申请轻管理、重投放轻绩效"等问题。

④实施预算监控管理的全过程性和绩效结果的科学运用

及时开展对预算执行中财政支农或涉农资金项目支出的进度监控和绩效目标实现情况的结果监控，为及时调整预算、调拨资金等工作奠定基础。同时，科学运用绩效评价结果。财政支农项目完成后，还要进一步对财政支农资金绩效目标完成情况、资金使用情况等进行事后绩效评价，进一步规范财政支农资金的使用和项目优化管理。

（4）构建支农资金多元化投入格局以发挥财政政策乘数作用

①拓宽乡村振兴资金渠道

鼓励支持涉农企业积极投入乡村振兴领域。例如，通过企业上市、发债等方式，鼓励商业银行发行"三农"专项金融债券。再如，在保险资金投入上，鼓励商业性保险公司除了扩大保险覆盖面、创新产品品种之外，还要提高农机具的涉农保险参保率。更为重要的是，可以通过设立乡村振兴引导资金，通过资本回报吸引社会资本投入乡村振兴。

②完善政策引导机制

通过适当的方式进行政策引导，将部分对农户和新型农业经营主体的财政贴息支持，转向对金融机构的财政贴息支持，这样可以有效降低金融机构的放贷成本，促进金融机构加大放贷力度；结合地方金融办对金融监管的权责，鼓励小微金融企业面向"三农"贷款，通过税收优惠政策引导和激励小微金融企业积极进入农村地区，开拓农村市场，向小微农户或个体从业者提供信用贷款，从而满足乡村振兴的多元化金融需求。

③完善资金投入机制

基于有序发展与防范风险相结合、政府扶持与市场操作相结合原则，完善农业融资担保机制、信用担保机制和农业保险机制，降低农业风险可能产生的损失，实现"三农"投资的可预期、有回报和能持续。

7.2.1.3　总结：增加农村教育和生产的财政投入可以提高农村人力资本就业创业水平

（1）增加农村教育财政投入提高了人力资本就业创业水平

人力资本培育是一个跨越全生命周期的长期累积过程（罗仁福，2022）。在后义务教育阶段，提升农村职业教育质量，可以有效提升农村学生人力资本，奠定其就业和创业的基础；在成人教育阶段，完善农业职业教育与培训体系，可以满足农业生产市场人才需求，提高农村人力资本的农业种植业或水产养殖业等其他农业产业的就业创业水平。

（2）增加农村生产财政投入提高了人力资本就业创业水平

通过构建财政资金投入长效机制、构建财政资金整合机制、构建财政支农资金预算绩效管理机制、构建支农资金多元化投入格局以及构建财政支农政策有效宣传机制等方式，增加对农村生产的财政投入，可以健全乡村治理、形成财政政策合力、确保乡村振兴高质量、发挥财政政策乘数作用、发挥财政支农惠农作用，提高农村生产的竞争力，促进高级农村人力资本留在原籍进行农业生产。

（3）提高人力资本就业创业水平，实现社会财富分配兼顾公平与效率

从动态看社会财富分配的公平性，主要是指在人均收入水平较高状态下，实现收入、财富、人力资本投资以及居民幸福感的适度平等；从静态看社会财富分配的公平性，主要是指社会财富累积以及代际间的平衡保持适度平等。如果讨论共同富裕中的社会分配效率性，则是指共同富裕必须以创造足够的物质财富才能为共同富裕提供雄厚的经济基础，只有在高效率的经济发展条件下，社会才能创造出丰富的物质财富，进而在总体上满足人们的基本要求。我国作为社会主义国家，必须通过公有制和按劳分配为主体的所有制分配形式发展生产力、提高效率。共同富裕的"效率"作为衡量社会财富分配标准具有初级性质，公平作为衡量社会财富分配标准则具有最终的性质。也就是说，发展生产力或提高效率是共同富裕的途径、前提和基础，（公平）共同富裕是发展生产力、

提高效率的目的、归宿和保证。

人力资本投资的差距影响了获取收入和积累财富的能力。通过增加财政的教育投资，来增加从事农村基础教育的优秀教师，进而提高优质教育资源的可获得性、农村劳动力的平均受教育年限、子女的教育资源质量和财富代际传承的能力。增加财政对农业生产的投入，可以提高农业生产的科学性，改善农村发展环境，提高农村劳动力从事农业工作的质量，激发其就业创业的积极性，提高社会财富的价值创造能力，为社会财富分配的效率性提供保障条件，也是为社会财富分配的公平性提供基础。

7.2.2 通过公共服务均等化提高农村人力资本机会公平，实现群体性消费能力的可及性

在无法顾及起点公平时，提高公共服务均等化水平，可以实现农村人力资本机会平等。"由于人力资本公共服务的供需向中心城市集中，即便外围可实现固定资本投入达到'提质'阶段要求，但由于供需均难以实现，可能造成投入闲置"[25]，加之有限的政府财力约束与物质资本投入可控的影响，提高农村人力资本机会公平，跟收入无关，而是跟创造平等机会获得基本能力有关，因此，可以通过完善公共服务制度机制、强化公共服务政策落实、降低优质公共服务获得成本以及统筹公共服务财政安排等途径，实现机会公平，进而实现群体性消费能力的可及性。

7.2.2.1 完善基本公共服务制度机制

（1）优化各项公共服务制度的福利供给

公共服务均等化从根本上看是通过赋予农村劳动力更多、更公平的机会、规则、权利和服务，使其享受到共享发展理念指导下的社会公平正义。户籍制度是影响我国城乡劳动力福利待遇差异的根源。长期以来的城乡二元户籍制度，影响了农村劳动力在地区之间的迁移和产业间转移，因此，改革户籍制度可以改革隐藏在其背后的各项不平等福利待遇。一方面，需要全面放开大中小城市的落户限制，推动农村劳动力在

地区之间和产业间的转移，提高其农业生产经营和农业经营管理的经验；另一方面，需要将社会福利制度同户籍制度有效分离，把户籍作为个人身份和居住地的证明，而不是将户籍作为享受基本公共服务的依据。

（2）构建城乡一体化的基本公共服务制度

一是系统构建城乡一体化的就业制度、教育制度、住房制度、医疗制度、养老保险制度等基本公共服务制度，实行城乡统筹就业、教育、住房、医疗和养老，逐步推进各项制度的协调配合和优化整合。二是构建城乡一体化基本公共服务标准制度体系，根据经济发展预期和本地发展规划，分步骤、分阶段设计与实施同城市基本公共服务制度相一致的标准制度。三是构建公共服务均等化评价机制，引入公共服务水平较高地区的评价指标，设计本地公共服务均等化评价指标体系，并且强调基本公共服务的过程性监测、结果性监测以及全面监测，为政策调试提供修改依据。

（3）整合中央和地方各项公共服务政策

中央政府需要解决各地方政府和各部门之间关于农村劳动力就业和创业各项政策间不兼容问题。一方面，需要对各地方政府和各部门之间的基本公共服务均等化政策进行监督、审查、规范和修正，有效避免中央制度一刀切带来地方制度不接地气，也可以防止各地方政府和部门制度的偏离。另一方面，需要清理不符合基本公共服务均等化的各项政策，加大中央政策统筹力度，建立与共同富裕相适应的制度。

7.2.2.2 强化基本公共服务政策落实

（1）坚持政策的务实性

基本公共服务均等化是促进农村劳动力获得机会均等的重要保障。各级地方政府和各部门需要在基本公共服务均等化政策制定过程中，强化问题意识，采取实际调研探究问题本质，在掌握实际情况和问题症结基础上，制定更加接地气的科学合理以及规范有效的政策，精准把握实际情况，落实中央政策，进一步细化具体政策措施，体现基本公共服务政策的务实性。同时，根据各项政策落实环节，精准调节政策执行中的程序和具体政策规定，可以及时解决出现的难点和症结，满足农村劳动力的获得感、幸福感和安全感。

（2）坚持政策的可操作性

由于基本公共服务的提供者往往由多个部门参与，因此，在具体政策操作过程中，需要加强政策的精简，强化政策的具体可操作性。为避免基本公共服务政策的碎片化，一方面需要完善联动机制，提高各部门之间的政策联动，保证政策的统一性；另一方面也需要避免各项政策执行时的叠加、重复、交叉等现象，避免资源浪费，提高政策在基本公共服务均等化提供方面的实用性。另外，在政策操作时，可以选择线上线下相结合的方式，采取微视频、小程序等喜闻乐见的媒介，为农村劳动力提供便利的获取渠道，增强其体验感。

（3）坚持政策的目标性

基本公共服务均等化的相关政策出台，目的是保障农村劳动力享受城乡一体化的福利待遇，在落实政策时，各级各类干部和行政工作人员要强化党员干部工作作风，以全心全意服务农村劳动力为工作宗旨，树立正确的政绩观，消除政策落实中的"折扣"现象，坚决严防政策变形，以农村劳动力实实在在的获得感为政策目标，脚踏实地为民办实事。

7.2.2.3 降低公共服务获得成本

（1）合理确定政府转移支付

①根据当地公共服务成本确定转移支付额度

基本公共服务均等化的实现彰显出城乡融合的战略目标导向和价值取向，也能够为农村人力资本积累提供坚实的基础。在我国目前财政管理水平下，当上级政府对下级政府实行纵向转移支付以满足基本公共服务均等化时，需要考虑当地的财政收入和当地的公共服务成本。因此，只有遵循均衡性转移支付原则，才能更好地实现共同富裕的目标。同时，在实行纵向转移支付时，中央政府应倾向于公共服务成本较高的地区，因为这些地区公共服务产出较低；在实行横向转移支付时，地方政府应倾向于公共服务成本较高的地区，以促进基本公共服务均等化。

②根据当地人均GDP和城镇化率确定转移支付

经济因素是影响当地公共服务成本的最重要因素。一般来讲，当地人均GDP越高，其购买力也越高；当地城镇化率越高，往往基础设施越完善，公共服务的获得成本越低；如果一个地区人口密度较大，则该地区的所有受众群体获得的单位公共服务成本较低。因此，政府在确定转移支付以确保提供基本公共服务均等化时，也要充分考虑上述因素，避免转移支付导致区域间基本公共服务的"马太效应"。

③根据"省直管县"确定转移支付额度

中央政府在促进地区之间的基本公共服务均等化时，可以将各地区的地级市进行分类，根据分类的结果进行纵向转移支付；中央政府也可以针对提供基本公共服务均等化成本较高且地方财政收入不足的县，进行更多的纵向转移支付，以使其具备提供的基本公共服务达到本地区或全国的平均水平。

（2）合理确定基础设施投资

①增加对基础设施建设的财政投入

基础设施投入可以通过投资乘数效应直接作用于经济发展，而且完善的基础设施可以有利于人才的流动与集聚。政府通过中央和地方财政拨款方式，在选择财政资金投入领域时，可以选择加大对互联网信息技术的投入、加大对公共交通网络的投入、加大对教科文卫体信息共享的投入，与农村人力资本共享优质教育资源、健康资源、卫生资源，减少农村人力资本获得优质公共服务的成本。

②引导社会资本进入基础设施建设领域

通过直接融资、间接融资、特许经营、投资补助、政府购买等方式，鼓励社会资本参与有一定收益的非经营性的农村基础设施投资和运营，包括教育、健康、养老服务等公共服务基础设施项目，降低农村人力资本在公共服务方面的成本支出，提高农村人力资本的可获得感和幸福感，鼓励乡土人才和精英留在本地。

③提高基础设施建设资金使用效率

合理确定教育、健康、养老等农村基础设施投融资方式和运营方式，例如在教育基础设施建设方面，针对初级、中级和高级农村人力资本，可以分别设置九年制义务教育、技术技能培训、高等职业教育培训等；在健康基础设施建设方面，可以提高农村医生的配置质量、提高农村医疗水平、增加健康咨询服务等。

（3）合理确定差异性权益保障

①确定教育资源权益保障

由于各地区的经济发展程度差异，不同地区的农村人力资本的可获得教育资源存在较大差异，因此，这就需要按照地区差异和紧缺程度对全国的教育资源进行分类，对于教育资源紧缺的地区，坚持以公办教育为主、民办教育为辅，适当发展民办教育，但是需要保证民办教育的财政补贴和教育质量；对于教育资源丰富的地区，坚持公办教育和民办教育同等重要地位，教育资源的内容可以涵盖更高水平农业技能培训，增加农业高新技术企业基本技能培训。只有这样，才能保障由"均质化"向"差异化"转变，满足个性化的教育资源权益保障。

②确定就业资源权益保障

加强农村人力资本的职业保障机制革新，重点完善就业劳动立法和劳动权益救济以及劳动权益维护。围绕提高农村劳动力就业服务水平，可以通过搭建农业就业服务平台的方式，推动就业岗位供需选择；可以通过聚焦大众创业、万众创新，持续提升农业企业吸纳就业能力和创新发展水平，提升农业科技承载能力和创新创业能力；可以通过创建创业孵化基地，破解农村劳动力"创业难、就业难"问题。

③确定医疗资源权益保障

城乡基本医疗保险双轨制、地区间医疗水平发展不平衡、基本医疗保险覆盖面窄、医师医疗资源匮乏等问题长期存在，影响农村人力资本的学习、工作和生活。因此，需要完善基本医疗保险制度为主体、医疗救助兜底、商业保险为补充的多层次医疗保障体系，完善大病救助手段，完善国家异地就医管理和费用结算平台，提高农村人力资本农业就业的动力。

7.2.2.4　统筹公共服务财政安排

（1）完善公共财政体制，实现政府事权和财权的匹配

农村高素质人力资本积累程度低的地区，地方政府财力相对较弱。中央和地方政府可以通过设立区域协同发展基金，由中央和地方政府根据自身发展情况按比例出资，主要用于跨县区、跨市的公共服务资源建设投资。对于自身能力特别弱的农村，区域协调发展基金应该重点给予支持，加大对农村高素质人力资本积累程度低的地区在基本公共服务建设方面的财政支持力度。

（2）以资金偿付方式，引导民营企业和社会组织参与

以农村人力资本积累提质增效需求为导向，深化供给侧结构性改革，对于参与教育、科技、文化、卫生、体育等公共事业、履行提供公共服务社会责任的民营企业，按照比例给予税收优惠或财政补贴，鼓励和激发民营企业参与公共服务供给的积极性，不断提升农村人力资本积累所需基本公共服务的效率与质量。

（3）提高资源配置效率，促进区域间资源有效整合

根据经济学第一原则"资源的稀缺性"、刘易斯的人口流动二元经济结构论，高素质农村人力资本流向优质公共服务区域是十分正常的事情，因此，政府应该通过提高优质公共服务空间外溢，探索教育、卫生、社会服务的区域资源配置方式，优化公共服务资源配置格局，实现农村人力资本公共服务的可及性。

7.2.2.5　总结：加强农村人力资本的社会福利供给，实现群体消费能力的提升

（1）基本公共服务均等化是机会平等的前提

基本公共服务均等化是指辖区内全体公民能够公平地获得大概均等的基本公共服务，其重点在于保障机会均等，而非简单的平均化。根据陈楠、马妍（2022）的基本公共服务均等化评价指标体系（见表7-5）可见，基本公共服务均等化可以保障农村人力资本的学习、工作和生活。

表7-5 **基本公共服务均等化评价指标体系**

一级指标	二级指标	一级指标	二级指标	一级指标	二级指标
公共教育	小学师生比	社会保障	基本养老保险职工参保率	文化服务	公共图书馆藏书量
	中等学校师生比		城乡居民社会养老保险参保率		千人剧场影院个数
	地方公共财政支出教育占比		失业保险参保率		千人拥有博物馆个数
医疗卫生	千人医疗卫生机构数	基础设施	人均城市道路面积	生态环境	绿化覆盖率
	千人医疗机构床位数		燃气普及率		生活垃圾无害处理率
	千人医生数		供水总量		城镇污水处理率

资料来源：陈楠，马妍. 基本公共服务均等化水平的测度及空间格局分析：以福建省为例[J].建筑与文化，2022（12）：099.

（2）权益保障体制机制是机会平等的保障

农村劳动力接受平均教育年限较多的人力资本，往往会伴随着"乡—城"流动，以谋求职业转换和身份转换，其目的是获得非农就业的教育、就业、医疗等资源保障，享受更好的基本公共服务。如果要留住高级人力资本（含乡土人才和精英），必须加强对教育、就业、医疗等资源权益的体制机制建设，才能确保农村人力资本及其家属在教育、就业、医疗等方面的真正权益，实现机会平等。

（3）提高福利供给，促进群体消费能力提升

基本公共服务均等化的实现，可以提高农村居民福利供给，促进居民收入增加，因此可以实现消费的可获得性。但是，消费的可及性涉及的是消费对象、消费条件和消费能力。基本公共服务均等化促进满足农村居民增收的长效机制建立，多渠道促进农民增收，让农民在机会平等前提下在农业发展中获得更多收益；基本公共服务均等化可以满足农村人力资本对于免费健康服务管理、纳入医保健康服务管理以及各项自费

健康管理服务的需求，由县域医院及县域医共体组成健康服务管理团队、建立体检、咨询、健身服务覆盖的医防融合机制，改善农村人力资本健康不平等程度，减少健康亲富现象，提高农村人力资本健康状况；基本公共服务均等化可以适应收入分配调节机制，各地区可以结合个人所得税全国征收区间，根据本地区的经济发展状况、物价水平和生活成本，决定对从事农林牧渔业生产、经营和管理的农村人力资本的个人所得税征收具体数额，减轻农村人力资本的生活压力；基本公共服务均等化可以满足就业权益需求，政府通过积极号召各类型企业和社会团体及个人，以自愿捐助、慈善事业等第三次分配方式，对农业龙头企业、农民专业合作社、家庭农场进行帮助，推动农业龙头企业、农民专业合作社、家庭农场关注员工，改善农村人力资本的各项权益，兼顾农业经济发展环境、农业生产合作伙伴、农业产品客户，形成改善农村人力资本社会福利供给的良性循环。

7.2.3 通过完善社会保障制度提高农村人力资本生活安全感，实现共创和共享相统一

7.2.3.1 完善社会保险

（1）完善农村养老保险制度
①健全农村养老保险制度政策法规

2014年，我国《新型农村社会养老保险制度》与《城镇居民社会养老保险制度》合并为《城乡居民基本养老保险制度》。城乡居民养老保险基金由个人缴费、集体补助、政府补贴构成。参保人自主选择档次缴费，多缴多得。对于我国各地区农村经济发展情况的区域差异性，农村居民个人缴费的能力参差不齐，因此，针对各地区的养老金数额不足、制度难以落实等困难，需要明确政府主导地位，切实保障农村居民的权利。同时，进一步细分农村养老保险制度的法律体系，规范资金管理流程，确保责任到人。立足农村居民实际需求改革与完善养老保险的相关法律制度，强调制度的实用性、可操作性以及绩效性，从法律角度

增加养老保险制度的严肃性。

②健全农村社会养老机构

科学合理宣传"养儿防老"的农村居民理念，完善各项养老服务设施。老年人的养老需求是当下农村劳动力的后顾之忧，如果建立拥有专人照顾的集体活动养老院、福利院，则既可以满足农村老年人口的养老需求，也可以给农村劳动力充足的时间参加农业职业技能培训和生产实践，或促进农村劳动力的农业生产区域内流动。同时，健全的农村社会养老机构是对农村劳动力个人的保障，保障社会成员的基本生活，增强全民的社会安全感，使得劳动力基本生活得以维持，弱化不稳定因素，减少经济社会运行中的动荡。

③健全农村养老资金筹集渠道

参加城乡居民养老保险的人员应当按规定缴纳养老保险费。缴费标准目前设为每年100元~1 000元（每100元为1个档次）、1 500元、2 000元共12个档次，省（自治区、直辖市）人民政府可以根据实际情况增设缴费档次，最高缴费档次标准原则上不超过当地灵活就业人员参加职工基本养老保险的年缴费额。可见，在农村养老保险资金筹集过程中，农村居民缴纳的养老保险费是保险资金的主要来源，乡镇集体企业缴纳和国家财政补贴是补充，因此，国家可以减免农业企业税收，减轻农村居民的税收负担，降低从土地中得到收益的难度。

（2）完善农村医疗保险制度

①健全社会保障医疗服务体系

一是加快健全城乡医疗保险制度，完善农村新型合作医疗制度。逐步构建以提高劳动力的体能素质为核心、以医疗保障权益公平性为出发点、以健康价值为落脚点，提高农村医疗保险覆盖面和受众群体，加强农村医疗保险制度治理，消除疾病等因素导致的机会不均等，使农村劳动力在没有后顾之忧情况下公平地参与市场竞争。二是引导民营健康服务机构规范进入。继续发展以公办健康服务机构为核心、以民营健康服务机构为补充的健康服务机构体系，理顺公办机构和民营机构的关系，建立分类管理政策体系，给予民营机构公平竞争机会。三是提高农村居民健康和心理教育。为满足农村居民的幸福感、获得感和安全感需求，政府各级部门尤其是村、镇需要加强对农村居民的心理健康教育，普及心理健康知识，提高其对健康的重视程度，通过农村居民喜闻乐见的宣传形式，引导农村居民改变不健康的饮食习惯，合理膳食，积极开展有益健康的文体活动，在劳动之余充实精神文化生活。

②健全健康服务体系

深化医疗卫生改革，构建全方位全周期的健康服务体系。一是增加农村每千人口医师和卫生技术员数量。通过医师和卫生技术员完成预防、急病、慢性病、康复、养老等公平可及、系统连续的健康服务（雷尚君，2022），满足农村劳动力的健康医疗需求，保证劳动力生产和再生产的连续性。二是增加中西医结合的大健康服务系统。通过构建"知、防、医、护、养"大健康服务系统，向农村居民宣传康复和护理服务，满足农村劳动力的健康康复需求，保证劳动力对疾病早发现、早治疗、早诊断、早康复的需求。三是完善健康服务体系。形成以"一老一小"为重点的人口服务体系，对生育、母婴、老人进行健康服务，解除农村劳动力的后顾之忧，便于释放更多的精力用于从事农业生产活动。

③增加健康服务的资金投入

一是政府统筹差异化的健康服务资金。农村新型合作医疗制度具有为农村居民提供医疗互助共济的公共服务功能，即"新农合"应当为不同地区的参保人群提供大体相当或大致均等的基本医疗保障。因此，上级政府需要统筹辖区内筹资标准，同时解决不同地区尤其是东部地区与中西部地区的筹资标准差异，确保劳动力获得共同富裕的机会平等。二是多元化筹措健康服务资金。有效建立合理的农村新型合作医疗保险调整机制，推动补充医疗保险、商业健康险等多险种发展，全面满足农村人力资本多样化的医疗保障需求，展开对农村人力资本的精准支付和综合保障，提高其生活安全感。三是增加农村新型合作医疗的个人缴费标准。设立多层次农村新型合作医疗个人缴费标准，满足不同人群需求，加快同城镇医疗保险制度融合进程，消解缴费标准的人群差异和区域差异。

（3）提升医疗保障水平

一是进行普惠性健康体检。定期对农村居民进行免费常规体检，确保疾病及早发现及早预防；对于涉及非常规体检可以采取体检费用个人自付较低比例的办法，确保重大疾病及早筛查，避免脱贫人口因病返贫（主要是配备乡村医生）。二是加强村卫生室医生执业资格培训。农村生活环境污染程度尚未有效治理之前，患病概率增加的可能性较大，为减轻贫困边缘户"小病不去看、大病不敢看"的看病难、看病贵问题，通过定期参加行业组织培训、参加其他医疗水平较高的医疗机构交流培训等，提高其对村民疾病的诊断能力。三是增加村民体育文化建设。建立村级体育锻炼场地，增加体育锻炼器材，定期举行体育运动会，提高身体素质。

7.2.3.2　完善社会救助

（1）完善最低生活保障制度

一是增加省级政府农村最低生活保障资金投入。农村最低生活保障制度具有一定的溢出效应。接受贫困补助的家庭再将资金用于增加家庭教育投入，可以显著提升儿童人力资本积累；如果接受贫困补助家庭的父母受教育程度相对高一些，则贫困补助对该家庭的儿童认知能力提升具有显著作用。由于基层财政往往资金单薄，省级政府应打破市、县、乡镇政府作为农村低保资金来源主体的局面，形成省级政府、市、县、乡四级政府按比例分担资金，形成系统的资金筹集渠道。二是提高农村最低生活保障制度的待遇水平。改变现阶段大多数低保救助对象的现金救助，增加其他相关配套措施，例如教育补贴、医疗补贴、工伤补贴等，从源头上去除低保世袭或返贫现象。三是正确引导农村最低生活保障资金支出方向。对因病、因残等需要接受低保救助的对象，可以增加对其子女的教育投入，提高子女的人力资本水平；对因"思想滑坡"造成的低保，需要政府通过增加家庭教育物资、引导改善家庭教养方式等渠道，来促进儿童人力资本提升。

（2）完善专项救助制度

社会救助对社会财富进行再分配以保护竞争中的弱势群体，为失业者和贫困者提供生活希望。政府可以实施教育救助、医疗救助、住房救助、法律救助等，为暂时处于生活困境的农村劳动力提高个人素养提供保障。

（3）增强预见性和预防性

财政需要瞄准经济结构调整的不确定性，给予提升就业能力的定向支持，包括农村居民的身体健康、劳动素质提高、人力资本积累等，也包括加大对农村小型微利企业的扶持力度，促使其拓宽吸收农民的就业渠道。

7.2.3.3 总结：完善社会保障制度有利于提高劳动者素质，实现共同富裕的"共创"和"共享"

（1）社会保障制度能够创造平等机会

农村养老保险制度、医疗保险制度以及最低生活保障制度等，可以保证劳动力受到基本的教育和职业培训，提高其科学文化素质；还可以保证劳动者再生产的顺利进行，加强劳动者的医疗保健，提高其体能素质；也能为遇险劳动者提供各种保障，使劳动力得以恢复，劳动力再生产得以延续。

（2）社会保障制度能够带来安全感

农村劳动力在生产过程中，有可能遇到疾病、意外伤害以及失业的威胁，影响身体健康和正常的劳动收入，进而危及劳动力的再生产，导致其缺乏安全感。社会保障制度可以解决造就高素质劳动者面临的教育、福利、培训、健康等一系列问题，在一定程度上消除农村人力资本遇到的机会不均等问题；可以保护劳动者的权益，解决劳动者在养老、医疗等方面的难题，提升劳动者的地位；可以有助于提高人力资本存量，保障社会再生产所需劳动力的供给，实现劳动力资源的合理配置。

（3）农村劳动力素质提高有助于实现"共创"和"共享"的统一

社会保障制度创造了发展机会平等，使得农村劳动力之间、城乡劳动力之间具备同样的发展机会，极大地促进了农村劳动者素质的提高。共同富裕的人本逻辑要义是彰显人的主体性、创造性和文明性，完善的社会保障体系可以帮助农村人力资本降低生活和工作中遇到的风险，保障基本生活，增强其生活安全感，激发农村人力资本干事创业的活力，强化努力与所得之间的关系。共同富裕的本质是人的发展，是所有人的共同发展。在促进共同富裕这一任务完成时，构建完善的农村社会保障制度，提高农村人力资本素质，有利于朝着"人人参与、人人尽力、人人共享"的社会治理模式发展，实现共同富裕的"共创"与"共享"。

7.2.4 通过完善农村人力资本发展的其他政策，助力共同富裕的尽早实现

7.2.4.1 完善农村人力资本发展的税收政策

（1）实行税收优惠

税收优惠是国家运用税收政策在税收法律、行政法规中规定对某一部分特定企业和课税对象给予减轻或免除税收负担的一种措施。为了提高人力资本可支配收入，可给予劳动密集型企业和小型微利企业在企业所得税、增值税等方面的税收优惠，减轻企业税收负担，使更多劳动力通过就业获得收入。

（2）免除或降低消费税

消费成本是农村劳动力在工作和生产之中必然产生的成本支出，在拟提高农村人力资本的实际人均可支配收入时，可以适当免除或降低与居民生活密切相关的生活必需品的消费税。

7.2.4.2 完善人力资本留乡返乡的财政补贴政策

（1）精准培育乡土人才

2022年《中共中央 国务院关于做好2022年全面推进乡村振兴重点工作的意见》提出，要"培养乡村规划、设计、建设、管理专业人才和乡土人才"，满足现代农业发展对人才培养规模与质量的需求。

①营造学习新知识和新技能的氛围

一是综合运用喜闻乐见的音频、视频等媒体。通过广播、电视、公

益广告牌、报刊以及微信公众号、居民微信群、抖音等媒体，编制精品微视频、打油诗、图文等，向农民传送乡村振兴的典型人物、典型农业经营案例、典型农产品生产以及人才政策待遇，让政策更多地融入人们的生活。二是设立政策咨询机构，及时向社会公众公布政策咨询渠道，培育专门人才进行政策咨询和解答，鼓励农村劳动力主动了解党和国家对于农村发展的制度、政策和具体措施，主动提出自身在农业生产中遇到的现实需求，激发农民从认识到感悟、从感悟到行动的主观能动性。三是宣传乡村振兴的未来美好生活，帮助农村居民了解产业兴旺、生态宜居、乡风文明、治理有效、生活富裕的美好未来，激发人们对美好生活的向往。

②激发乡土人才学习积极性

一是树立先进农村人才观，实施重点农村人才工程，践行人才工作理念，发挥乡土人才农业发展的积极作用。二是盘活现有乡土人才队伍，提升"土专家""乡秀才"实用型队伍科技含量，重点瞄准"新技术""新材料""新产品""新业态"等农业产业发展目标，加大技术及产业化项目支持力度，以项目带动人才。三是注重乡镇工作人员的人才培养，落实从乡镇事业编制人员、优秀村干部、大学生村官中选拔乡镇领导干部，落实乡镇工作补贴和艰苦边远地区津贴政策等，解决乡镇工作人员的后顾之忧。四是吸引乡贤和企业家，对于能够扎根农村、发展农村产业的乡贤和企业家，政府部门均应将其纳入人才引入和奖励行列，激发有实力的能发展农村产业的乡贤和企业家的留乡情怀，避免其"用脚投票"。

③激发农民终身学习意愿

一是充分利用现代媒体技术定期推送农业信息、资源、内容，促进农民主动连接当前学习内容和自身已有经验，触发其内心深处的学习需求和热情，由消极被动"要我学"转向"我要学"的积极主动。二是多渠道多形式展现本土典型人物风采，以替代性经验激发农民运用他人的学习行为和学习成就转化为自身认知的积极性，提升自我效能感，坚定内在学习的主观能动性。三是基于农民学习兴趣，开发面对新形势、新任务、新要求的勤学善思教学资源，帮助农民形成"活到老，学到老"

的终身学习习惯。

（2）积极吸引高端人才

①优化体制机制

通过完善农村人才培养制度、建立各类人才定期服务乡村制度、健全鼓励人才向艰苦地区和基层一线流动激励制度、建立县域专业人才统筹使用规定、完善乡村高技能人才职业技能等级制度、建立健全乡村人才分级分类评价体系、提高乡村人才服务保障能力等，支持大学生返乡、退伍军人返乡、农民工返乡进行创新创业，提高政策优惠力度，基于人才分类可以实施奖励补贴、生活补助或税收优惠政策，吸引高端人才驻扎农村。例如，2022年，黑龙江省黑河市落实黑龙江省人民政府发布的《新时代龙江人才振兴60条》，紧盯黑河市发展定位和发展目标，对实施新时代人才强市战略作出安排部署和路径选择，主要内容包括紧扣事业发展引进人才、建设平台体系集聚人才、自主培养用好本土人才、充分释放用人主体活力、激发创新创造内生动力、优化人才服务保障体系、强化人才激励奖励措施、全面加强党对人才工作的领导等八个部分。《黑河市高质量推进新时代人才强市战略实施意见》通过实施"万人引才"工程、"乡村人才振兴工程"、"黑河工匠锻造工程"和"建设领军人才梯队"等政策，进一步加大人才引育力度，把各方面的优秀人才集聚到全市各项事业发展的伟大实践中来。

②增加人才待遇

准确把握人才流动的客观规律，制定相关政策提高高端人才待遇水平，吸引高校、科研院所、大型企业的高端专家将智力资源投入农村人力资本培育中。例如，《黑河市高质量推进新时代人才强市战略实施意见》指出，通过鼓励建设院士工作站、博士后工作站和新型研发机构、培育高新技术企业、保障人才专心科研等途径激发人才开展创新创造的内生动力，增强对高端人才的吸引力；在住房安居、子女入学、配偶安置、看病就医、交通出行等方面提供全方位服务，积极营造尊重人才、求贤若渴的社会环境、制度环境、工作环境，让人才创业有平台、发展有机会、生活有保障、付出有回报、贡献有褒奖。

7.2.4.3 完善农村人力资本的公共支出政策

（1）提高农村文化质量

①提高农村消费支出质量

部分农民的非理性消费产生了资源浪费和经济稳定增长的负面作用。一方面是攀比消费观念导致铺张浪费，丧失个体社会存在独立性的盲目攀比和"炫耀"的从众消费，并不能释放农民的正常消费需求心理，反而使农民陷入"观念贫困—文化贫困—经济贫困"的怪圈；另一方面是因婚支出较高导致债台高筑，部分农村特别是深度偏远农村的高额结婚"彩礼"直接加大了农民的支出，甚至部分家庭采取高额借贷方式支付"彩礼"，加之建房结婚支出，因婚支出极大可能导致一些农民陷入贫困"陷阱"。因此，需要重塑部分农民的理性消费意识，引导以自身职业素养提升消费支出为主的消费观念。

②提高农村从业文化质量

政府努力构建文化教育体系和文化生活环境，增强从业者与生态环境和谐相处的意识感和责任感，培养农、林、牧、渔业从业者的生态文明意识，培养农、林、牧、渔业从业者认可自身职业、积极投身生态文明建设的积极性，形成"讲文明、树新风、爱家园、爱环境"的良好氛围，提高农村人力资本的社会认可和尊重，激发对自身职业的认同和自信[29]，积极投入"人人参与、人人尽力、人人共享"的共同富裕行动中。

（2）提高农村生态质量

①开展生态人居环境规划专项行动

大力推动农村厕改，落实专人打扫；开展农村生活污水处理行动，杜绝随意丢弃生活垃圾；开展农村生活垃圾分类减量及资源化利用行动，完善清扫保洁机制；开展农村废弃杂屋拆除行动，加强传统村落保护工作；开展畜禽圈养行动，引导农户合规搭建畜禽养殖围栏、场棚；开展村庄微改造行动，建立符合乡土风貌的微景观。

②推动新产业新业态的生态化发展

倡导生态化理念，立足本地区独特的生态文化旅游优势，充分挖掘

"农业+旅游""农业+康养""农业+文创"的产业融合发展项目，按照区域旅游全域发展规划，重点扶持民俗风情、生态康养、休闲避暑、研学旅游等特色产业和业态，拓宽农村劳动力的从业领域，提高农村劳动力收入水平。

（3）提高农村治理质量

①合理调整资金绩效和压力型体制下的政绩考核关系

从乡村振兴财政支出治理力量对比看，政府作为多元治理主体的主要力量，其在村庄中的农业发展成效居于多元乡村振兴主体之首，也是农村居民认可度最高的。党指导政府工作，促使政府通过行政命令，分配、指导和考核财政支出乡村振兴资源的送达，基层组织主要是村支两委作为主要实施者去完成资源到户和公共服务工作。农村劳动力提高能力主要通过基础设施配套，公共服务保障，外出务工补贴，种植养殖补贴，医疗、社会保障兜底等财政资金进行补贴。政府拥有扶贫资源整合的强大权力和财政资金的强大财力，可以有效促使财政支出效益最大化。但乡村振兴绝非政府单一主体可以完成，社会组织、公司、企业、公民的多元治理相结合才能尽早提高农村劳动力能力。因此，必须改变单一压力型体制的政绩考核指标和财政支出资金绩效的单一量化考核标准。

②加强财政支出资金精细化管理与基层治理综合性的互动

同城市社区治理的规范化和标准化相比较，乡村基层治理充满了不规则性和突发性，而财政支出资金是通过乡村振兴政策的行政化和科层化去考核基层组织（主要是基层干部）的工作成效，强调"花钱必问效，无效必问责"，运用定量、定性以及约束性指标考核乡村振兴项目的成效，这就要求基层干部主要是村支两委耗费大量时间和精力去做文本和数字工作，村支两委精力用在处理产业振兴、土地纠纷等不规则性事务，无法在乡村振兴核心工作上发力。因此，必须重视基层治理的不规则性和财政支出资金的规则性考核的合理互动。

③改变财政政策的无限责任与村级干部的科层体制

提高农村劳动力能力的实质主要是增强农村劳动力的主动就业意识。乡村振兴政策实质是强调各级政府的主体性能力，各级政府通过财政政策措施承担乡村振兴扶贫的义务，并不承揽乡村振兴的全部责任。财政支出资金的逐年投入，使得绝大多数乡村振兴项目逐渐提高可持续发展能力，并且随着时间的推移是可以自然走向小康状态的。因此，财政支出资金带来的社会保障功能扩大化极易导致部分村民的过度依赖，消解了村民的主体性。与之相对应，乡村干部在乡村振兴的基层治理中扮演的两个角色：一是借助国家乡村振兴资源动员和鼓励农村居民积极参与乡村振兴，二是解决村庄内部乡村振兴资源的利益纠纷，避免出现囿于上级政府财政支出资金绩效考核与基层干部科层体制考核的矛盾，降低财政支出资金的乡村振兴效应。因此，必须赋予财政政策有限责任和灵活设计适于乡村的科层体制。

参考文献

[1]   SCHULTZ T W. Reflections on Investment in Man ［J］. Journal of
       Political Economy, 1962, 70 (10): 1-8.

[2]   LUCAS R.On the mechanics of economic development ［J］. Journal of
       Monetary Economics Economy, 1988 (7): 3-42.

[3]   BECKER G S .Human Capital: A Theoretical and Empirical Analysis, with
       Special Reference to Education ［M］.2nd ed. Illinois: NBER Books,
       1975.

[4]   SIMON K. Econmic Growth of Nations: Total Output and Production
       Structure ［M］.Cambridge (USA): Harvard University Press, 1971.

[5]   MARCEL F, AGNES R Q. Human Capital, Productivity and Labor
       Allocation in Rural Pakistan ［D］. Tokyo: Foundation for Advanced
       Studies on International Development, 1997: 19-46.

[6]   DAVID P L, SCOTT A S. The Human Resource Architecture: Toward
       a Theory of Human Capital Allocation and Development ［J］. Academy
       of Management Review, 1999, 24 (1): 31-48.

[7]   LODDE S. Human Capital and Growth in the European Regions: Does
       Allocation Matter? ［D］. Cagliari: Università di Cagliari e CRENoS, 1999.

[8]   JIANG N N, ZHAO R. Human Capital Allocation and Policy Intervention
       When There Is Externality in Cities ［D］. Nashville: Vanderbilt University

Department of Economics, 2003.

[9] GUIRONNET J P, PEYPOCH N. Human Capital Allocation and Overeducation: A Measure of French Productivity [J]. Economic Modelling, 2007, 24 (3): 398-410.

[10] ROMER P M. Human capital and growth: Theory and evidence [J]. Carnegie-Rochester Conference Series on Public Policy, 1990, 32 (1): 251-286.

[11] BERNHARDT E M. Fertility and employment [J]. European sociological review, 1993, 9 (1): 25-42.

[12] 斯密. 国民财富的性质和原因的研究 [M]. 北京: 商务印书馆, 1976.

[13] 周德禄. 人力资本配置效益研究: 以山东省为例 [D]. 济南: 山东师范大学, 2012.

[14] 柳建龙. 农村人力资本对农村经济增长的影响: 基于固定面板与门限模型的实证研究 [D]. 南京: 南京财经大学, 2020.

[15] 配第. 政治算术 [M]. 陈冬野, 周锦如, 译. 北京: 商务印书馆, 2022.

[16] 萨伊. 政治经济学概论 [M]. 陈福生, 陈振骅, 译. 北京: 商务印书馆, 1997.

[17] 缪仁余. 人力资本、要素配置与就业增长研究 [D]. 杭州: 浙江工商大学, 2014.

[18] 斯密. 国民财富的性质和原因的研究: 上卷 [M]. 郭大力, 王亚南, 译. 北京: 商务印书馆, 1997.

[19] 刘志刚. 人力资本配置对经济增长的意义分析 [J]. 商场现代化, 2008 (11): 274-275.

[20] 马洪坤, 毛世平. 日本和欧盟农业支持政策的转型路径比较与启示 [J]. 华中农业大学学报 (社会科学版), 2019 (08): 48.

[21] 叶兴庆, 翁凝. 拖延了半个世纪的农地集中: 日本小农生产向规模经营转变的艰难历程及启示 [J]. 中国农村经济, 2018 (01): 124-137.

[22] 曹斌. 小农生产的出路: 日本推动现代农业发展的经验与启示 [J]. 农村经济, 2017 (12): 121-128.

[23] 任娇, 何忠伟, 刘芳. 美国农业人才培养对中国现代农业人才培养改革的启示 [J]. 世界农业, 2016 (12): 234-237.

[24] 王秀为. WTO与我国农业人才的需求趋势 [J]. 农村经济, 2002 (9): 4-6.

[25] 刘伟, 张鹏飞, 郭锐欣. 人力资本跨部门流动对经济增长和社会福利的影响 [J]. 经济学, 2014, 13 (02): 425-442.

[26]　唐辉亮. 人力资本结构、技术资本配置结构与产业转型升级能力研究 [J].
　　　统计与决策，2014 (2)：106-108.

[27]　王志浩，王洋. 人力资本流失、配置效率与东北地区经济发展 [J]. 哈尔
　　　滨商业大学学报，2019 (2)：98-112.

[28]　徐晔，喻家驹. 区域人力资本就业配置与全要素生产率 [J]. 当代财经，
　　　2020 (1)：114-125.

[29]　李欣泽，樊仲琛，周灵灵. 人力资本配置与经济创新发展：基于竞争性和
　　　垄断性两部门考察 [J]. 制度经济学研究，2022 (01)：139-169.

[30]　宋玲妹，赵瑞玲. 我国农村人力资本的现状及其对农村劳动力资源配置的
　　　影响 [J]. 学习论坛，1997 (8)：19-21.

[31]　国光虎，李滨. "乡村振兴" 战略背景下农村人力资本与农村经济发展关系
　　　研究 [J]. 安徽农业科学，2019，47 (03)：226-230.

[32]　陈治国，杨生博，杜金华，等. 农村人力资本结构对农业经济增长的影响
　　　效应研究 [J]. 河北地质大学学报，2017，40 (5)：79-84.

[33]　周建华. 农村人力资本形成机制的缺陷与完善 [J]. 农村经济，2008
　　　(6)：96-99.

[34]　田书芹，王东强. 基于多中心治理理论的新型职业农民职业教育模式比较
　　　研究 [J]. 教育发展研究，2020，40 (21)：77-84.

[35]　帅昭文. 人力资本提升视角下扶贫工程成效评估体系的 "光环效应"：以教
　　　育扶贫和健康扶贫为例 [J]. 华南师范大学学报 (社会科学版)，2019
　　　(06)：19-27，191.

[36]　周焓，纪倩. 基于乡村振兴战略的农村优质人力资源培育动力体系研究
　　　[J]. 农业经济. 2019 (10)：88-89.

[37]　马红坤，毛世平. 欧盟共同农业政策的绿色生态转型：政策演变、改革趋
　　　向及启示 [J]. 农业经济问题，2019 (09)：134-144.

[38]　龙晓柏，龚建文. 英美乡村演变特征、政策及对我国乡村振兴的启示 [J].
　　　江西社会科学，2018，38 (04)：216-224.

[39]　何兵存. 澳大利亚 新西兰农业技能人才开发对中国的启示 [J]. 世界农
　　　业，2007，(11)：64-67.

[40]　温铁军. 缓解 "三农" 问题的五项政策建议 [J]. 中国改革. 2003 (08)：
　　　15-16.

[41]　蔡昉. 人口、资源与环境：中国可持续发展的经济分析 [J]. 中国人口科
　　　学，1996，(06)：1-10.

[42]　谢冬水，黄少安. 经营式农业变迁与传统中国农业经济停滞：基于人才配
　　　置模式的探讨 [J]. 财经研究，2011，37 (10)：103-112.

[43] 李志军，刘海燕，刘继生．中国农村基础设施建设投入不平衡性研究［J］．地理科学，2010，30（06）：839-846.

[44] 马颖，何清，李静．行业间人力资本错配及其对产出的影响［J］．中国工业经济，2018（11）：5-23.

[45] 李静，刘丽雯．中国家庭消费的能源环境代价［J］．中国人口·资源与环境，2017，27（12）：31-39.

[46] 袁志刚，解栋栋．中国劳动力错配对TFP的影响分析［J］．经济研究，2011，46（07）：4-17.

[47] 李世刚，尹恒．寻租导致的人才误配置的社会成本有多大？［J］．经济研究，2014，49（07）：56-66.

[48] 温涛，何茜，王煜宇．改革开放40年中国农民收入增长的总体格局与未来展望［J］．西南大学学报（社会科学版）．2018，44（04）：43-55.

[49] 官爱兰，杨艳霞．新型城镇化进程中人力资本开发对农业经济发展的影响：基于全国31个省（市、区）的面板数据分析［J］．江苏农业科学，2017，45（22）：324-329.

[50] 李晓江．对新疆喀什地区"访惠聚"驻村工作的观察与思考［J］．中共伊犁州委党校学报，2017（02）：56-59.

[51] 白菊红，袁飞．农民收入水平与农村人力资本关系分析［J］．农业技术经济，2003（1）：16-18.

[52] 张茜．农村人力资本与农民收入的动态关系［J］．山西财经大学学报，2007（3）：27-31.

[53] 贾伟强，黄有方．农村人力资本积累复杂系统建模与分析［J］．系统科学学报，2011，19（03）：56-61.

[54] 刘新智，刘雨松．城镇化进程中农村人力资本积累对农民收入增长的影响［J］．当代经济研究，2016（06）：69-78.

[55] 李通屏，王金营．中国农村居民人力资本投资对消费行为的影响［J］．经济评论，2007（01）：44-50.

[56] 吴卿昊，邓宗兵．公共产品供给对农村居民消费的影响研究：基于人力资本视角［J］．西南大学学报（自然科学版），2015，37（06）：99-105.

[57] 徐娟．农村人力资本投资对农民消费的影响［J］．山东社会科学，2009（06）：83-85.

[58] 孙威，白利鹏．"共同富裕"的认识演进与实现路径［J］．海南大学学报（人文社会科学版），2022，40（06）：1-10.

[59] 中共中央文献研究室．中国共产党第一次全国代表大会档案文献选编［M］．北京：中共党史出版社，2015.

[60]　邓小平. 邓小平文选：第三卷 [M]. 北京：人民出版社，1993.

[61]　胡锦涛. 胡锦涛文选：第三卷 [M]. 北京：人民出版社，2016.

[62]　刘尚希. 共同富裕，基于所有人的全面发展 [EB/OL]. [2021-09-06].
　　　http://www.ce.cn/xwzx/gnsz/gdxw/202109/06/t20210906_36884426.shtml.

[63]　吴雪芬. 浙江共同富裕示范区建设的基层财政实践：以温州 X 区为例 [J].
　　　地方财政研究，2022（01）：22-26.

[64]　杜江，龚浩. 新时代推进共同富裕实现的理论思考：基于财政的视角 [J].
　　　求是学刊，2020，47（03）：55-62.

[65]　韩文龙，祝顺莲. 新时代共同富裕的理论发展与实现路径 [J]. 马克思主
　　　义与现实，2018（05）：37-43.

[66]　向国成，邝劲松，邝嫦娥. 绿色发展促进共同富裕的内在机理与实现路径
　　　[J]. 郑州大学学报（哲学社会科学版），2018，51（06）：71-76.

[67]　左伟. 新时代共同富裕的实现障碍及其路径探索 [J]. 理论月刊，2019
　　　（05）：25-30.

[68]　罗仁福，刘承芳，唐雅琳，等. 乡村振兴背景下农村教育和人力资本发展
　　　路径 [J]. 农业经济问题，2022（07）：41-51.

[69]　邵鸿烈. 论我国财政的共同富裕职能：学习邓小平共同富裕思想的财政学
　　　思考 [J]. 中南财经政法大学学报，1998（06）：65-69.

[70]　魏后凯. 从全面小康迈向共同富裕的战略选择 [J]. 经济社会体制比较，
　　　2020（06）：18-25.

[71]　刘培林，钱滔，黄先海，等. 共同富裕的内涵、实现路径与测度方法 [J].
　　　管理世界，2021，37（08）：117-129.

[72]　孙春晨. 实现共同富裕的三重伦理路径 [J]. 哲学动态，2022（01）：13-
　　　20.

[73]　张振，陈思锦. 支持浙江高质量发展建设共同富裕示范区为全国推动共同富
　　　裕提供省域范例 [J]. 中国经贸导刊，2022（03）：4-8.

[74]　谢易和. 基于财政视角的广东省共同富裕研究 [J]. 财政科学，2022
　　　（01）：96-103.

[75]　吕炜. 财政与共同富裕：实践历程、逻辑归结与改革路径 [J]. 财政研究，
　　　2022（01）：12-17.

[76]　罗志恒，杨新，万赫. 共同富裕的现实内涵与实现路径：基于财税改革的
　　　视角 [J]. 广东财经大学学报，2022，37（01）：4-13.

[77]　何文炯，张雪. 基于共同富裕的健康扶贫政策优化 [J]. 河北大学学报
　　　（哲学社会科学版），2022，47（01）：1-9.

[78]　姚凤民，陆帆. 财政引导社会资本助力共同富裕：基于社会学意义的内涵

分析 [J]. 地方财政研究，2022（01）：27-37.

[78]　胡静林. 人力资本与企业制度创新 [M]. 北京：经济科学出版社，2001.

[80]　姚旭兵，罗光强，宁瑞芳. 人力资本结构影响新型城镇化的门槛效应 [J]. 城市问题，2017（02）：4-13.

[81]　孙婧. 人力资本与全要素生产率：基于作用机制与作用效果的实证研究 [D]. 上海：复旦大学，2013.

[82]　王芳琴. 人力资本、资源集聚与产业结构协调发展的实证研究 [J]. 资源与产业，2022，24（04）：113-123.

[83]　陈加旭，何尧. 人力资本结构高级化、产业结构与经济增长：基于新结构经济学视角 [J]. 经济问题探索，2020（07）：180-190.

[84]　岳佐华. 农村人力资本的动力基础研究 [D]. 杨凌：西北农林科技大学，2007.

[85]　白菊红. 农村人力资本积累与农民收入分配机理研究 [D]. 杭州：浙江大学，2002.

[86]　李建民. 人力资本通论 [M]. 上海：上海三联书店，1999.

[87]　黄乾. 人力资本产权的概念、结构与特征 [J]. 经济学家，2000（05）：38-45.

[88]　周其仁. 市场里的企业：一个人力资本与非人力资本的特别合约 [J]. 经济研究，1996（06）：71-80.

[89]　盛乐. 论人力资本产权博弈的双因素对经营者行为差异的解释 [J]. 经济科学，2001（03）：36-40.

[90]　时永顺. 人力资本企业产权问题研究 [D]. 北京：首都经济贸易大学，2005.

[91]　郑兴山，唐元虎. 企业人力资本产权理论研究 [M]. 上海：上海社会科学院出版社，2003.

[92]　叶正茂，叶正欣. 组织人力资本论：人力资本理论的拓展研究与应用 [M]. 上海：复旦大学出版社，2007.

[93]　龚文海. 人力资本产权制度变迁与制度创新：基于中国国有企业的研究 [D]. 成都：西南财经大学，2007.

[94]　段兴民，张志宏. 中国人力资本定价研究 [M]. 西安：西安交通大学出版社，2005.

[95]　陈舒，王学. 教育经济学理论研究文献综述 [J]. 课程教育研究，2012（24）：9.

[96]　王金星，陈志丹. 教育经济的理论释义与价值实现 [J]. 东南学术，2009（03）：83.

[97] 王小鲁，樊纲．中国地区差距的变动趋势和影响因素 [J]．经济研究，2004 (01)：33-44.

[98] 高济华．马克思恩格斯共同富裕思想及其当代价值研究 [D]．石家庄：河北经贸大学，2022.

[99] 李东．中国共产党的共同富裕思想及其价值研究 [D]．北京：外交学院，2022.

[100] 赵学清．马克思共同富裕思想再探讨 [J]．中国特色社会主义研究，2014 (06)：53.

[101] 马克思，恩格斯.马克思恩格斯文集：第2卷 [M]．北京：人民出版社．1995.

[102] 列宁.列宁全集：第35卷 [M]．北京：人民出版社，1985.

[103] 列宁.列宁全集：第3卷 [M]．北京：人民出版社，1972.

[104] 列宁.列宁全集：第1卷 [M]．北京：人民出版社，1972.

[105] 周文，施炫伶．共同富裕的内涵特征与实践路径 [J]．政治经济学评论，2022，13 (03)：3-23.

[106] 何茜．中国城乡居民收入差距来源的结构分解 [J]．统计与决策，2020，36 (20)：76-79.

[107] 王佳虹．中国农村劳动力结构变动对粮食生产的影响研究 [D]．淄博：山东理工大学，2021.

[108] 常江雪，白学峰，鲁植雄．中国农业机械化绿色可持续发展理论框架研究 [J]．中国农机化学报，2021，42 (03)：213-220.

[109] 朱德全，石献记．新时代农村教育高质量发展的价值理性 [J]．民族教育研究，2022，33 (02)：5-15.

[110] 刘晓云．农村地区吸引和稳定卫生人员研究的理论框架 [J]．中国卫生政策研究，2011，4 (05)：11-15.

[111] 杨丽，陈超．教育医疗公共品供给对我国农村居民消费的影响分析：基于人力资本提升的视角 [J]．农业技术经济，2013，(09)：4-12.

[112] 胡俊杰．乡村振兴背景下中国农村人力资本发展现状及改造策略 [J]．哈尔滨学院学报，2021，42 (08)：58-61.

[113] 辛孟含，张杰．乡村振兴背景下农业劳动力老龄化问题研究 [J]．山东农业工程学院学报，2022，39 (11)：57-62.

[114] 任麒升．农村女性非农就业对生育意愿的影响 [J]．农村经济与科技，2022，33 (17)：264-267.

[115] 顾和军，吕林杰．中国农村女性劳动参与对生育行为的影响 [J]．人口与发展，2015，21 (05)：66-72.

[116] 赵爽．人口流动、人力资本错配与产业结构升级 [D]．济南：山东大学，2022.

[117] 石振香．统筹城乡进程中的我国农业人力资本配置机制研究 [D]．哈尔滨：东北林业大学，2013.

[118] 戴荣里．乡村振兴中的农村医疗问题 [J]．新理财（政府理财），2020 (Z1)：82-84.

[119] 王露．我国城乡老年人健康水平及医疗服务利用差异的比较研究：基于 CHARLS 的实证分析 [D]．重庆：重庆工商大学，2022.

[120] 覃津津．人力资本投资对农民生计的影响研究 [D]．武汉：中南财经政法大学，2020.

[121] 余秀兰．社会变迁中的我国农村学生教育获得 [J]．高等教育研究，2022，43（04）：34-44.

[122] 马飞，杨思琳，徐妍．交通基础设施对农村居民地区间收入差距的影响 [J]．经济与管理，2023，37（01）：9-19.

[123] 王贵东．交通运输对人力资本的影响分析：基于动态一般均衡理论 [J]．经济学报，2018，5（02）：167-186.

[124] 郭丹丹．教育不平等的发生机制和转换逻辑 [J]．华东师范大学学报（教育科学版），2022，40（06）：116-126.

[125] 魏存玉．农村家庭人力资本积累对贫困脆弱性风险影响研究 [D]．杭州：浙江大学，2022.

[126] 史卫民，彭逸飞．共同富裕下我国城乡融合发展的理论维度与路径突破 [J]．西南金融．2022（12）：81-83.

[127] 陈鸣，姚旭兵．农村教育投资减缓农村贫困具有空间溢出效应吗？[J]．教育与经济，2020，36（05）：13-21.

[128] 李云帆．农村地区人力资本投资对乡村振兴水平的影响分析：以山东省为例 [D]．济南：山东财经大学，2022.

[129] 崔慧民，董佳．农村基础教育高质量发展的困境与路径突破 [J]．山东农业工程学院学报．2022，39（07）：123-128.

[130] 穆怀中．农村高等教育投资代际转移拉动城市化作用研究 [J]．城市发展研究，2018，25（08）：33-41.

[131] 陈叶玲，肖昊．乡村振兴背景下农村劳动力培训优化对策研究 [J]．安徽农业科学，2022，50（17）：269-270，273.

[132] 赵瑞栋，张振宇，赵劲松，等．乡村振兴背景下新型职业农民培育体系建设的分析 [J]．农业与技术，2023，43（01）：131-134.

[133] 孙道亮．乡村振兴战略视角下农村劳动力职业技能提升培训研究 [J]．智

慧农业导刊，2022，2（22）：126-128.

[134] 黄宣谕．农业转移人口基本公共服务均等化探析 [J]．中国集体经济，2023（02）：1-4.

[135] 吴强，黄坤，叶意雯，等．共同富裕目标下地级市公共服务成本差异测度与分析 [J]．管理现代化，2022，42（04）：140-147.

[136] 陈楠，马妍．基本公共服务均等化水平的测度及空间格局分析：以福建省为例 [J]．建筑与文化．2022（12）：098-101.

[137] 刘佳星．农村养老保障制度改革探索 [J]．合作经济与科技，2023（01）：176-178.

[138] 刘德弟，薛增鑫．农村居民最低生活保障制度的教育溢出效应：基于贫困儿童人力资本的实证分析 [J]．西北人口．2021，42（04）：44-45.

[139] 陶纪坤，黎梦琴．农村居民最低生活保障制度的再分配效应研究 [J]．社会工作，2021（04）：79-92.

[140] 彭瑛，李水蓝．乡村振兴本土人才培育影响因素及培育路径研究 [J]．湖南广播电视大学学报．2022（04）：1-11.

[141] 汝秀梅．新农村建设中农民非理性消费行为的本质 [J]．生产力研究，2010（01）：77-79.

[142] 席欢，朱艳婷．川西北地区乡村生态人居环境质量评价与优化研究 [J]．资源开发与市场，2023，39（02）：164-169.

[143] 杨婧，杨河清．人力资源管理与组织绩效关系的实践：国外四大理论的阐释 [J]．首都经济贸易大学学报，2020，22（01）：103-112.

[144] 郑悦．新时期乡村地区人口双向流动及其引导机制研究：以威海市荫子镇三个村庄为例 [D]．济南：山东建筑大学，2019.

[145] 戴家干．社会主义初级阶段的我国劳动力资源分析 [J]．北京师范大学学报（社会科学版），1998（01）：16-21.

[146] 程序．日本、韩国农业的新动向 [J]．世界农业，1997（08）：18-20.

[147] 陆铭，向宽虎．破解效率与平衡的冲突：论中国的区域发展战略 [J]．经济社会体制比较．2014（04）1-16.

[148] 马万超，李辉.经济转型背景下收入差距、财富差距与消费需求的实证研究：来自中国家庭追踪调查数据的解释 [J]．云南财经大学学报，2017，33（06）：63-72.

[149] 万广华，张彤进．机会不平等与中国居民主观幸福感 [J]．世界经济．2021，44（05）：203-228.

索引

共同富裕：3，4，6—10，18—26，36—54，60，75，77，104，117—
　　119，124，160，175，189，192—197，206，215，217，218，225，
　　227，228，231

乡村振兴：3，13，14，16，17，23，24，40，65，172，178，204，
　　211，213—215，228，229，232，233

农村人力资本配置：3，4，7—9，13，15—17，23—26，33，34，36—
　　41，51—53，75，77，97，118，134，142，160，195—197

人均可支配收入：5，24，25，55，56，59—61，64，71—75，77，
　　119，120—124，134，158，187，188，196，228

人均消费支出：4，25，56，69—75，77，120，121，123，124，129，
　　134，158，196

人力资本培育积累：25，176，183

城乡收入差距：64，68，196

公共服务均等化：25，26，183，216—219，221—223

社会财富分配：25，26，197，215，216

公平与效率：18，22，25，26，77，197，215

长江三角洲共同富裕：26

农村平均受教育年限：92，96，141，142，176

人口老龄化：25，160，164，175

公共服务体系：25，160，176，183，189，195

公共财政体制：221

福利供给：216，221—223

后记

　　小时候，老家门前有一条小河，跨过小河就是一望无际的稻田。那时候，我还小，不懂得什么是农忙。等去县里读高中，每次回家的时候，小河还在，门前的那条道路还是泥泞如昨。读大学的时候，每年回家两次，那条小河面目全非，垃圾和污染物堵塞河道，水流不畅，而且还散发着臭气。当2022年，再次回到家乡时，村庄的操场上，多了很多健身器材和邻居们的身影，还有欢声笑语，整洁的路面，宽敞的房屋，长势旺盛的水稻田……生活变了，人们的脸上洋溢着笑容。

　　还有一件事。1989年，我13岁，隔壁邻居说我是女孩子，应该在家帮衬着家里，不要再去上学了，赚钱给哥哥娶媳妇。父亲依旧坚决地让哥哥用家里唯一的那辆破旧的自行车载着我去镇里读初中。在我白天上学的时候，这辆家里仅有的28型号的自行车，还有其他用途——父亲骑它去卖冰棍儿。

　　所有的童年往事，都成为我坚持研究农业、农村和农民问题的动力，因为我想看到农村的灼灼其华。2008年，攻读博士学位以来，遂磨砥刻厉，专注于农业、农村和农民问题。之所以如此之晚，是因为我一直认为自己尚不够了解农业、农村和农民。可是，我又担心太迟了：农村的巨大变化，从满眼黄土到山清水秀；农业的现代化发展，从经济效益到社会效益，再到生态效益；农民的喜上眉梢，从温饱到小康，再到共同富裕。

只有人的发展才能促进共同富裕的实现，只有从关注"物"的发展转为关注"人"的发展，才能体现社会主义的内在价值追求。因此，本书通过调研并研讨，形成写作框架，深入挖掘农村人力资本提高和配置优化，进一步实现消费的可及性，增强人民的获得感、幸福感和安全感。

乌衣巷在何人住，回首令人忆谢家。

感谢我们生活在这个繁荣昌盛的伟大时代，也一并感谢在本书写作及出版过程中的所有亲人、友人和同事的帮助。

本书存在诸多不足之处，待后续改进。

本书引用了很多学者和专家的研究成果，包括国家统计局和中央财经大学等关于人力资本方面的研究成果，如果有侵权请联系我本人立即修改。

苑 梅

2023 年 8 月 26 日